王蘧常文集

吴曉明　王興孫　主編

王蘧常

復旦大學出版社

第一册

秦史

王蘧常 著

本書由上海文化發展基金會資助出版

王蘧常先生（1900—1989）

王蘧常先生出席執教六十五週年紀念會議

王蘧常先生練習書法

王蘧常先生部分著作書影

王蘧常先生書法作品

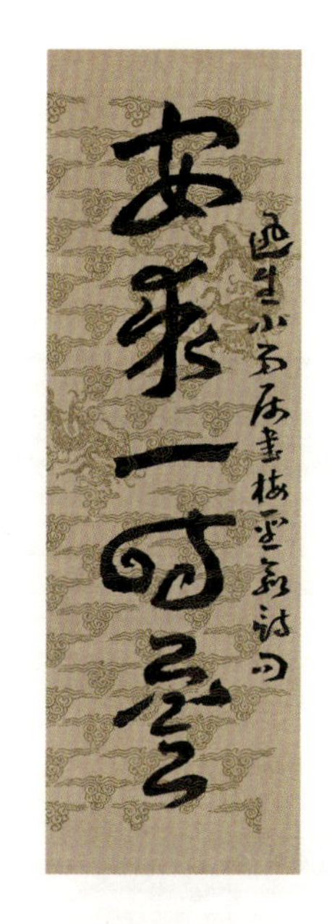

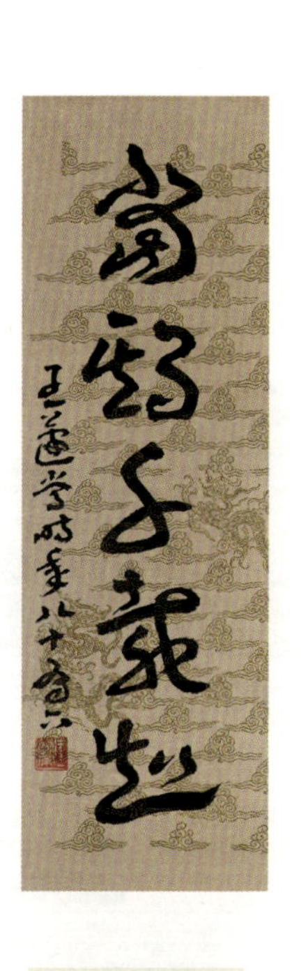

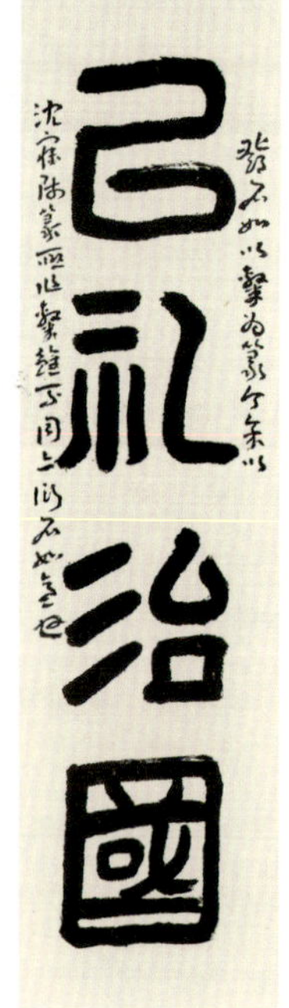

嘉興王君瑗仲文集序[1]

唐文治

人生當世，氣節而已矣。士大夫所負之責任，激勵氣節而已矣。氣節者，氣骨也。骨强則能支撑負重，而堅立於天地之間；否則骨抱體柔，遇事如煙之銷，如火之滅，輕浮飄蕩，社會隨之浮沉，國家亦因以杌隉。《論語》曰："執德不弘，信道不篤，焉能爲有？焉能爲亡？"天地間亦何貴乎有此等人哉！何以矯之？惟有氣節。

嘉興王君瑗仲，于庚申年承先師沈子培先生之教，來無錫國學專修學校肄業。察其貌，温温然；聆其言，藹藹然；挹其度，淵淵然；知其爲君子人也。丁丑之歲，日人入寇，東南一隅，不幸淪陷，王君志節激昂，不平之鳴，時露於楮墨間。顧其時日寇檢查密，王君則以詩文稿藏於地板之下。乙酉歲，日寇降。河山復故，宇宙重光，而君詩文乃顯於世。本年季冬，殷勤來請序于余，余喜甚。爰爲之序曰：

天地正大之氣，雖當昏亂之時，不容稍有泯滅。昔孟子論養浩然之氣曰："至大至剛，塞於天地之間。"又曰："其爲氣也，配義與道。"宋文山先生宗之，作《正氣歌》曰："天地有正氣，雜然賦流形。於人曰浩然，沛乎塞蒼冥。"後之人讀其歌，覺其浩氣充滿於乾坤，窮天地，亘萬世，成仁取義者，皆奉爲矜式。今王君始雖險遭不測，

---

① 見唐文治：《茹經堂文集(三—六)》六編卷四，《民國叢書》第五編第 95 册，影印版，上海書店，1996 年。

而即值升平，俯仰身世，亦云幸矣。然其際遇雖較古人爲幸，而其責任則非較古人爲輕。宋張横渠先生有言："爲天地立心，爲生民立命。"立心立命，惟主持氣節者足以任之。吾知王君自兹以往，必能以氣節倡率天下，不以皓皓之白，蒙世之温蠖。俾頑者廉，懦者立，舉近世貪鄙庸劣、卑污齷齪之習，一掃而空之。如撥雲霧，如滌塵埃。此實國家之慶，豈第吾門之光哉！昔姚姬傳先生《答魯絜非書》，謂"接其人，知爲君子矣；讀其文，非君子不能也"，蓋文行合一，先儒所重。王君之行，清矯拔俗，懔然如不可犯，讀其文者，當知其爲君子人也。

余常勉人爲君子，世皆笑以爲迂，而余不顧。蓋君子教育始于周文，而大昌于孔孟。讀《論》《孟》二經，即可知其宗旨所在。今時惟有奉君子爲法，提倡君子教育，吾國其有豸乎！世有同志者，讀王君之文，自當欽其爲人，而勉入君子之林。《鹿鳴》之詩曰："視民不恌，君子是則是效。"《卷阿》之詩曰："豈弟君子，四方爲則。"吾知王君必益勉之，而爲當世君子之楷模也。

弁　言

王蘧常先生(1900—1989),字瑗仲,浙江嘉興人氏。以經學、史學、諸子學著稱,又以詩人、書法家名世。先生系出望族,譜謂其族爲右軍將軍(王羲之)後。早年得唐公茹經(文治)授經學、理學,一以唐公之學爲楷式,出其類而拔其萃,所謂“茹經門下稱魁首”也。後又問學于梁任公(啓超),任公評後儒于孔學解説紛紜,乃以“修己以安人”一語教之。先生奉二公之教而疏經義、詮諸子、撰《秦史》,至於學問淹博而謹守不失。唐公主持無錫國專,先生隨侍多年,兼掌國專教務;後歷任交通大學、大夏大學、復旦大學教授。

先生于文學詞章,少年便得大名,時人以詩家目之。痛感於中國近代之遭淩辱,先生作《國恥詩話》。倭寇猾夏,先生又著文《論倭不足畏》,傳誦一時。全面抗戰起,先生詩筆縱横。其中聯語云:“要使國家留寸土,不辭血肉葬同阬。”又:“馮闌多少哀時意,併入潮聲發浩歌。”詩作種種,後纂爲《抗兵集》,可作詩史觀也。汪僞接管交大,先生毅然辭去;其後又屢邀先生出任僞中央大學文學院長,亦遭斷然拒絶,有《節婦吟》一詩明志。嗟夫,時窮節乃見。先生浩氣干雲,志節弘毅,堪稱國士也。

先生書法書學出沈公寐叟(曾植)門下。時帖學已壞,碑學浡然以興,包世臣、康有爲大唱其義。沈公囑先生以碑學精神光大章草,開前人未有之境。先生奉此圭臬,入羲、獻之所出,究分草之初發；握章草以爲樞機，大開草法復古圖新之秘藏。究其要端，歸約有二：一則定章草爲“解散隸體”，由漢隸而溯篆籀，復使篆法隸法入於草法；二則假秦簡漢牘之新出，爬羅剔抉，補草書進階之闕如，接隸變茫茫之墜緒。宜乎先生集草書草法之大成，得千年一人之名，當碑學運動之殿軍也。先生行狀，大略如此。

西元二〇二〇年，值王蘧常先生誕辰百廿周年。復旦大學哲學學院、上海儒學院、王蘧常研究會擬共同舉行紀念活動，並出版《王蘧常文集》。文集凡十二册，收録編者所見先生所撰寫、注釋及編纂之著作，由王蘧常研究會主其事，復旦大學出版社出版。

文集編定付梓，囑余弁言。適王君運天檢出唐公茹經《嘉興王君瑗仲文集序》一篇，由王君興孫轉來參考。誦讀一過，歎爲觀止；小子卑卑，夫復何言？文集序言固有也，非此莫屬。唐公此序作於一九四五年冬，於今忽忽已七十餘年，而先生手編詩文稿亦復難覓。歲月荏苒，斯文蹉跎，良可太息也。今文集新成，仍置唐公原序於卷首，唐序王集終歸合璧，老輩風流可得而復睹，何其幸也！

二〇二〇年暮春吴曉明謹識

總　目

秦　　史

出版説明

《秦史》是王蘧常先生一部斷代史力作，從開始撰寫，中經兵燹，至晚年補輯，大致成稿，歷時逾六十年。全書仿傳統正史體制，結合新史學精神，記録了秦國從建立到滅亡數百年的歷史。書中廣泛徵引先秦文獻及後世研究成果，並疊出新見，每條正文之下均注以出處，體現了先生無徵不信的優良學術作風。

本次《王蘧常文集》收入《秦史》，以上海古籍出版社 2000 年版爲底本進行整理。在編校過程中，對書中涉及的原文進行了復核，並對部分出處的體例進行了統一。不當之處，敬請讀者批評指正。

復旦大學出版社

2021 年 5 月

目　録

孫　序

予既序王瑗仲教授《諸子學派要詮》之明年，瑗仲復以所纂《秦史》殘稿見示。謂年二十三出學，未得業，乃發憤爲《三代史》，頗驚其長老。獨府君孝廉公以爲三代史體大，非汝才所勝；無已，其《秦史》乎？秦結三代之局，其史乃自古無專著。汝能爲之，明二千年建制所由，補十七史斷代之闕，亦盛業也。遂欣然受命而有此書之作。然中更喪亂，稿未成而再燬，此劫灰之餘也。予受而大喜，曰：噫嘻！君爲三代史，已聞王静安言之，且戲稱爲“王三代”，而不知復有《秦史》之纂。《秦史》斷代，二千年來無作手，一若留以待君者。艱難困厄，庸玉汝於成。胡身之注《通鑑》，不亦遭亂屢燬而終成之乎？書、表雖有闕失或未成，而紀、傳補苴已近大全。洛誦讚歎，蓋有八善：其一，驅遣故言，殆同部勒；其二，無徵不信，言必有據；其三，申理秦君臣枉屈，而能功過不相掩；其四，採擇諸家銓正，不問新舊；其五，多取地下材料；其六，《人表》據故創新，使時代顯然，事賅文省；其七，舊史積習，掃地刮絶，隱然欲立史家新範；其八，文章爾雅，於《后妃傳》尤見矜慎。爲史家開山，爲祖龍吐氣，洵爲不朽之作矣！

昔紀石雲云：古來漁獵百家，勒爲一史，寔始於《太史公書》。其出自撰者，操縱變化，惟意所如；而其雜採補綴成文者，不能隱斧鑿之痕。獨稱李豸青之《尚史》，以爲一用舊文，翦裁排比，使事迹聯屬，語意貫通，可謂有條不紊。然《尚史》僅局於馬宛斯《繹史》一書,真僞雜糅,考證亦疏。以中期爲推琴,尤可駭笑,以視瑗仲此作,殆不僅上下牀之别乎?

予衰病日斟,切望此書之成。禍福相倚,治亂如環。異日者國家昇平,復興文治,網羅篇籍,以爲盛世之資,此書其首選乎!惜余不能久待矣,讀此書蓋有無窮之感焉。

乙亥春,元和孫德謙口授門人吴丕績筆録,敬以奉序。

自　序

自序稿佚。今録撰者自傳中有關秦史一段於次。

此稿經東寇之亂，終得保存。不意“文革”動亂中，復付劫灰，竟遭寸磔；幸首册别置得全。收拾叢殘，真如鄭珍所謂“癡如撫病子，累余八十”者矣。“四凶”既殛，始復勃然有生氣。徐徐摩撫，有感於胡三省數燬終成之事，又念孫先生“國家昇平，復興文治”之言，遂舉炳燭之光，次第補苴之。雖尚未及原擬之半，然駑馬十駕，殺青終有日也。

凡　例

本史作始於一九二六年，中更喪亂，稿凡再燬，故前後乃至三纂。每纂皆欲於前史舊例有所刷新，然終不能盡。垂老又加刊改，前後蓋五十年矣。茲標舉體例於左：

一、《秦史》自古無作者，竊不自揆，謬欲補正史之缺，故一循班氏斷代史體制。其取史策，亦大有增删改作焉。

二、此書承父命而作。父治刑名學，曾著商、韓新傳。援班書列其父彪作例，亦採商、韓兩傳入書中而補論焉。

三、意在無徵不信，所取故籍，皆注出處。凡所引爲原文者，出書與篇名；有更改者，則曰據某書某篇。

四、凡所更改原文，或正其訛譌，或易以今義今字，或便於行文。其正訛譌，多取前人説，如《史記志疑》、《讀書雜誌》等，爲簡括計，不復出書名。

五、前史多歧或誤，於斯取去，不能無説。加注於下，前人無之，然《班志》《藝文》，已見濫觴。

六、凡立傳，具一技之長有利於人民者，亦著之。

七、凡涉神怪或誣罔者，皆所不取。

八、凡屬前史五行者類所不取，惟涉天異、地美者，則散入世紀與本紀中。

九、革命者非秦之所得而臣，故繫之列傳末。

秦史卷一　世紀第一

案：《史記》於秦先世稱本紀，未安。兹取古《尚書》世紀名，稱世紀。《金史》已用之。

故書稱秦之先，帝顓頊之苗裔孫曰女脩。生子大業。大業取少典之子曰女華，生大費。據《史記·秦本紀》。禹舉之陰方之中。據《墨子·尚賢》篇下。與禹平水土。已成，帝錫玄圭。禹受曰："非予能成，亦大費爲輔。"帝舜曰："咨爾費，贊禹功，其賜爾皁游，爾後嗣將大出。"乃妻之姚姓之玉女，案《禮記·祭統》篇："請君之玉女。"曰玉者，珍之也。皇甫謐《帝王世紀》謂賜以玄玉，妻以姚姓之女，分而二之，非。大費拜受。佐舜調馴鳥獸，鳥獸多馴服，案：《詩·秦風·譜》謂其知鳥獸之言，蓋由此衍之也。是爲柏翳。案："柏翳"，一作"伯翳"，一作"伯益"，蓋一聲之轉。《史記·燕召公世家》作"益已"，《陳杞世家》乃分翳、益爲二，誤。舜賜姓嬴氏。

大費生子二：一曰大廉，實鳥俗氏；二曰若木，實費氏。其玄孫曰費昌。子孫或在中國，或在夷、狄。費昌當夏桀時，去夏歸商，爲湯御，以敗桀於鳴條。大廉玄孫曰孟戲、仲衍。仲衍爲帝大戊御而妻之。自大戊以下，仲衍之後，遂世有功於商。故嬴姓多顯，遂爲諸侯。其玄孫曰中潏，在西戎，保西垂。生蜚廉，蜚廉生惡來。惡來有力，蜚廉善走，父子俱以材力事紂。周武王克商，殺惡來。是時蜚廉爲紂使北方，案：《史記》原作"爲紂石北方"，不可解。兹據《太平御覽》

卷五五六引《史記》及《水經・汾水注》正。還，無所報。乃壇于霍太山而致命焉。死，遂葬霍太山。案:《孟子》謂“戮飛廉於海隅”，誤。蜚廉復有子曰季勝。季勝生孟增。孟增幸於周成王，宅皋狼。生衡父。衡父生造父，據《秦本紀》。造父習御於泰豆而不徙，人以爲性，據《吕氏春秋・聽言》篇、《列子・湯問》篇。能通於治道。據《韓非子》。有乘蒼龍翟文之乘，鉤飾在前，錯錣在後，馬欲進，則鉤飾禁之，欲退，則錯錣貫之，馬因旁出。造父見而泣曰:“古之治人亦然矣。夫賞所以勸之，而毁存焉;罰所以禁之，而譽加焉。民中立而不知所由，此亦聖人之所爲泣也。”據《韓非子・外儲説右下》。幸於周穆王，據《秦本紀》。取遠道而馬不罷。《管子・形勢解》。得驥纖離、驊騮、騄耳之駟，案:“纖離”，《秦本紀》作“温驪”。兹從《荀子・性惡》篇。西巡狩。徐偃王作亂，造父御，長驅歸周，一日千里以救亂。穆王以趙城封造父，造父族由此爲趙氏。自季勝以下四世，至造父，别居趙。惡來有子曰女防，女防生旁皋，旁皋生太几，太几生大駱，大駱生非子。以造父之寵，皆蒙趙城，姓趙氏。

非子居犬丘，好馬及畜，善養息之。犬丘人言之周孝王，孝王召使主馬于汧、渭之間，馬大蕃息。孝王欲以爲大駱適嗣。申侯之女爲大駱妻，生子成爲適。申侯乃言孝王曰:“昔我先酈山之女，爲戎胥軒妻，生中潏，以親故歸周，保西垂，西垂以其故和睦。今我復與大駱妻，生適子成，申、駱重婚，西戎皆服，所以爲王，王其圖之!”於是孝王曰:“昔柏翳爲舜主畜，畜多息，故有土，賜姓嬴。今其後世亦爲朕息馬，朕其分土爲附庸，邑之秦，使復續嬴氏祀。”號曰秦嬴。據《史記・秦本紀》。秦之爲秦自此始。據《水經・渭水注》。王亦不廢申侯之女子爲駱適者，以和西戎。據《秦本紀》。秦自女脩至非子，凡十有八世，不詳其年數，非子爲秦分土得名之始。

秦侯者，非子子也。秦侯立十年卒。據《秦本紀》。始有紀年。

公伯，秦侯子，立三年卒。據《秦本紀》。

秦仲，公伯子。據《國語·鄭語》。立三年，周厲王無道，諸侯或叛之，西戎反王室，滅犬丘大駱之族。據《秦本紀》。十八年，據《史記集解》徐廣説。周宣王即位，乃以秦仲爲大夫，誅西戎。二十三年，死於戎。據《秦本紀》。秦至秦仲，始有車馬禮樂侍御之好。據《毛詩·秦風·車鄰詩序》。人稱爲嬴之儁，且大，其將興乎？《國語·鄭語》。

莊公，秦仲長子。秦仲没王事，宣王乃召莊公昆弟五人，與兵七千人，使伐西戎，破之。於是復予秦仲後，及其先大駱地犬丘并有之，爲西垂大夫。莊公居其故西犬丘。生子三人，其長男世父。世父曰："戎殺我大父，我非殺戎王，則不敢入邑。"遂將擊戎。讓其弟襄公爲太子。莊公立四十四年卒，據《秦本紀》。始稱公，或曰追謚之。據《秦風譜疏》。

襄公，莊公次子也。代立。元年，以女弟繆嬴爲豐王妻。案：豐王蓋戎王，薦居岐、豐之爲號者。二年，徙都汧。據《帝王世紀》。戎圍犬丘，世父擊之，爲所虜。歲餘復歸。七年，周幽王用褒姒，廢申侯及太子，立褒姒子爲適，數欺諸侯，諸侯叛之。西戎、犬戎與申侯伐周，殺幽王酈山下。公將兵救周，戰甚力，有功。周避犬戎難，東徙雒邑，公以兵送周平王。平王封公爲諸侯，賜之岐以西之地。曰："戎無道，侵奪我岐、豐之地，秦能攻逐戎，即有其地。"與誓，封爵之。公于是始國，與諸侯通使聘享之禮。據《秦本紀》。乃立西畤，據《史記·十二諸侯年表》。用騮駒、黄牛、羝羊各一，祠白帝。據《史記·年表》及《封禪書》。案：秦尚祭畤，以後屢見，存之。十二年，伐戎，至岐，卒。據《秦本紀》。葬西垂，《史記·秦始皇本紀》。謚曰襄。

文公，襄公之子也。襄公卒，公即位。元年，居西垂宫。三年，公以兵七百人東獵。四年，至汧、渭之會，曰："昔周邑我先秦嬴於此，後卒獲爲諸侯。"乃卜居之。十年，初爲鄜畤。十三年，初有史以紀事。民多化者。十六年，公以兵伐戎，戎敗走。於是公遂收周餘民有之，地至岐。岐以東獻之周。二十年，法初有三族之罪。四十八年，太子卒，賜謚竫公。案：《秦記》作静公，竫、静通。竫公之長子爲太子。五十年，公卒，葬西山，據《秦本紀》。　案：《秦記》作"葬西垂"。謚曰文。

憲公，據《秦記》。　案：《秦本紀》作寧公，然《索隱》于《秦記》下引《秦本紀》亦作憲公，《漢書・人表》同，則作寧誤也。《史記集解》謂一作曼，亦誤。竫公之子，文公之孫也。文公卒，公十歲，即位。居西新邑。二年，徙居平陽。據《秦本紀》、《秦記》。遣兵伐蕩。據《水經・汳水注》引《秦寧公本紀》。　案：今本《秦本紀》作伐蕩社，《水經注》作伐湯，蕩與湯通，社衍文。三年，與亳戰，亳王奔戎，遂滅蕩。《水經・汳水注》云："乃西戎之國。"四年，魯公子翬弑其君隱公。案：襄公始國，與諸侯通使聘享之禮，故史於諸侯大事必書之。或删之，非。十二年，伐蕩氏，取之。十二年，卒，葬西山，據《秦本紀》。　案：《秦記》作葬衙。謚曰憲。

武公，憲公長男，爲太子。魯姬子生出子。憲公卒，大庶長弗忌、威壘、三父廢太子而立出子爲君。據《秦本紀》。居西陵。《秦記》。二年，納芮伯萬于芮。《左氏》桓公十年《傳》。初，芮伯爲母逐出居魏，據《水經・河水注》引《竹書紀年》。芮更立君。憲公時，秦師侵芮，敗焉。秦會王師圍魏，執芮伯以歸。據《左氏》桓公三年、四年《傳》及杜預注。至是納之。六年，三父等復共令人賊殺出子據《秦本記》。鄙衍。《秦記》。出子生五歲立，立六年卒。據《秦本紀》。葬衙。《秦記》。三父等乃復立故太子，是爲武公。元年，伐彭戲氏，至于華山下，居平陽封宫。三年，誅三父等而夷三族，以其殺出子也。是歲，鄭高渠眯弑其君昭公。十年，伐邽、冀戎，初縣之。十一年，初縣杜、鄭。滅小虢。十二年，齊人管至父、連稱等弑其君襄公，而立公孫無知。案：《史記》繫在十三年，據《左傳》正。十三年，齊雍廪殺無知、管至父等，而齊桓公立。十九年，晉曲沃始爲晉侯，齊桓公伯於鄄。齊、晉爲强國。二十年，公卒，葬雍平陽，案：《秦記》作"葬宣陽聚東南"。初以人從死，從死者六十六人。據《秦本紀》。謚曰武。

德公，武公同母弟也。武公有子一人，名曰白，不立，封平陽。立德公。元年，初居雍城大鄭宫。以犧三百牢祠鄜時，案：或疑三百牢過侈，改百爲白。然商祀用牲已有三百牛，或一至二百牛者，見卜辭。於此又何疑也。卜居雍，"後子孫飲馬於河"。梁伯、芮伯來朝。二年，初伏，以狗禦蠱。公生三十三歲而立，立二年卒。據《秦本紀》。葬陽，《秦記》。謚曰德。

宣公，德公長子也。德公卒，公立。據《秦本紀》。居陽宫。《秦記》。元年，初志閏月。衛、燕伐周，出惠王，立王子頽。三年，鄭伯、虢叔殺頽而入惠王。四年，作密時。與晉戰河陽，勝之。十二年，公卒，據《秦本紀》。葬陽，《秦記》。謚曰宣。

成公，德公子，宣公弟也。宣公生子九人，莫立而立公。《史記·秦本紀》。居雍之宫。《秦記》。元年，梁伯、芮伯來朝。據《秦本紀》。其歲齊桓公伐山戎、孤竹。據《秦記》。三年，晉滅霍、魏、耿。案：《秦本紀》繫在武公十三年，據宋葉大慶《考古質疑》正。四年，公卒。《秦本紀》。葬陽，《秦記》。謚曰成。

自秦侯至成公凡百九十有八年，九世，十二君。襄公爲秦有國建制之始。

秦史卷二　世紀第二

穆公，名任好，德公之少子，成公之弟也。據《秦本紀》。自成公以上，史皆失其名，至公始著之。據《史記索隱》。成公有子七人，莫立而立公。據《秦本紀》。初學著人，《秦記》。後學百里奚、公孫枝。據《吕氏春秋·尊師》篇、《新序·雜事第五》。元年，公自將伐茅津，勝之。四年，迎婦於晉，晉獻公之女、太子申生之姊也。據《秦本紀》。晉驪姬譖申生，申生自縊。公子重耳、夷吾出奔。據《左氏》僖公四年《傳》。　案：申生之死，在穆公四年冬，而晉之告則在明年春，故《春秋》書於魯僖公五年，亦即穆公之五年也。《史記》據其告書於五年，非。據《左傳》正。其歲，齊桓公伐楚，至邵陵。五年，授百里奚國政。《秦本紀》謂晉獻公滅虞、虢，虜百里奚以爲秦穆公夫人媵於秦。以蹇叔爲上大夫。其歲，晉滅虞、虢。據《秦本紀》。七年，閏月，周惠王崩，襄王立。據《左氏》僖公七年《傳》。九年，晉獻公卒。晉亂，公子夷吾重賂秦以求入。冬，會齊師，納夷吾，是爲惠公。既入而背秦。十年，晉丕鄭來聘，言於公："背秦約，實吕甥、郤芮之謀，請召吕、郤，臣出晉君，君納重耳。"公使泠至報問，且召吕、郤。郤芮殺丕鄭。鄭子豹奔秦。言於公曰："晉侯背大主而忌小怨，民弗與也，伐之必出。"不聽。十三年，晉薦饑，乞糴於秦。丕豹請伐晉，公曰："其君是惡，其民何罪？"於是輸粟於晉，自雍及絳相望。十四年，秦饑，乞糴於晉，晉弗與。十五年，公自將伐晉。十一月壬戌，戰于韓原。據《左氏》僖公十四、十五年《傳》、《國語·晉語》、《秦本紀》。晉君棄其軍以争利，還而馬鷙，公與麾下馳追之，不能得，反爲晉軍所圍，已環公車矣。於是岐下野人三百衆馳冒晉軍，晉軍解，遂脱公，反得晉君。初，公亡善馬，岐下野人共得而食之者三百餘人。吏欲法之，公曰："君子不以畜害人。吾聞食善馬，不飲酒，傷人。"徧飲而去。三百人者聞秦擊晉，從而見公窘，皆推鋒爭死，以報食馬之德。於是公虜晉君以歸。據《秦本紀》及《吕氏春秋·愛士》篇、《淮南子·氾論訓》、《説苑·復恩》篇。令於國："齋宿，將以晉君祠上帝。"據《秦本紀》。夫人以免服衰絰逆。乃舍諸靈臺，許晉平。冬與吕甥盟於王城，改館晉侯，饋七牢。十一月歸晉侯。晉又饑，公又餼之粟，曰："吾怨其君而矜其民。且吾聞唐叔之封也，箕子曰'其後必大'，晉其庸可冀乎？姑樹德焉，以待能者。"據《左氏》僖公十五年《傳》。晉獻河西地，於是秦地東至河。據《秦本紀》。是歲，齊管仲卒。據《史記·齊世家》。　案：《秦本紀》繫在十二年，誤。十七年夏，晉太子圉爲質於秦。《左氏》僖公十七年《傳》。公妻以女。據《國語·晉語》。是歲齊桓公卒。據《左氏》僖公十七年《傳》。　案：《秦本紀》繫在十八年，誤。十八年，取梁新里。十九年，滅梁。據《左氏》僖公十八、十九年《傳》。《史記·十二諸侯年表》同。又滅芮。案《秦本紀》作二十年滅梁、芮。滅梁實在本年，滅芮不可確考，姑類繫於此。二十二年，晉子圉亡歸晉。明年，重耳來自楚，妻以故子圉妻。二十四年，晉惠公卒，子圉立。公納重耳，重耳入立，是爲文公。文公殺子圉，公誘殺吕、郤於河上。據《左氏》僖公二十四年《傳》及《秦本紀》。

其秋，周襄王弟帶以狄伐王，王出居鄭。據《秦本紀》。王使告於秦、晉。二十五年，公師於河上，將納王。晉辭秦師而納王。秋，與晉伐鄀，楚商密降秦師。二十八年，小子憖會晉侯，敗楚師於城濮。冬，秦及諸侯會于温，《左氏》僖公二十五年、二十八年《傳》。秦與諸侯會始此。二十九年夏，小子憖會諸侯，盟于翟泉。三十年，公會晉侯圍鄭，鄭使燭之武説公，公與鄭人盟，使杞子、逢孫、楊孫戍之而還。晉師亦還。

三十二年，晉文公卒。杞子使告於秦，請襲鄭。公問蹇叔、百里奚，對曰：“不可。”公辭焉。召百里孟明視、西乞術、白乙丙，使出師。明年及晉滑，鄭覺之，杞子奔齊，逢孫、楊孫奔宋，乃滅滑而還。滑，晉同姓也。晉太子襄公怒秦因喪破滑，四月，辛巳，遮秦師於殽，秦師敗績。三將被虜，既而歸之。公素服郊迎，哭曰：“孤以不用百里奚、蹇叔言，以辱三子，孤之罪也，大夫何罪？且吾不以一眚掩大德，子其悉心雪恥毋怠。”復使爲政，愈益厚之。據《左氏》僖公三十三年《傳》及《秦本紀》。三十四年，楚太子商臣弑其父成王，代立。據《秦本紀》。三十五年，公復使孟明視等將兵伐晉，戰於彭衙，秦師復敗。案《秦本紀》繫於三十四年，誤。公猶用之，益厚孟明等。三十六年，夏，公使孟明視等伐晉，濟河焚舟，大敗晉人，取王官，及郊，《秦本紀》作鄗，此從《左傳》。以報殽之役，晉人不敢出。於是公乃自茅津濟，封殽尸而還。據《左氏》文公三年《傳》及《史記・秦本紀》。乃誓於軍曰：

> 嗟！我士，聽無譁。予誓告汝羣言之首。古人有言曰：“民訖自若，是多盤，責人斯無難，惟受責俾如流，是惟艱哉！”我心之憂，日月逾邁，若弗云來。惟古之謀人，則曰未就予忌，惟今之謀人，姑將以爲親。雖則云然，尚猷詢兹黄髮，則罔所愆。番番良士，旅力既愆，我尚有之。仡仡勇夫，射御不違，我尚不欲。惟截截善諞言，俾君子易辭，我皇多有之，昧昧我思之。如有一介臣，斷斷猗無他伎，其心休休焉，其如有容。人之有技，若已有之，人之彦聖，其心好之，不啻如自其口出，是能容之，以保我子孫，黎民亦職有利哉。人之有技，冒疾以惡之，人之彦聖，而違之俾不達，是不能容，以不能保我子孫，黎民亦曰殆哉。邦之杌隉，曰由一人。邦之榮懷，亦尚一人之慶。據《尚書・秦誓》。

蓋申思不用蹇叔、百里奚之謀，故作此誓，令後世以記其過。據《史記·秦本紀》。案《秦誓》《書序》,謂敗殽還歸而作,與《史記·秦本紀》不同。後人多是《書序》,而非《史記》。然誓言用人之失,多懲前毖後之辭,而無新敗沉痛之語,此其一;如在殽敗之後,則全軍覆没,三將倖存,故唯向三將而哭,何云我士聽無譁耶? 此其二;故從《史記》。君子聞之曰:"嗟乎,秦穆公之與人周也,卒得孟明之慶。"據《秦本紀》及《左氏》文公三年《傳》。

三十七年,公用戎使由余謀伐戎,益國十二,開地千里,遂霸西戎。天子使召公過賀公以金鼓。據《秦本紀》。秋,晉伐秦,圍邧新城。楚人滅江,公爲之降服,出次,不舉,過數。大夫諫,公曰:"同盟滅,雖不能救,敢不矜乎? 吾自懼也。"據《左氏》文公四年《傳》。三十八年,夏入鄀,以鄀貳於楚也。據《左氏》文公五年《傳》。

三十九年,公卒。葬雍,從死者百七十七人。子車氏之三子,所謂三良也,亦在殉中,國人哀焉。據《秦本紀》及《左氏》文公五年《傳》。謚曰穆。案:此從《左氏傳》,《國語》同。《公羊傳》、《秦本紀》作繆,與穆同。《史記·蒙恬列傳》及《風俗通義》乃謂其殺三良,罪百里奚,故謚曰繆。則讀爲靡幼反,大誤。三良及百里奚事,各詳其本傳,本不足據。賈子《新書》曰:"穆公以秦顯名尊號。"則非惡謚可知矣。又案《漢書·匡衡傳》衡言政治得失疏云:"秦穆貴信而士多從死。"應劭注作穆,不作繆。公明於聽獄,斷刑之日,揖士大夫曰:"寡人不敏,教不至,使民入於刑,寡人與有戾焉。二三子各據爾官,無使民困於刑。"據《太平御覽》卷六百三十六、《北堂書鈔》卷四十四引《尸子》。

康公名罃。穆公四十子,罃爲太子,穆公卒,公代立。據《秦本紀》。居雍高寢。《秦記》。元年,往歲穆公之卒,晉襄公亦卒,襄公之弟雍,據《秦本紀》。仕秦爲亞卿。據《左氏》文公六年《傳》。　案:雍母爲杜祁,《秦本紀》謂:"雍,秦出也,在秦。"非。晉趙盾欲立之,使隨會來迎雍。秦以兵送,至令狐,晉立襄公子而反擊秦師,秦師敗,隨會來奔。二年,伐晉,取武城,報令狐之役。據《秦本紀》。秋,周襄王崩,頃王立。四年春,晉伐秦,取少梁。夏,伐晉,取北徵。六年,使西乞術聘魯。冬,伐晉,取羈馬。晉禦秦師於河曲,秦師還。復侵晉,入瑕。據《左氏》文公十二年《傳》。晉人患隨會在秦,常爲晉亂,使魏讎餘佯反，詐而得會，會遂歸晉。據《秦本紀》及《晉世家》。八年，周頃王崩，匡王立。是歲楚莊王初即位。十年，從楚師伐庸，滅之。十二年，春二月，公卒。據《左氏》文公十四年至十八年《傳》。葬竘社。《史記》、《秦記》。謚曰康。

共公名稻，據《左氏》宣公四年《傳》。康公之子也。康公卒，公即位。居雍高寢。《秦記》。元年，晉欲求成於秦；崇，秦與國也，侵崇以求成，秦弗與成。二年，秦伐晉，報崇也。遂圍焦。秋，晉趙穿弑其君靈公。冬，周匡王崩，定王立。據《左氏》宣公元年、二年《傳》及《秦本紀》。三年，楚莊王北兵至雒，問周鼎。據《秦本紀》。四年，春正月，公卒。據《左氏》宣公四年《傳》，案《秦本紀》作五年。葬竘社康公南。據《秦記》。謚曰共。

桓公，共公之子也。自桓公至靈公，史又失其名。案：程公説《春秋分紀》謂桓公名榮，不知何據。共公卒，公即位。居雍太寢。《秦記》。四年，晉伐秦，虜將赤。據《史記·晉世家》。　案：《秦本紀》繫在三年。七年，楚莊王服鄭，北敗晉兵於河上。當是之時，楚霸，爲會盟，合諸侯。據《秦本紀》。　案：楚莊王服鄭，敗晉兵於邲，皆在七年。《秦本紀》作十年，誤。十一年，伐晉，晉敗秦於輔氏，虜杜回。回，秦之力人也。據《左氏》宣公十五年《傳》。十六年，右大夫説及魯侯諸侯之大夫盟於蜀。據《左氏》成公三年《傳》。十九年，周定王崩，簡王立。二十三年，秦及白狄伐晉。據《左氏》成公九年《傳》。二十五年，晉厲公初立，據《左氏》成公十一年《傳》。　案：《秦記》、《秦本紀》、《六國表》作二十四年。與秦成。將會於令狐，公不肯涉河，次于王城。使史顆盟晉侯於河東，晉郤犨盟公於河西。公歸而背成，據《左氏》成公十一年《傳》。與狄合謀擊晉。據《秦本紀》。二十七年，晉以諸侯之師伐秦，戰於麻隧，秦師敗，晉虜成差及不更女父，遂濟涇，及侯麗而還。據《左氏》成公十三年《傳》。　案：《秦本紀》作二十六年。二十八年，冬十月，公卒。據左氏成公十四年《傳》。　案：《秦本紀》作二十七年。葬義里丘北。《秦記》。謚曰桓。

景公，案：《秦記》謂一作僖公。《世本》謂公名后伯車，蓋誤以其弟鍼之字爲公名也。《春秋分紀》謂名石，亦不知所據。桓公之子也。桓公卒，公即位。居雍高寢。《秦記》。四年，晉欒書弑其君厲公。五年，周簡王崩，靈王立。十三年，公使大夫士雃乞師於楚，將以伐晉，楚許之。秋，侵晉，楚師於武城以爲援。十四年，晉伐秦。十五年，楚乞師于秦，使右大夫詹從，將以伐鄭，鄭伯逆之。伐宋。冬，使庶長鮑、武伐晉。鮑先入，晉人少秦師而不設備，武濟自輔氏，與鮑交伐晉師，戰於櫟，晉師敗績。十六年，庶長無地及楚師伐宋。冬，秦嬴歸於楚。楚公子午聘於秦。據《左氏》襄公元年至十二年《傳》。十八年，時晉悼公强，爲盟主，會諸侯伐秦。據《秦本紀》。濟涇而次，秦毒涇上流，師人多死，至於棫林，不獲成，乃還。晉人恥之，謂之“遷延之役”。晉士鞅來奔，公爲請於晉而復之。據《左氏》襄十四年《傳》。

二十六年，魯孔丘生。據《史記·孔子世家》。　案：《秦本紀》書“孔子以悼公十二年卒”，兹補其生年。孔子敘《書》，殿以《秦誓》，《秦風》特著其尚氣先勇，蓋大有契於秦者。其後五傳弟子荀况，尤稱其政俗，以爲有類於古之至治。其弟子李斯，遂以輔成大一統之業，雖大乖師説，然二世之初，尚以放棄詩書爲諫，語在《李斯傳》中，則尚未忘情於師説也。韓非亦其弟子，其學爲始皇所心醉。則孔門之繫於秦者，不能謂小；故著之。

二十八年，及晉成。韓起來涖盟，公弟鍼如晉涖盟，成而不結。據《左氏》襄公二十六年《傳》及杜預注。　案：《秦本紀》書在二十七年，《年表》繫二十九年，皆誤。三十年春，鍼如晉修成。夏，及楚人侵吴。三十一年，宋欲弭諸侯之兵，爲會於宋，來告。許之。三十二年，冬，周靈王崩，景王立。三十六年，公子鍼出奔晉。據《左氏》襄公二十四年、二十五年、二十六年、二十八年及昭公元年《傳》。是歲，楚公子圍弑其君麐而自立，是爲靈王。三十九年，楚靈王强，會諸侯於申，爲盟主。據《秦本紀》。四十年，秋七月，公卒。據《左氏》昭公五年《傳》。明年，據《左氏》昭公六年《傳》。葬丘里南。《秦記》。謚曰景。

哀公，案：《秦記》作畢公。謚法無畢，誤。《索隱》作㻪公，尤誤。景公之子也。景公卒，公即位。公子鍼復來歸。八年，楚公子棄疾弑靈王而自立，是爲平王。十年，楚平王來求女爲太子建妻。十四年，來逆女，至國，女好而自娶之。據《秦本紀》及《左氏》昭公十九年《傳》。十五年，楚平王欲誅建，建亡，殺其師伍奢。奢子員奔吴。據《秦本紀》及《左氏》昭公二十年《傳》。時晉公室卑而六卿强，欲内相攻，是以秦、晉久無事。據《秦本紀》。十七年，夏，周景王崩，悼王立。王子朝作亂，入于王城。冬，悼王崩，敬王立。二十一年，冬，王入于成周，王子朝奔楚。據《左氏》昭公二十二年、二十六年《傳》。三十一年，伍員從吴王闔閭伐楚，入郢，楚昭王奔隨。據《秦本紀》。楚大夫申包胥來乞師，依庭墻哭七日，公爲之賦《無衣》，使子蒲、子虎帥車五百乘以救楚。明年，敗吴師於沂，案：《戰國策·楚策》作濁水，《淮南子·修務訓》亦曰"擊吴濁水之上，大破之"。秋，滅唐，又敗吴師於雍澨，據《左氏》定公四年、五年《傳》。案雍澨，《楚策》作遂浦。吴師歸，楚昭王乃得復入郢。據《秦本紀》。三十六年，秋，公卒。據《左氏》定公九年《傳》。冬，據《左氏》定公九年《傳》。葬車里北，《秦記》。謚曰哀。

惠公，哀公之孫，夷公之子也。夷公，哀公太子，蚤死，不得立，立公。四年，晉卿中行、范氏反晉，晉使智、韓、魏三氏攻之，范、中行氏奔朝歌，後奔齊。案：《秦本紀》書此事多誤，兹正。九年，冬十月，公卒。據《左氏》哀公二年《傳》。 案：《秦本紀》及《秦記》皆作十年，誤。明年，春二月，據同上。葬車里，《秦記》。謚曰惠。

悼公，惠公之子也。惠公卒，公立。據《秦本紀》。城雍。《秦記》。二年，齊臣田乞弑其君孺子，立其兄陽生，是爲悼公。據《秦本紀》。六年，齊敗吴師。據《左氏》哀公十年《傳》。齊人弑悼公，立其子簡公。九年，晉定公與吴王夫差盟，争長於黄池，卒先吴。吴强，陵中國。十年，齊田常弑簡公，立其弟平公，常相之。案：《秦本紀》繫在十二年，誤。十二年，魯孔丘卒。據《秦本紀》。十三年，楚滅陳。據《秦本紀》。十五年，公卒，葬丘里景公西，據《秦記》。　案：《秦記》原作葬僖公西，《秦本紀》及此皆無僖公，《索隱》于景公注云："一作僖公。"則當是景公之誤。謚曰悼。是歲周敬王崩，元王立。據《左氏》哀公十八年《傳》。

厲共公，案：《秦記》作剌龔公，一作利龔公。剌與厲義近，利則與剌形近而誤。龔，同共。悼公之子也。悼公卒，公即位。二年，蜀人來賂。據《秦本紀》。五、六年，楚與義渠相繼來賂，緜諸乞援。十年，庶長將兵，補魏城。十四年，晉、楚又來賂。據《六國年表》。　案：原作"拔魏城"，魏城秦地，何得曰拔？或作捕，亦不可解。清梁玉繩以爲補字之誤，如靈公之補龐城，謂修補是也，從正。十六年，塹河旁。以兵二萬伐大荔，取其王城。據《秦本紀》。二十年，公將師與緜諸戰。《六國表》。二十一年，初縣頻陽。《秦本紀》。二十四年，晉亂，趙、韓、魏三家殺智伯瑶而分其邑。二十五年，智伯子開率其屬來奔。據《秦本紀》及《正義》。二十六年，左庶長城南鄭。二十八年，越人來逆女。二十九年，晉大夫智寬來奔。據《六國年表》。三十三年，伐義渠，虜其王。三十四年，公卒，據《秦本紀》。葬人里。據《秦記》及徐廣説。謚曰厲共。

躁公，案《謚法》："好變動民曰躁。"或作趮，非。厲共公之子也。厲共公卒，公立。據《秦本紀》。居受寢。《秦記》。二年，南鄭反。《秦本紀》。周定王崩。三年，周考王立。據《周本紀》及《六國年表》。十三年，義渠來侵，至渭南。十四年，公卒。據《秦本紀》。葬丘里悼公南。據《秦記》。謚曰躁。

懷公，厲共公之子，躁公之弟也。躁公卒，公自晉來即位。據《秦記》。三年，周考王崩，威烈王立。據《周本紀》及《六國年表》。四年，庶長鼀與大臣圍公，公自殺。據《秦本紀》。葬櫟圉氏。《秦記》。　案：或以圉下有氏字爲疑，下文言葬，有陵圉、嚚圉、弟圉云云，皆無氏字。然《六國年表》秦獻公六年，初縣藍田善明氏；《水經注・役水》引《竹書》秦公孫壯帥師城上枳安陵山氏，則秦地名自有此稱也。仍之。謚曰懷。

靈公，案：《秦記》作肅靈公。然《紀》、《表》皆無肅字，當衍。懷公之孫，太子昭子之子也。懷公既卒，昭子蚤死，大臣乃立公。據《秦本紀》。居涇陽。《秦記》。三年，作上、下畤。《六國年表》及《封禪書》。六年，晉城少梁，擊之。據《秦本紀》。　案：《六國年表》作魏城少梁在六年，戰在七年。八年，城塹河瀕。十年，補龐城，城籍姑。《六國年表》。　案：《秦本紀》城籍姑在十三年。據《秦記》及《六國表》，靈公在位只十年，安得有十三年乎？"三"字衍。公卒。據《秦記》及《六國表》。葬丘里悼公西。據《秦記》。謚曰靈。

簡公，懷公之子，昭子之弟，而靈公季父也。案《秦本紀》云，靈公季父悼子，是以悼子爲簡公名；然自桓公以來，史失其名久矣，何因忽出此凶名？疑不可信，姑附於此。靈公有子獻公，不得立而立公。據《秦本紀》。公從晉來。《秦記》。二年，與晉戰，敗鄭下。六年，初令吏帶劍。案：《秦本紀》同。《秦記》作七年，百姓初帶劍。七年，塹洛，城重泉。案：《秦本紀》繫六年。初租禾。據《六國年表》。十三年，周威烈王崩。據《周本紀》。十四年，伐魏至陽狐。是歲，周安王立。據《六國年表》。十五年，公卒。據《秦記》及《六國年表》。　案：《秦本紀》作十六年。葬丘里景公西，據《秦記》。　案：原作僖公，説詳上。謚曰簡。

惠公，案：其先已有謚惠者，不知何以復有此謚。簡公子也。簡公卒，公立。據《秦本紀》。五年，伐緜諸。九年，伐韓宜陽，取六邑。十年，與晉戰武城。縣陝。十一年，太子生。據《六國年表》。　案：《秦本紀》作十二年子出子生。十三年，伐蜀，取南鄭。據《秦本紀》。　案：《六國年表》作蜀取我南鄭，事乃相反。

躁公時南鄭反，此時復取之耶？故取《本紀》。公卒，葬陵圉。據《秦記》。謚曰惠。

出公，惠公太子也。惠公卒，公立。據《秦記》及《六國年表》。　案：《秦本紀》作出子。二年，庶長弒公。據《秦本紀》。案《六國表》作誅出公，出公爲惠公大子，繼爲君，因亂被弒，何乃曰誅？妄矣。葬雍。《秦記》。

獻公，案：《世本》作元獻公。靈公之子，而出公之從父昆弟也。據《吕氏春秋·當賞》篇高誘注。名連。案：高誘注：一名元，疑爲《世本》元獻公之誤。《史記索隱》云，名師隰，不詳所本，殆《世本》耶？自以《吕氏春秋》説爲信。出公之母用奄變，羣賢不悦。公亡在河西，欲入，因羣臣與民，從鄭所之塞，右主然守塞，弗入；去從焉氏塞，菌改入之，至雍，圍出公母，母自殺，據《吕氏春秋·當賞》篇。或曰沉諸淵。據《秦本紀》。公既立，不罪右主然而賞菌改，論者謂能用賞罰矣。據《吕氏春秋·當賞》篇。秦以往者數易君，君臣乖亂，故晉復强，奪秦河西地。元年，止從死。二年，城櫟陽。三年，日蝕，晝晦。據《六國年表》。四年，正月，庚寅，太子生。據《秦本紀》。六年，初縣蒲、藍田、善明氏。據《六國年表》。七年，初行爲市。《秦記》。九年，周安王崩，烈王立。據《周本紀》及《六國表》。十年，爲户籍相伍。《秦記》。十一年，徙櫟陽。據《六國表》。　案：原文作縣櫟陽，櫟陽爲獻公所徙都，不應以爲縣，當爲徙字之誤。十六年，民大疫，日蝕，桃冬花。據《秦本紀》、《六國表》。十九年，敗韓、魏洛陰。據《史記·魏世家》，徐廣注引《六國年表》。　案：今本作洛陽，誤。二十一年，章蟜與晉戰石門，斬首六萬，天子賀以黼黻。據《六國年表》、《秦本紀》。二十三年，與魏戰少梁，虜其將公孫痤。案：《六國年表》作"與魏戰，虜其太子"，於魏亦曰"虜我太子"。疑公孫痤即魏太子也。二十四年，公卒。據《秦本紀》。葬嚻圉，《秦記》。謚曰獻。

自穆公至獻公凡三百有三年，十四世，十七君。穆公爲秦開疆争霸之始，而獻公則貞下起元之始也。

秦史卷三　世紀第三

孝公案：《越絶書》稱爲平王，蓋後來追謚。名渠梁，據《史記索隱》。獻公之太子也。獻公卒，公立，年已二十一矣。元年，河、山以東强國六，與齊威、楚宣、魏惠、燕文、韓莊、趙成侯並，案：原作燕悼、韓哀，兹據《六國年表》正。淮泗之間小國十餘。楚、魏與秦接界，魏築長城，自鄭濱洛以北，有上郡。楚自漢中，南有巴、黔中。周室微，諸侯力政，争相併。秦僻在雍州，不與中國諸侯之會盟，夷翟遇之。公於是布惠，振孤寡，招戰士，明功賞，下令國中曰："昔我穆公自岐、雍之間，修德行武，東平晉亂，以河爲界；西霸戎、翟，廣地千里。天子致伯，諸侯畢賀，爲後世開業，甚光美。會往者厲、躁、簡公、出子之不寧，國家内憂，未遑外事。三晉攻奪我先君河西地，諸侯卑秦，醜莫大焉。獻公即位，鎮撫邊境，徙治櫟陽，且欲東伐，復穆公之故地，修穆公之政令。寡人思念先君之意，常痛於心。賓客羣臣有能出奇計强秦者，吾且尊官，與之分土。"於是乃出兵，東圍陜城，西斬戎之獂王。衛公孫鞅聞是令下，西入秦見公。據《秦本紀》。是年，彗星見西方。《六國年表》。二年，天子致胙，三年，公孫鞅説公變法修刑，内務耕稼，外勸戰死之賞罰。公善之。甘龍、杜摯等弗然，相與争之。卒用鞅法，拜鞅爲左庶長。百姓苦之。居三年，百姓便之。事在《公孫鞅傳》中。七年，與魏惠王會杜平。據《秦本紀》及《商君傳》。　案：鞅爲左庶長，《秦本紀》在變法三年之後，《商君列傳》則在將變法前。孝公求賢令曰："有能出奇計强秦者，吾且尊官。"鞅已出奇計，孝公屢稱善，且將主持變法，左庶長官尚非甚尊,何至蕲之於三年之後耶？似《傳》得其實,從之。公孙壯伐鄭。據《水經注》卷二十二《役水》引《竹書紀年》。八年,與魏戰元里,斬首七千,取少梁。據《六國表》。九年,齊自稱爲王。《史記·田敬仲完世家》。十年,公孫鞅爲大良造,將兵圍魏安邑,降之。據《秦本紀》。十一年,城商塞。公孫鞅圍固陽,降之。據《六國表》。十二年,作爲咸陽,築冀闕,徙都之。案《秦記》徙都在十三年,誤。并諸小鄉聚,集爲大縣。縣一令,爲四十一縣。案:《六國年表》作三十一縣。爲田開阡陌,東地渡洛。據《秦本紀》。十三年,初爲縣,有秩史。據《六國年表》。十四年,初爲賦。十九年,城武城。從東方牡丘來歸。天子致伯。據《六國年表》、《秦本紀》。二十年,諸侯畢賀。使公子少官率師會諸侯于逢澤。朝天子。案《後漢書·西羌傳》云:"秦孝公雄强,威服羌、戎。孝公使太子駟率戎、狄九十二國,朝周顯王。"當在其時。二十一年,齊敗魏馬陵。二十二年,公孫鞅擊魏,虜公子卬。封鞅爲列侯,號商君。據《秦本紀》。二十三年,與晉戰岸門,據《竹書紀年》、《六國年表》。　案:《秦本紀》繫二十四年,岸門作雁門。然《索隱》引《竹書》及《六國年表》,皆作岸門。秦與魏戰,無因遠至雁門也。虜其將魏錯。《秦本紀》。二十四年,大荔圍合陽。公卒。據《六國表》。葬弟圉。《秦記》。謚曰孝。

惠文王,《秦記》、《六國年表》。　案:《秦本紀》作惠文君。名駟,據《吕氏春秋·首時》篇高注、《史記索隱》。孝公太子也。生十九年而立。《秦記》。殺公孫鞅。鞅之初爲秦施法,法不行。太子犯禁,鞅曰:"法之不行,自於貴戚,君必欲行法,先於太子,太子不可黥,黥其傅師。"於是法大用。秦人治。宗室多怨鞅。及是鞅亡,因以爲反,而卒車裂以徇。元年,楚、韓、趙、蜀人來朝。二年,天子賀。初行錢。據《史記·秦本紀》、《秦記》、《六國年表》。三年,王冠。四年,天子致文武胙。魏夫人來。據《六國表》。魏自爲王。五年,陰晉人公孫衍爲大良造。據《秦本紀》。　案:公孫衍,《紀》、《表》皆作犀首,犀首官名,自應著其姓名。六年,魏以陰晉爲和,命曰寧秦。案:《漢書·地理志》謂在五年。七年,義渠内亂,庶長操將兵定之。據《六國年表》。公子卬與魏戰,虜其將龍賈,斬首八萬。八年,魏納河西地。九年,渡河,取汾陰、皮氏。與魏王會應。據《秦本紀》。圍魏焦、曲沃,降之。據《秦本紀》。 案:十一年云,歸魏焦、曲沃,則此時必兼降曲沃可知。補之。十年,相張儀。據《秦本紀》。公子桑取蒲陽,既而復歸之。據《六國年表》及《張儀列傳》。魏納上郡十五縣。十一年,義渠君爲臣。歸魏焦、曲沃。更名少梁曰夏陽。十二年,初臘。據《秦本紀》。會龍門。據《六國年表》。十三年,四月,戊午,初稱王。據《秦本紀》及《周本紀》。 案:《秦本紀》於年月日下作魏君爲王。魏稱王已在九年前,何以重書於此?且書異國稱王鄭重記月日,亦無前例。此必惠與魏聲近而誤。且稱王大事,而《本紀》及《六國年表》皆不書,足證此處之誤。《周本紀·正義》引《秦本紀》作惠王十三年與韓、魏、趙並稱王,與《周本紀》合,與今本不同,更足證今本之誤矣。十四年,初更元年。《六國年表》。張儀將兵取陝,出其人與魏。據《六國年表》、《張儀列傳》及《秦本紀》。二年,張儀與齊、楚大臣會齧桑。是歲,韓亦稱王。據《史記·韓世家》。三年,韓、魏太子來朝。據《秦本紀》。張儀免,去相魏。據《六國表》。四年,周顯王崩,慎靚王立。據《周本紀》、《六國年表》。五年,王北游戎地,至河上。據《六國年表》。七年,相樂池。據《秦本紀》。蘇秦約從,六國共攻秦,楚懷王爲從長,至函谷關。擊之,六國皆引還。據《楚世家》。八年,使庶長疾與韓、趙戰于修魚,虜韓將鰒、申差,敗趙公子渴、韓太子奂,斬首八萬二千。張儀復相。九年,十月,張儀、司馬錯滅蜀,移秦民萬家實之。據《秦本紀》、《華陽國志》及《張儀列傳·索隱》、《正義》引《六國年表》。 案:表序《秦記》不載日月,此始書月乎?伐取趙西都、中陽。據《史記·趙世家》。是歲,燕王噲讓其臣子之。據《燕世家》。十年,伐取韓石章。據《秦本紀》。伐敗趙將英。據《趙世家》。伐取義渠二十五城。據《秦本紀》。是歲,周慎靚王崩,赧王立。據《周本紀》及《六國年表》。十一年,庶長疾攻魏焦,降之。敗韓岸門,斬首萬。據《秦本紀》。韓太子蒼來質。據《史記·韓世家》。公子通封於蜀。據《秦本紀》。 案:《戰國策·秦策》作"定蜀,蜀主更號曰侯",與《紀》不同。是歲,燕亂,王噲及子之皆死。據《六國年表》。十二年,王與梁王會臨晉。據《秦本紀》。庶長疾攻趙,虜其將莊豹。據《趙世家》、《樗里子列傳》。張儀相楚。據《秦本紀》。十三年,庶長魏章擊楚於丹陽,虜其大將屈匄、裨將逢侯丑等七十餘人,斬首八萬。據《秦本紀》及《楚世家》。又攻楚漢中,取地六百里,置漢中郡。楚圍韓雍氏,使庶長疾助韓,而東攻齊。到滿助魏攻燕,縱遂散。據《秦本紀》。十四年,伐楚,取召陵。丹、犂臣蜀。據《秦本紀》。蜀相陳壯反,殺蜀侯。使甘茂、張儀、司馬錯伐之,誅壯。據《華陽國志》。　案:蜀侯爲秦所封,陳壯爲秦所官,而《秦本紀》乃曰相壯殺蜀侯來降,實事理之所必無也。《華陽國志》爲得實矣。王卒,饗國二十有七年。葬公陵。據《秦記》。謚曰惠文。

悼武王,名蕩,《索隱》。惠文王子也。據《秦本紀》。生十九年而立。《秦記》。韓、魏、齊、楚、趙案:趙原作越,依徐廣改。皆賓從。《秦本紀》。元年,與魏哀王會臨晉。據《六國表》。張儀、魏章皆東出之魏。伐義渠、丹、犂。二年,初置丞相,樗里疾、甘茂爲左右丞相。張儀死於魏。三年,與韓襄王會臨晉外。據《史記・秦本紀》。以公子煇爲蜀侯。據《華陽國志》、《六國表》。南公揭卒。案:南公揭必秦有道之士,故特筆書之。《漢書・藝文志》陰陽家有《南公》三十一篇,班固注六國時,或其人歟?與楚南公爲兩人。姚振宗《藝文志條理》:秦亦有南公氏。鄭樵《氏族略》以爲衛南公子之後,或與衛鞅同入秦歟?王謂甘茂曰:"寡人欲容車通三川,窺周室,死不恨矣。"其秋,使甘茂、庶長封伐宜陽。四年,拔宜陽,斬首六萬。涉河,城武遂。魏太子來朝。王有力,好戲,力士任鄙、烏獲、孟説皆至大官。王與孟説舉鼎絶臏,八月卒。案《史記・甘茂列傳》云:"武王至周而卒于周。"與此異。《孟子疏》引《帝王世紀》云:"烏獲于洛陽舉周鼎,兩目出血。"當是一時事。則武王至周而卒,或可信歟?葬永陵。《秦記》。族孟説。據《秦本紀》。謚曰悼武。

昭襄王名稷,據《史記・趙世家》。　案:《世本》作側。惠文王之子,悼武王之異母弟也。悼武王取魏女爲后，無子。悼武卒時，王方爲質於燕，燕人送歸，得立。據《秦本紀》。生亦十九年矣。據《秦記》。母楚人，姓芈氏，號宣太后。元年，樗里疾爲相。甘茂出之魏。二年，庶長壯與大臣、諸侯公子爲逆，皆誅。惠文后亦不得良死。悼武王后出歸魏。據《秦本紀》。攻魏皮氏。據雲夢秦墓竹簡《大事記》。三年，王冠。與楚懷王會黄棘，與楚上庸。據《秦本紀》。王曰："楚劍利而倡優拙，劍利則士慓悍，倡優拙則思慮遠。吾恐楚之謀秦也。"據《説苑・指武》篇。　案：昭王全力謀楚，此其發軔矣。四年，取魏蒲坂、晉陽、封陵。五年，魏哀王來朝。據《魏世家》、《六國年表》。歸魏蒲坂。據《秦大事記》、《史記・秦本紀》。六年，蜀侯煇祭山川，歸胙於王，太后害其寵，加毒以進。王大怒，使司馬錯賜煇劍，自殺。據《索隱》引《華陽國志》及今本。案：今本煇作惲。《秦本紀》云："蜀侯煇反，司馬錯定蜀。"蓋秦舊史誣辭，兹不從，説在《諸公子傳》蜀侯煇傳中。以公子綰爲蜀侯。據《華陽國志》。使將軍芈戎攻楚，取新市。齊使章子、魏使公孫喜、韓使暴鳶共攻楚方城，取唐眛。據《六國年表》及齊、魏、韓諸《世家》。　案：《秦本紀》繫八年，誤。七年，復伐楚，大破楚軍，殺其將軍景缺，斬首二萬。據《楚世家》。拔新城。樗里疾卒。據《秦本紀》。涇陽君市質於齊。據《田敬仲完世家》、《六國年表》。八年，王遺楚懷王書，願會武關，約結盟。懷王來會，因留之。據《六國年表》、《楚世家》。庶長奂攻楚，取八城。據《秦本紀》、《六國年表》。涇陽君歸。據《六國表》。孟嘗君薛文來相。據《六國年表》及《田敬仲完世家》。九年，復取楚十六城。薛文以金受免。案金受，人名，説在《人表》。樓緩爲丞相。據《秦本紀》。韓、魏、齊三國共來攻，臨函谷關而還。據韓、魏、田完諸《世家》及《孟嘗君列傳》。以武遂、封陵、齊城三城講于三國。據《戰國策》、《六國年表》、《秦本紀》及《大事記》。十一年，楚懷王走之趙，趙不内，還之秦。明年死，歸葬。據《楚世家》、《六國表》。十二年，樓緩免，魏冉爲相。予楚粟五萬石。十三年，向壽伐韓，取武始。據《秦本紀》。左庶長白起攻新城。據《史記・白起列傳》、《秦本紀》。五大夫吕禮出亡，奔齊，據《史記·穰侯列傳》。爲相。據《孟嘗君列傳》。十四年，左更白起攻韓、魏於伊闕，斬首二十四萬，虜魏將據《穰侯列傳》增。公孫喜，拔五城。十五年，大良造白起攻魏，取垣。攻楚，取宛。據《秦本紀》。魏冉免。據《穰侯列傳》。十六年，左更司馬錯取軹及鄧。封公子市宛，公子悝鄧。據《秦本紀》。魏冉再相，封於穰，復益封陶。據《穰侯列傳》。十七年，韓城陽君及東周君來朝。據《秦本紀》及《戰國策·魏策》。韓入武遂，地方二百里，魏入河東四百里。據《六國年表》。以垣易蒲坂、皮氏。據《秦本紀》及《索隱》。王之宜陽。據《秦本紀》。十八年，白起攻魏，取城小大六十一。據《史記·白起列傳》。錯取垣、河雍。據《秦本紀》。十九年，王爲"西帝"，齊爲"東帝"，月餘，各復歸帝爲王。據《秦本紀》及《穰侯列傳》。吕禮自齊來歸。二十年，王之漢中，又之上郡、北河，據《秦本紀》。攻魏安邑。據《秦大事記》。二十一年，錯攻魏河内，魏獻安邑，出其人，募徙河東，賜爵，赦罪人遷之。據《秦本紀》。魏冉免。據《穰侯列傳》。是歲，齊破宋，宋王在魏，死温。據《田敬仲完世家》、《六國年表》。二十二年，蒙驁伐齊，取河東爲九縣。據《史記·秦本紀》。　案：原作"蒙武"，武，驁之子，時不及，正。疑蜀侯綰反，誅之，自此不復侯，但置守。據《華陽國志·蜀志》。　案：《蜀志》繫此事於三十年，謂赧王也。此年實爲昭王二十二年也。與楚王會宛，與趙王會中陽。二十三年，尉斯離與三晉、燕、楚共伐齊。案：原文無"楚"，據《楚世家》及《田敬仲完世家》增。破之濟西。王與魏王會宜陽，與韓王會新城。二十四年，與楚王會鄢，又會穰，取魏安城，至大梁還。二十五年，拔趙二城，與韓王會新城，與魏王會新明邑。二十六年，魏冉復相。據《秦本紀》。攻趙離石。據《秦大事記》。二十七年，錯攻楚，赦罪人，遷之南陽。白起攻趙，取代光狼城。又使錯發隴西，因蜀攻楚黔中，拔之。二十八年，白起攻楚，取鄢、鄧、西陵。案：二字據《六國表》補。赦罪人遷之。據《秦本紀》。二十九年，白起攻楚，取郢，更東至竟陵，爲南郡。據《六國表》。楚王走陳。案：據《楚世家》補"陳"字。周君來。白起封爲武安君。三十年，蜀守張若案：據《華陽國志》補"張"字。伐楚，取巫郡，及江南，爲黔中郡。三十一年，白起伐魏，取兩城。楚人取我江南。據《秦本紀》。　案：原作"反我江南"，依《楚世家》改。三十二年，又攻魏，拔兩城，軍大梁下。魏入温，請和。據《六國表》、《魏世家》。三十三年，魏背秦，與齊從親，使魏冉伐之，斬首四萬，走韓將暴鳶。拔魏四城。據《穰侯列傳》、《六國表》。三十四年，趙、魏攻韓華陽，韓告急於秦，使魏冉、白起、客卿胡傷攻趙、魏，破魏將芒卯於華陽下，斬首十三萬，取魏卷、蔡陽、長社。敗趙將賈偃，沈其卒二萬於河中。魏入南陽以和。據《韓世家》、《穰侯列傳》、《白起列傳》、《六國年表》、《秦本紀》。三十五年，初置南陽郡。據《秦本紀》。三十七年，客卿竈攻齊，取剛、壽，予魏冉。據《田敬仲完世家》、《六國年表》、《秦本紀》。三十八年，中更胡傷攻趙閼與，不能取。據《秦本紀》。三十九年，使五大夫綰伐魏，拔懷。據《六國年表》、《范雎列傳》。四十年，悼太子卒魏，歸葬芷陽。據《秦本紀》。四十一年，夏，攻魏，拔邢丘。據《秦大事記》。　案：《魏世家》作"郪丘"。四十二年，安國君爲太子。九月，魏冉出之陶。據《秦本紀》。芈戎及公子悝、市亦出之國，悝未至而死。范雎爲相。據《秦本紀》、《范雎列傳》。十月，宣太后薨。葬芷陽。據《秦本紀》。　案：《史記・范雎列傳》，雎説昭王："聞秦有太后、穰侯、華陽、高陵、涇陽，不聞有王。王獨立於朝，萬世之後，有秦國者，非王子孫也。"王大懼，於是廢太后，逐穰侯、高陵、華陽、涇陽君於關外，乃拜范雎爲相。而《秦本紀》以穰侯之出，敍於昭王四十二年九月，華陽之出，敍於四十五年，此不同者一；廢太后，敍於四十二年十月，穰侯出之陶之前，此不同者二。穰侯等當時號爲四貴，同爲雎所指斥，按情事言，四人之出，當在一時，不應華陽獨遲於三年之後。廢太后，自是説者誇辭，史書其薨，又書其葬，尚欲其嬖臣魏醜夫爲殉，絶不見廢黜之跡。然《魏策》宋己謂魏王曰："秦有虎狼之心，太后母也，而以憂死；穰侯舅也，功莫大焉，而竟逐之。"則宣太后之憂死，當爲實事。而《秦本紀》敍其薨於穰侯未逐之先，則果何所憂而死耶？且前敍十月，後敍九月，前後倒置，明爲錯行，後人不辨，乃有改十月爲七月，甚者反據此爲秦改十月爲歲首之始。如此九月與十月互易，則情事大明，亦無由滋異議矣。又范雎繼魏冉爲相，實秦代君權得失之一大事，而《秦本紀》與《六國表》皆闕不書，此尤不可解者也。茲並正之。四十三年，白起攻韓陘城，拔之，斬首四萬，因城河上至廣武。據《白起列傳》、《范雎列傳》。是年，趙人荀況自齊至，爲王言儒效，據黄式三《周季編略》。《荀子》有《儒效》篇。謂范雎曰："秦四世有勝，非幸也，數也。佚而治，約而詳，不煩而功，治之至也。秦類之矣。然而縣之以王者之功名，則倜倜然其不及遠矣，則其殆無儒邪？"據《荀子·强國》篇。四十四年，白起攻韓，取南陽。據《白起列傳》、《六國表》。四十五年，五大夫賁攻韓，取十城。四十七年，初，秦攻韓上黨，上黨降趙，秦因攻趙。趙發兵擊秦，相距。秦使白起擊，大破趙軍於長平，四十餘萬盡殺之。四十八年，韓獻垣雍。據《秦本紀》。秦軍分爲二，據《白起列傳》。 案：《秦本紀》作秦軍分爲三軍，誤。二軍，謂下王齕、司馬梗兩軍也。白起歸，王齕將伐趙，據《秦本紀》。攻皮牢，拔之，據《白起列傳》。司馬梗北定太原，盡有韓上黨。正月，兵罷，復守上黨。其十月，五大夫陵攻趙邯鄲。四十九年正月，益發卒佐陵，陵戰不善，免。王齕代將。其十月，將軍張唐攻魏，爲蔡尉捐弗守，還，斬之。五十年十月，白起有罪，爲士伍，遷陰密。張唐攻鄭，拔之。十二月，益發卒，軍汾城旁。武安君白起賜死。齕攻邯鄲不拔，去，還奔汾軍。二月餘，攻趙軍，斬首六千。趙、楚流死河二萬人。攻汾城，即從唐拔寧新中。寧新中更名安陽。初作河橋。五十一年，將軍摎攻韓，取陽城、負黍，斬首四萬。攻趙，取二十餘縣，首虜九萬。西周君背秦，與諸侯約從，將天下鋭兵，出伊闕，攻秦，令秦毋得過陽城。於是秦使摎攻西周，西周君走來自歸，頓首受罪，盡獻其邑三十六城，口三萬。王受獻，歸其君於周。周赧王卒。據《秦本紀》。 案：史書周王卒，例曰崩，以其共主也。赧王改書卒，其以失國而貶之歟？從之。五十二年，范雎免相。周民東亡，其器九鼎入秦。遂遷西周公於𢾈狐，周初亡。據《秦本紀》、《周本紀》。五十三年，天下來賓，魏後，使摎伐魏，取吴城。魏委國聽令。韓王入朝。五十四年，王郊見上帝於雍。王嘗病，百姓家爲之禱，病愈，殺牛塞禱。郎中閻遏出見之，賀王曰："王過堯、舜矣。"王使人問，果有之。

王曰："罰之。人二甲。夫非令而擅禱，是愛寡人也。夫愛寡人，寡人亦且改法而心與之相循者，是法不立，法不立，亂亡之道也。不如人罰二甲，而復與爲治。"國嘗大饑，范睢請發五苑之果蔬以活民。王曰："吾秦法使民有功而受賞，有罪而受誅。今發五苑之蔬果，是使有功與無功俱賞也，此亂之道也。夫發五苑而亂，不如棄棗蔬而治。"據《韓非子·外儲説右下》篇。五十六年，秋，王卒。據《秦本紀》。葬茝陽。《秦記》。謚曰昭襄。

孝文王名柱，據《秦本紀·索隱》。　案：《廣弘明集》引《陶公年紀》作名式。昭襄王之子也。初封安國君，後爲太子。據《秦本紀》。昭襄王卒，王立，生五十三年矣。據《秦記》。尊母唐八子爲唐太后，而合其葬於先王。韓王衰絰入吊祠。諸侯皆使其將相來吊祠，視喪事。元年，赦罪人，修先王功臣，褒厚親戚，弛苑囿。王除喪，據《秦本紀》。遊朐衍。據《漢書·五行志》。　案：原作"秦孝文王五年遊朐衍"。然孝文王僅一年，不得有五年。"五"當爲"元"字之誤。今曰未除喪，不得出遊，當在除喪之後，今繫於此。十月，己亥即位。三日，辛丑，卒。據《秦本紀》。葬壽陵。《秦記》。謚曰孝文。

莊襄王初名異人，後易名楚。據《戰國策·秦策》及《史記·吕不韋列傳》。孝文王之子也。見《秦本紀》。立爲太子。據《戰國策·秦策》。生三十二年而即位。據《秦記》。元年，大赦罪人，修先王功臣，施德，厚骨肉，而布惠於民。據《秦記》。使蒙驁伐韓，取成皋、滎陽，秦界至大梁。初置三川郡。據《水經·陰溝水注》引《史記》及《秦本紀》。東周君與諸侯謀秦，使相國吕不韋誅之，盡入其國，不絶其祀。以陽人地賜周君，奉其祭祀。據《秦本紀》。　案：《水經注》引《史記》，蓋取《六國年表·集解》徐廣説，其次序先取成皋、滎陽，次置三川郡，後始敍吕不韋相，取東周。與《秦本紀》不同。《本紀》言韓獻成皋、鞏，與《韓世家》、《六國年表》不合。疑傳聞前後，自以徐廣説爲確也。兹從之。至是東西周皆入於秦。據《周本紀》。二年，使蒙驁攻魏高都、波，拔之。攻趙榆次、新城、狼孟，得三十七城。據《秦本紀》、《六國年表》。三年，王齕攻韓，悉拔上黨，據《六國年表》、《韓世家》。初置太原郡。魏公子無忌率五國兵却秦軍河外。蒙驁解去。據《六國年表》。五月丙午，王卒。據《秦本紀》。葬茝陽。《秦記》。謚曰莊襄。始皇帝既并天下，追尊爲太上皇。據《史記・秦始皇本紀》。

自孝公至莊襄王凡一百十有五年，五世，六君。孝公爲秦變法强大之始。昭襄王則集權業帝之始也。

論曰：秦之先大費，與禹平水土，禹以爲非費爲輔，無以成。蓋有德於人民，與夏后氏比隆矣。餘事調鳥獸，其後乃多善治馬，如費昌、造父皆以善御有大功。非子息馬以得國。《秦風・車鄰》《駟鐵》《小戎》之詩，無不言馬，祖德所被，蔚然成風，終以武功一天下。懿矣休哉，所從來也遠矣。

秦史卷四　始皇帝本紀上

始皇帝，昭襄王曾孫，莊襄王子也。莊襄王爲秦質子於趙，據《史記·秦始皇本紀》。娶趙豪家女，據《史記·吕不韋列傳》。　案：《史記·吕不韋列傳》，前云："吕不韋取邯鄲諸姬絶好善舞者與居，知有身，子楚見而説之，遂獻其姬。"後又云："子楚夫人，趙豪家女也。"焉有豪家女而爲歌姬、媵妾者乎？獻姬之説，蓋出吕氏賓客謾辭，以厚誣始皇者，《戰國策》未嘗言之也。後説謂："秦圍邯鄲急，趙欲殺子楚妻子，夫人趙豪家女，得匿。"則切于事理矣。司馬遷好奇，遂至前後矛盾若此。兹取後説，别詳《吕不韋傳》注中。後號帝太后者也。以昭襄王四十八年正月旦生始皇於邯鄲，故名正。據《史記·秦始皇本紀》及《史記集解》、《公羊傳》哀公十四年疏。　案：始皇生於昭襄四十八年，據《國策》；吕不韋爲異人遊秦，在孝文王時，則始皇已且十歲，益知獻姬有身之説爲大謬。又案"正"，世本作"政"，誤。爲人虎口、日角，據《太平御覽》卷三百六十引《禮緯》。隆準、長目、鷙鳥膺。據《史記·秦始皇本紀》及《集解》、《論衡·骨相》篇。　案：《史記·趙世家》言秦讖於是出，蓋讖緯始於秦，故《史記》引《易緯》、《春秋緯》（錢大昕説），則此所言，當有所本。及長，長八尺六寸，大七圍。據陶宗儀《説郛》卷五引《禮緯》。年十三，莊襄王卒，代立爲秦王。當是之時，秦已并巴蜀、漢中、越、宛，案：越即黔中，宛即南陽也。有郢，置南郡矣。北收上郡以東，有河東、太原、上黨郡。東至滎陽，滅二周，置三川郡。吕不韋爲相，招致賓客遊士，欲以并天下。荀況弟子李斯爲舍人。蒙驁、王齮、麃公等爲將軍。王年少，初即位，委國事大臣。據《史記·秦始皇本紀》、《白起列傳》。

元年，晉陽反，將軍蒙驁擊定之。據《史記·秦始皇本紀》。

韓欲疲秦，使毋東伐，乃使水工鄭國間説秦，令鑿涇水以溉田，中作而覺，使卒成之。關中由是爲沃野。據《史記·河渠書》、《通鑑》。

二年，麃公將卒攻卷，斬首三萬。據《史記·秦始皇本紀》。　案：昭襄王三十四年魏冉、白起已攻取魏卷，此時何得復攻？卷字疑誤。

三年，蒙驁攻韓，取十三城。王齕卒。十月，驁攻魏氏暘、有詭。歲大饑。據《史記·秦始皇本紀》。

四年，拔暘、有詭。三月，軍罷。質子歸自趙。趙太子出歸國。據《史記·秦始皇本紀》。七月，蝗蔽天，天下疫。百姓納粟千石，拜爵一級。據《六國年表》、《史記·秦始皇本紀》。

五年，蒙驁攻魏，定酸棗、燕、虚、長平、雍丘、山陽城，皆拔之。取二十城，初置東郡。據《史記·秦始皇本紀》。

六年，韓、魏、趙、衛、楚共攻秦蕞，不拔。秦出兵，五國兵罷。拔衛，迫東郡，案：此魏并濮陽、黎陽所立之東郡也。其君元君率其支屬徙居野王，阻其山，以保魏之河内。據《史記·秦始皇本紀》、《衛康叔世家》。案：《始皇本紀》原作"其君角"，考《六國年表》，衛君角以始皇十八年立，則此時應爲元君而非角，"元君爲魏壻，故魏立之"。故依於魏，據正。

七年，彗星見北方、西方。據《史記·六國年表》。　案：《秦始皇本紀》作"彗星先出東方，見北方。五月見西方，將軍驁死"，"彗星復見西方十六日，夏太后死"。一若兩人之死，彗星先示之兆者，此陰陽五行之説，不從。取《六國年表》，所以存天行之常也。他視此。蒙驁攻魏龍、孤、慶都，還兵攻汲，卒。據《史記·秦始皇本紀》、《六國年表》。莊襄王母夏太后卒。據《史記·吕不韋列傳》。

八年，王弟長安君成蟜將軍擊趙，反，死屯留。軍吏皆斬死。遷其民於臨洮。將軍壁死，卒屯留。蒲鶮反，戮其屍。案：此事文義殊難解，説者紛紜，莫衷一是：或謂有錯簡，或謂有複出，或謂有衍字，或謂有倒文，似皆未得原意。考是年始皇帝年二十未冠，則其弟當僅十餘齡，未必有反事。《趙世家》是年無與秦戰事。則此行或未戰而反，反即返入，至屯留而死。軍吏或無狀，故皆斬死，並疑及於民，故遷臨洮。壁死則言成蟜死狀。蒲鶮當是反卒姓名，忿而作亂，又殘其尸也。不必改變原文，或尚可通。河魚大上，輕車重馬東就食。太后宫宦者嫪毐封爲長信侯。予之山陽地，宫室、車馬、衣服、苑囿、馳獵恣毐。又以河西太原郡更爲毐國。據《史記·秦始皇本紀》。

九年,彗星見,或竟天。據《史記·秦始皇本紀》。攻魏垣、蒲陽、衍。據《六國年表》、《魏世家》。四月,王宿雍蘄年宫。己酉,王冠,帶劍。據《史記·秦始皇本紀》。或告長信侯毐非宦者,王驗左右,未發。《史記·吕不韋列傳》。毐懼禍,據《説苑·正諫》篇。矯王及太后璽以發騎卒,將攻宫爲亂。王知之,令相國昌平君、昌文君發卒攻毐,戰咸陽。斬首數百,皆拜爵,及宦者皆在戰中,亦拜爵一級。毐等敗走,即令國中:有生得毐,賜錢百萬;殺之,五十萬。盡得毐等二十人,皆梟首,車裂以徇,滅其宗,及其舍人。輕者爲鬼薪,及奪爵,遷蜀四千餘家。家房陵。據《史記·秦始皇本紀》。太后出居雍。據《史記·吕不韋列傳》。案:《史記·秦始皇本紀》十年記茅焦諫遷母太后事,而本年闕不書,則上何所承,此大疏也,今補。是月寒凍,有死者。楊端和攻衍氏。《史記·秦始皇本紀》。彗星復見。據《六國年表》。 案《史記·天官書》:秦始皇之時,十五年彗星四見,久者八十日,長或竟天。其後秦遂以兵滅六王,并中國,史僅見其三,其一不知在何年,姑附於此。

十年,相國吕不韋坐嫪毐免。桓齮爲將軍。齊、趙來置酒。齊人茅焦説王曰:"秦方以天下爲事,而大王有遷母之名,恐諸侯聞之,由此倍秦也。"王乃迎太后於雍,而入咸陽。據《史記·秦始皇本紀》。復居南宫。據《史記集解》徐廣引《年表》。 案:今《六國年表》此句脱去。

自嫪毐誅,吕不韋免相,宗室大臣議曰:"諸侯人來仕者,皆爲其主游間耳。請一切逐之。"於是大索逐客。據《史記·秦始皇本紀》、《李斯列傳》、《通鑑》。李斯亦在逐中,上書説,乃止逐客令。李斯因説王請先取韓,以恐他國。于是使斯下韓。大梁人尉繚來説王,願毋愛財物,賂其豪臣,以亂其謀,不過亡三十萬金,則諸侯可盡。王從其計,以爲國尉。據《史記·秦始皇本紀》。

十一年,將軍王翦、桓齮、楊端和攻鄴,取九城。王翦攻閼與、橑陽,皆并爲一軍。取鄴、橑陽。案:原作安陽。安陽,昭王五十年已攻拔,不應復取，蓋橑陽之誤，今正。桓齮將。據《史記·秦始皇本紀》。東西宫火。據《越絶書·吴地傳》。

十二年，文信侯吕不韋飲鴆死。竊葬。其舍人臨者，晉人也，逐出之；秦人，六百石以上，奪爵，遷；五百石以下，不臨，遷，勿奪爵。自今以來，操國事不道如嫪毐、吕不韋者，籍其門，視此。秋，復嫪毐舍人遷蜀者。當是之時，天下大旱六月，至八月乃雨。據《史記·秦始皇本紀》。

十三年，桓齮攻趙平陽、武城，殺趙將扈輒，斬首十萬。王之河南。十月，桓齮攻趙。據《史記·秦始皇本紀》、《趙世家》。

十四年，桓齮攻趙赤麗、宜安，不拔。據《史記·趙世家》。　案：《史記·秦始皇本紀》云："攻趙軍於平陽，取宜安，破之，殺其將軍。"與《李牧傳》"擊秦軍于宜安，大破秦軍，走秦將桓齮"不符。當是《本紀》據秦舊史原文，兹兩不從，取《趙世家》文較實。定平陽、武城。韓使公子非使秦，用李斯謀，留之，死雲陽。韓王請爲臣。據《史記·秦始皇本紀》、《韓世家》。

十五年，大興兵伐趙：一軍至鄴，一軍至太原，取番吾。地動。據《史記·秦始皇本紀》、《六國年表》、《通鑑》。　案：《秦始皇本紀》作取狼孟。狼孟，莊襄王三十二年已取得，無緣今年又取之。兹從《六國年表·趙表》。桓齮戰死。據《趙策》。

十六年，九月，發卒受韓南陽地。據《六國年表》。假守内史騰。據《史記·秦始皇本紀》。　案：方氏《史記補正》改作使内史騰爲假守。然原文亦此意，特稍質直耳，非有奪誤，仍之，加内史二字。初令男子書年。魏獻地於秦，秦置麗邑。據《史記·秦始皇本紀》。

十七年，内史騰攻韓，得韓王安，盡納其地，以其地爲潁川郡。地動。華陽太后卒。據《史記·秦始皇本紀》。趙大饑，謡言"趙爲號，秦爲笑。"據《史記·趙世家》。　案：《奉始皇本紀》衍爲秦民大饑説。

十八年，大興兵攻趙。王翦將上地，下井陘。羌瘣將□□，楊端和將河内，圍邯鄲。據《史記·秦始皇本紀》、《通鑑》。　案：羌瘣不言將某地，當有奪誤。蓋三路伐趙，端和圍趙都，而翦、瘣入定地也。《通鑑》删羌瘣，非。

十九年，王翦、羌瘣盡定趙地。至山陽，得趙王遷，據《史記·秦始皇本紀》及《正義》。流房陵。據《淮南子》。邯鄲爲秦。據《史記·趙世家》。王之邯鄲，諸嘗與母家有仇怨者，皆殺之。從太原、上郡歸。王母太后卒。據《史記·秦始皇本紀》及《通鑑》。王翦進屯中山以臨燕。趙公子嘉率其宗數百人之代，自立爲代王。東與燕合兵，軍上谷。據《史記·秦始皇本紀》。

二十年，燕太子丹患秦兵至國，恐，使荆軻刺王。王覺，體解軻以徇。而使王翦、辛勝攻燕。《論衡·語增》篇："傳語曰'町町若荆軻之閭。'言荆軻刺秦王，後誅軻九族，恚恨不已，復夷軻之一里，一里皆滅，故曰町町。此言增之也。荆軻之閭何罪於秦，而盡誅之？史言荆軻刺秦王，王覺之，體解軻以徇，不言盡誅其閭也。好增事者之言也。"　案：後之踵事增華以厚誣秦者多類此，發其凡於此。燕代發兵擊秦軍。秦軍大破燕易水之西。據《史記·秦始皇本紀》。

二十一年，王賁擊楚。據《史記·六國年表》。　案：《史記·秦始皇本紀》作王賁擊薊。薊爲荆之誤，荆即楚也。《秦史》以避莊襄諱改荆，《史記》仍《秦史》，今皆改作楚。益發卒詣王翦軍，遂破燕太子軍，取燕薊城，得燕太子丹首。燕王東收遼東而王之。王翦謝病老歸。新鄭反，昌平君徙於郢。案：昌平君前攻嫪毐，今或因新鄭反而徙也。大雨雪，深二尺五寸。據《史記·秦始皇本紀》。

二十二年，王賁攻魏，引河溝東南出，以灌大梁。三月，城壞，虜其王假。案：劉向《列女傳》謂秦殺假。遂滅魏，以爲郡縣。據《史記·秦始皇本紀》、《魏世家》、《水經·洧水注》。王使人謂安陵君曰："寡人欲以五百里地易安陵。"安陵君曰："大王加惠，以大易小，甚幸。雖然，臣受地於魏之先王，願終守之，弗敢易。"王義而許之。據《國策》、《通鑑》。

二十三年，王復召王翦，强起之，使將擊楚。取陳以南至平輿，據《史記·秦始皇本紀》。大破楚軍於蕲南，殺其將項燕。據《史記·楚世家》、《王翦列傳》。　案：《史記·楚世家》《蒙恬列傳》《六國年表》皆言二十三年殺項燕，而《秦始皇本紀》獨言二十四年項燕自殺，誤，不從。王遊至郢、陳。據《秦始皇本紀》。昌平君反於淮南，自立爲楚王，王翦攻之，四月，昌平君死。

據《秦大事記》,《史記·秦始皇本紀》。

二十四年,王翦、蒙武遂破楚國,虜楚王負芻。據《史記·楚世家》。案:《史記·楚世家》《蒙恬列傳》《六國年表》皆言二十四年虜楚王,而《秦始皇本紀》獨繫二十三年,誤。

二十五年,大興兵,使王賁將攻燕遼東,得燕王喜。還攻代,虜代王嘉。王翦遂定楚江南地。降越軍,置會稽郡。五月,天下大酺。據《史記·秦始皇本紀》。

秦史卷五　始皇帝本紀下

始皇帝二十六年，齊王建與其相后勝發兵守其西界，不通秦。使王賁從燕南攻齊，猝入臨淄，得齊王建，遷諸共。據《史記·秦始皇本紀》《田敬仲完世家》。

秦初并天下，令丞相、御史曰："異日韓王納地效璽，請爲藩臣。已而倍約，與趙、魏合從畔秦，故興兵誅之，虜其王。寡人以爲善，庶幾息兵革。趙王使其相李牧來約盟，故歸其質子。已而倍盟，反我太原，故興兵誅之，得其王。趙公子嘉乃自立爲代王，故舉兵擊滅之。魏王始約服入秦，已而與韓、趙謀襲秦，秦兵吏誅，遂破之。荆王案：王言應諱楚改荆，仍之，下諸侯議亦同。獻青陽以西，已而畔約，擊我南郡，故發兵誅，得其王，遂定荆地。燕王昏亂，其太子丹乃陰令荆軻爲賊，兵吏誅，滅其國。齊王用后勝計，絶秦使，欲爲亂。兵吏誅，虜其王，平齊地。寡人以眇眇之身，興兵除暴亂，賴宗廟之靈，六王咸服其辜，天下大定。今名號不更，無以稱成功，傳後世，其議帝號。"丞相綰、御史大夫劫、廷尉斯等皆曰："昔者五帝地方千里，其外侯服夷服，諸侯或朝或否，天子不能制。今陛下興義兵，誅殘賊，平定天下，海内爲郡縣，法令由一統，自上古以來未嘗有，五帝所不及。臣等謹與博士議曰：'古有天皇，有地皇，有泰皇，泰皇最貴。'臣等昧死上尊號，王爲'泰皇'，命爲'制'，令爲'詔'，天子自稱'朕。'"王曰："去'泰'著'皇'，采上古帝位號，號曰'皇帝'，他如議。"制曰"可"。追尊莊襄王爲太上皇。制曰："朕聞太古有號無謚，中古有號，死而以行爲謚。如此，則子議父，臣議君也，甚無謂，朕弗取焉。自今以來，除謚法，朕爲始皇帝，後世以計數，二世、三世，至于萬世，傳之無窮。”據《史記·秦始皇本紀》。

初，齊威、宣之時，鄒衍論著終始五德之運。及秦帝，齊人奏之。據《史記·封禪書》。始皇帝乃推其説，以爲周得火德，秦代周，從所不勝。方今水德之始，改年始，朝賀皆自十月朔。衣服旄旌節旗皆上黑。數以六爲紀，符、法冠皆六寸，而輿六尺，六尺爲步，乘六馬。更名河曰德水，以爲水德之始。剛毅戾深，事皆決於法，刻削，毋仁恩和義，然後合五德之數。於是急法，久者不赦。

丞相綰等言：“諸侯初破，燕、齊、荆地遠，不爲置王，毋以鎮之，請立諸子，唯上幸許。”始皇帝下其議，羣臣皆以爲便。廷尉李斯議曰：“周文、武所封子弟同姓甚衆，然後屬疏遠，相攻击如仇讎，周天子弗能禁止。今海内賴陛下神靈一統，皆爲郡縣。諸子功臣以公賦税重賞賜之，甚足易制，天下無異意，則安寧之術也，置諸侯不便。”始皇帝曰：“天下共苦戰鬥不休，以有侯王。賴宗廟，天下初定，又復立國，是樹兵也，而求其寧息，豈不難哉！廷尉議是。”分天下爲三十六郡，郡置守、尉、監。更名民曰“黔首”。案：《吕覽》屢言“黔首”，如《首時》、《慎勢》、《求人》等篇，是秦本有此稱，兹特確定之也。大酺。收天下兵，聚之咸陽，銷以爲鐘鐻。據《史記·秦始皇本紀》。長狄十二見臨洮，以爲善祥，鑄金人十二以象之，重各二千石，銘其胸。據《水經·河水注》。　案：《漢書·五行志》引《史記》，言大人見臨洮事，今佚。當在此處，然言過其實，如云長五丈，足履六尺，何足取信？故不從，取《水經注》而删其過實者。置宫廷中。一法度衡石丈尺。車同軌。書同文字。地東至海，暨朝鮮，西至臨洮、羌中，南至北嚮户，北據河爲塞，并陰山，至遼東。徙天下豪富於咸陽十二萬户。諸廟及章臺、上林皆在渭南。秦每破諸侯，寫放其宫室，作之咸陽北阪上，南臨渭，自雍門以東至涇、渭，殿屋複道，周閣相屬。所得諸侯美人鐘鼓，以充入之。據《史記·秦始皇本紀》。始皇帝既一海内之政，壞諸侯之城，銷其兵，示不復用，元元黎民，得免於戰國，人人自以爲更生。據《漢書》嚴安《言世務書》。

二十七年，始皇帝巡隴西、北地，出雞頭山，過回中。《太平御覽》六十三引《水經・渭水注》：秦始皇巡北地，西出笄頭山。焉作信宫渭南，案：王念孫以爲"焉"字應下屬爲句，與《刺客傳》"願請君之衣而擊之，焉以志報讎之意"義同。章炳麟《菿漢閒話》云：《春秋傳》："再宿爲信。"《詩》言："有客信信。"則信宫爲暫宿之宫。秦都咸陽，本在渭北，故渭南祗暫宿尔。已更命曰極廟，象天極。自極廟道通酈山，作甘泉前殿。築甬道，自咸陽屬之。是歲，賜爵一級。治馳道於天下。據《史記・秦始皇本紀》及《通鑑》。

二十八年，始皇帝東行郡縣，《史記・秦始皇本紀》。觀禮於魯。《水經・泗水注》。上鄒嶧山。《水經・泗水注》："秦始皇觀禮於魯，登於嶧山之上，命丞相李斯以大篆勒銘山頂，名曰書門。立石。與魯諸生議，刻石頌功德。據《史記・秦始皇本紀》。曰：

> 皇帝立國，維初在昔，嗣世稱王，討伐亂逆，威動四極，武義直方。戎臣奉詔，經時不久，滅六暴强。廿有六年，上薦高號，孝道顯明。既獻泰成，乃降專惠，親巡遠方。案：原作"窾軌"。登於嶧山，羣臣從者，咸思攸長。追念亂世，分土建邦，以開争理。攻案：原作"功"。戰日作，流血于野，自泰古始。世無萬數，陁及五帝，莫能禁止。乃今皇帝，一家天下，兵不復起。災害滅除，黔首康定，利澤長久。羣臣誦略，刻此樂石，以著經紀。據宋鄭文寶摹本。案：始皇登名山凡七刻石，而《史記》僅載其六，獨遺此篇，不知何意。然其文辭簡古，與其他諸刻石相類，補之。

於是議封禪望祭山川之事，諸儒生議各乖異，始皇帝以爲難施用，由此絀儒生。遂上泰山立石，封，祠祀。下，風雨暴至，休於樹下，因封其樹爲五大夫。禪梁父，其禮頗采太祝之祀雍上帝所用。

刻所立石。據《史記·秦始皇本紀》、《封禪書》。其辭曰：

皇帝臨位，作制明法，臣下修飭。廿有六年，案：廿，《史記》作二十。然諸石刻存者作廿，三十作卅。則作二十、三十者，皆司馬遷所改也。兹從原文，下同。初并天下，罔不賓服。親巡遠黎，案：《史記》作"親巡遠方黎民"。《金石録》云：劉跂見其碑作"親巡遠黎"。從之。登兹泰山，周覽東極。從臣思迹，本原事業，祗頌功德。案：頌，《史記》作"誦"字。治道運行，諸産得宜，皆有法式。大義休明，垂于後世，順承勿革。皇帝躬聖，既平天下，不懈於治。夙興夜寐，建設長利，專隆教誨。訓經宣達，遠近畢理，咸承聖志。貴賤分明，男女禮順，慎遵職事。昭融内外，案：原作"昭隔"，依《集解》徐廣説改。靡不清浄，施于昆嗣。案：昆嗣，《史記》作"後嗣"。化及無窮，遵奉遺詔，永承重戒。

於是乃並渤海以東，過黄、腄，窮成山，登之罘，立石頌秦德焉而去。南登琅邪，大樂之，留三月。乃徙黔首三萬户琅邪臺下，復十二歲。作琅邪臺，立石刻，頌秦德，明德意。案：德意，《史記》作"得意"。曰：

維廿六年，皇帝作始。案：追憶統一稱帝之年。端平法度，萬物之紀。以明人事，合同父子。聖智仁義，顯白道理。東撫東土，以省卒士。事已大畢，乃臨于海。皇帝之功，勤勞本事。上農除末，黔首是富。普天之下，摶心揖志。器械一量，同書文字。日月所照，舟輿所載。皆終其命，莫不得意。應時動事，是維皇帝。匡飭異俗，陵水經地。憂恤黔首，朝夕不懈。除疑定法，咸知所辟。方伯分職，諸治經易。舉錯必當，莫不如畫。皇帝之明，臨察四方。尊卑貴賤，不踰次行。姦邪不容，皆務貞良。細大盡力，莫敢怠荒。遠邇辟隱，專務肅莊。端直敦忠，事業有常。皇帝之德，存定四極。誅亂除害，興利致福。節事以時，諸産繁殖。黔首安寧，不用兵革。六親相保，終無寇賊。驩欣奉教，盡知法式。六合之内，皇帝之土。西涉流沙，南盡北户。東有東海，北過大夏。人迹所至，無不臣者。功蓋五帝，澤及牛馬。莫不受德，各安其宇。

維秦王兼有天下，立名爲皇帝，乃撫東土，至于琅邪。列侯武城侯王離、列侯通武侯王賁、倫侯建成侯趙亥、倫侯昌武侯成、倫侯武信侯馮毋擇、丞相隗狀、案：隗狀，原作隗林。《顔氏家訓・書證》篇云："開皇二年五月，長安民掘得秦時鐵稱權，旁有銅塗，鎸銘二所。其一所曰：'廿六年，皇帝盡并兼天下諸侯，黔首大安，立號爲皇帝，乃詔丞相狀、綰法度量鼎不壹歉疑者皆明壹之。'凡四十字。其一所曰：'元年，制詔丞相斯、去疾，法度量盡始皇帝爲之，皆□刻辭焉。今襲號而刻辭不稱始皇帝，其於久遠也，如後嗣爲之者不稱成功盛德，刻此詔左使毋疑。'凡五十八字。其丞相狀字乃爲狀貌之狀，俗作隗林，非也。"王國維《鬼方昆夷玁狁考》：狄之姓氏見於《左傳》者，實爲隗姓。《世本》、《潛夫論》皆謂隗姓赤狄，然秦、漢以來之隗姓，皆出白狄故地，始皇時丞相隗狀，雖不知所出，當爲秦人。丞相王綰、卿李斯、卿王戊、五大夫趙嬰、五大夫楊樛從，與議於海上。曰："古之帝者，地不過千里，諸侯各守其封域，或朝或否，相侵暴亂，殘伐不止，猶刻金石，以自爲紀。古之五帝三皇，皇，《史記》作"王"。知教不同，法度不明。假威鬼神，以欺遠方。實不稱名，故不久長。其身未殁，諸侯倍叛，法令不行。今皇帝并一海内，以爲郡縣，天下和平。昭明宗廟，體道行德，尊號大成。羣臣相與誦皇帝功德，刻于金石，以爲表經。"

既已，齊人徐市等上書言：海中有三神山，名曰蓬萊、方丈、瀛洲，僊人與不死之藥皆在焉。《史記》作"僊人居之"。請得齋戒，與童男女求之。于是遣徐市發童男女數千人，入海求僊人。據《史記・秦始皇本紀》《封禪書》、《漢書・郊祀志》。《漢書・伍被傳》:"使徐福入海求仙藥,多齎珍寶,童男女三千人,五種百工而行。徐福得平原大澤,止王不來。"元吾衍《閒居録》云:"秦方士徐市又作徐福,非有兩名。市乃古黻字。漢時未有翻切,但以音相近字音注其下,後人讀作市廛之市,故疑福爲别名也。

始皇還,過彭城,齋戒禱祠,欲出周鼎泗水。使千人没水求之。弗得。《水經・泗水注》:"秦始皇時,鼎見於泗水,始皇自以德合三代,大喜,使數千人没水求之,不得,所謂鼎伏也。"乃西南渡淮水,之衡山、南郡。浮江,至湘山祠。逢大風,幾不得渡。始皇帝問博士:"湘君何神?"博士對曰:"聞之,堯女,舜之妻,而葬此。"于是始皇帝怒,使刑徒三千人伐其樹,赭其山。遂自南郡,由武關歸。據《史記・秦始皇本紀》。引渭水爲池,築爲蓬、瀛,刻石爲鯨,長二百丈。《括地志》引《秦記》,或謂應作《三秦記》。

二十九年,始皇帝東游。至陽武博浪沙中,《水經・洧水注》作"博浪洋"。爲盜所驚。求,弗得。乃令天下大索十日。

登之罘,刻石。其辭曰:

> 維廿九年,時在中春,陽和方起。皇帝東游,巡登之罘,臨照于海。從臣嘉觀,原念休烈,追誦本始。大聖作治,建定法度,顯箸綱紀。外教諸侯,光施文惠,明以義理。六國回辟,貪戾無厭,虐殺不已。皇帝哀鰥,《史記》作"哀衆",此據盧文弨説。 案:盧引《漢書・于定國傳》:"哀鰥哲獄。"哀鰥即哀矜也,是,從之。遂發討師,奮揚武德。義誅信行,威燀旁達,莫不賓服。烹滅彊暴,振救黔首,周定四極。普施明法,經緯天下,永爲儀則。大矣哉!宇縣之中,承順聖意。羣臣誦功,請刻于石,表垂于常式。

其東觀曰:

> 維廿九年,皇帝春游,覽省遠方。逮于海隅,遂登之罘,昭

臨朝陽。觀望廣麗，從臣咸念，原道至明。聖法初興，清理疆內，外誅暴强。武威旁暢，振動四極，禽滅六王。闡并天下，菑害絶息，永偃戎兵。皇帝明德，經理宇内，視聽不怠。作立大義，昭設備器，咸有章旗。職臣遵分，各知所行，事無嫌疑。黔首改化，遠邇同度，臨古絶尤。常職既定，後嗣循業，長承聖治。羣臣嘉德，祗誦聖烈，請刻之罘。

旋，遂之琅邪，道上黨入。據《史記·秦始皇本紀》。

三十年，無事。據《史記·秦始皇本紀》。

三十一年，使黔首自實田。據《史記集解》徐廣説。賜黔首里六石米，二羊。十二月，更名臘曰嘉平。據《史記·秦始皇本紀》。始皇帝爲微行咸陽，與武士四人俱。夜出，逢盜蘭池，武士擊殺之。關中大索二十日。米石千六百。據《史記·秦始皇本紀》。

三十二年，始皇帝之碣石，使燕人盧生求羨門、高誓。據《史記·秦始皇本紀》、《漢書·郊祀志》及《通鑑》。刻碣石門。案：《秦始皇本紀》此下有"壞城郭，決通隄防"七字，蓋涉銘辭而衍，據蘇轍《古史》删。其辭曰：

遂興師旅，誅戮無道，爲逆滅息。武殄暴逆，文復無罪，庶心咸服。惠論功勞，賞及牛馬，恩肥土域。皇帝奮威，德并諸侯，初一泰宇。案：原作"泰平"，依凌稚隆《史記評林》改。泰宇，猶天下也。上曰"初一"，則自以"泰宇"爲是，且協韻。墮壞城郭，決通川防，夷去險阻。地勢既定，黎庶無繇，天下咸撫。男樂其疇，女修其業，事各有序。惠被諸産，久並來田，莫不安所。羣臣誦烈，請刻此石，垂著儀矩。

因使韓終、侯公、石生求仙人不死之藥，遂巡北邊，從上郡入。燕人盧生使入海，還，以鬼神事，奏録圖書，據《史記·秦始皇本紀》、《漢書・郊祀志》。始皇帝見其傳曰:“亡秦者胡也。”乃使將軍蒙恬、楊端和發兵五十萬人,北擊匈奴。據《淮南子・人間訓》。　案《人間訓》原云:“使蒙公、楊翁子將築修城。”城,長城也。不曰蒙恬而曰蒙公,則翁子亦尊稱也。《史記志疑》以爲即楊端和,從之。

三十三年,使尉屠睢發卒爲五軍,據《淮南子・人間訓》。略取南越陸梁地,爲桂林、象郡、南海,以適徙民戍五嶺,與越雜處。據《通鑑》。蒙恬斥逐匈奴,收河南地,自榆中,并河以東,屬之陰山,以爲四十四縣。據《史記・秦始皇本紀》及《六國年表》。築長城,因地形,用制險塞。起臨洮至遼東,延袤萬餘里。於是渡河據陽山,逶迤而北。暴師累歲,恬常居上郡統治之。威振匈奴。據《水經・河水注》、《通鑑》。初縣,徙謫實之。禁不得祠明星出西方。據《史記・秦始皇本紀》。

三十四年,適治獄吏不直者築長城,及處南越地。博士淳于越請封子弟功臣,自爲枝輔,事不師古而能長久者,非所聞也。始皇帝下其議。丞相李斯曰:“五帝不相復,三代不相襲,各以治,非其相反,時變異也。今陛下創大業,建萬世之功,固非愚儒所知。且越言乃三代之事,何足法也?異時,諸侯并爭,厚招游學。今天下已定,法令出一,百姓當家,則力農工,士則學習法令辟禁。今諸生不師今而學古,以非當世,惑亂黔首。丞相臣斯昧死言:古者天下散亂,莫之能一,是以諸侯并作,語皆道古以害今,飾虚言以亂實,人善其所私學,以非上之所建立。今皇帝并有天下,别黑白而定一尊,私學而相與非法教,人聞令下,則各以其學議之。入則心非,出則巷議,夸主以爲名,異取以爲高,率羣下以造謗。如此弗禁,則主勢降乎上,黨與成乎下,禁之便。臣請史官非秦記,皆燒之;非博士官所職,天下敢有藏《詩》、《書》、百家語者,悉詣守、尉雜燒之。有敢偶語《詩》、《書》,棄市;以古非今者族。吏見知不舉,與同罪;令下三十日不燒,黥爲城旦。所不去者,醫藥卜筮種樹之書。若有欲學法令者,以吏爲師。”制曰:“可。”

三十五年，使蒙恬除直道，道九原，抵雲陽，塹山堙谷，千八百里。據《史記・蒙恬列傳》、《通鑑》。於是始皇帝以爲咸陽人多，先王之宫廷小，吾聞周文王都豐，武王都鎬，豐、鎬之間，帝王之都也。乃營作朝宫渭南上林苑中。先作前殿阿房，東西五百步，南北五十丈，上可以坐萬人，下可以建五丈旗。周馳爲閣道，《説苑》作"周爲閣道"。自殿下直抵南山，表南山之顛以爲闕。爲複道。自阿房渡渭，屬之咸陽，以象天極閣道絶漢抵營室也。阿房宫未成，成，欲更擇令名名之。作宫阿房，故天下謂之阿房宫。隱宫徒刑者七十餘萬人，乃分作阿房宫，或作麗山。《説苑》此下有"錮三泉之底"句。發北山石，《史記・秦始皇本紀》此下有"槨"字，據何焯説，删。乃寫蜀、荆地材皆至。關中計宫三百，關外四百餘。於是立石東海上朐界中，《説苑》朐下有"山"字。以爲秦東門。因徙三萬家麗邑，五萬家雲陽，皆復不事十歲。

時奇藥仙者不可得，盧生稱類物有害之者。始皇帝用其説，時爲微行，所居勿令人知，以辟惡鬼。以爲惡鬼辟，真人至，然後不死之藥可得也。於是始皇帝自謂真人，不稱朕。乃令咸陽之旁二百里内，宫觀複道甬道相連，帷帳鐘鼓美人充之，各案署不移徙。行所幸，有言其處者，罪死。始皇帝幸梁山宫，從山上見丞相車騎衆，弗善也。中人或告丞相，丞相後損車騎，始皇帝怒曰："此中人泄吾語。"案問，莫服。當是時，詔捕諸時在旁者，皆殺之。自是後，莫知行之所在。聽事，羣臣受決事，悉於咸陽宫。

侯生、盧生相與謀曰："上起諸侯，并天下，意得欲從，以爲自古莫及己，樂以刑殺爲威，諫者不用，失道滋甚。天下之事，無大小，皆決於上，至於衡石量書，日夜有程，不中程，不得休息。《漢書・刑法志》："秦始皇兼吞戰國，遂廢先王之法，滅誼之官，專任刑罰，躬操文墨，晝折獄，夜理書，自程決事，日縣石之一。"《淮南子・泰族訓》："趙政晝決獄而夜理書，御史冠蓋接于郡縣，覆稽趨留。"貪於權勢至如此，未可爲僊藥。"於是乃亡去。據《史記・秦始皇本紀》、《説苑・反質》篇。始皇帝聞，乃大怒曰："吾前收天下書，不中用者,盡去之。悉召文學方術士甚衆,欲以興太平,方士欲練以求奇藥。今聞韓衆去不報,徐市等費以巨萬計,終不得藥,徒姦利相告日聞。盧生等吾尊賜之甚厚,今乃誹謗我,以重吾不德也。諸生在咸陽者,吾使人廉問,或爲訞言以亂黔首。”於是使御史,悉案問諸生,諸生傳相告引,乃自除犯禁者四百六十餘人,皆阬之咸陽。使天下知之,以懲後。案:《論衡·語增》篇:“燔《詩》《書》,起淳于越之諫,坑儒士,起自諸生爲妖言,見坑者四百六十七人,傳增言坑殺儒士,欲絶《詩》《書》,又言盡坑之,此非其實而增之也。”斯言能得其平。

益發謫徙邊。始皇帝長子扶蘇諫,始皇帝怒,使北監蒙恬軍於上郡。據《史記·秦始皇本紀》。

三十六年,熒惑守心,有星墜東郡,至地爲石,或刻其石曰:“始皇帝死而地分。”始皇帝聞之,遣御史逐問,莫服,盡取石旁居人誅之,燔其石。始皇帝不樂,使博士爲僊真人詩,及行所游天下,傳令樂人歌弦之。秋,關東訛言“明年祖龍死”。案:“明年”,《史記》原作“今年”,據李善《文選》潘岳《西征賦注》及徐堅《初學記》卷五引《史記》正。或以聞。始皇帝默然良久曰:“山鬼固不過知一歲事也。”于是卜之卦,得游徙吉。遷北河、榆中三萬家,拜爵一級。據《史記·秦始皇本紀》、《論衡·紀妖篇》。

三十七年,十月,癸丑,始皇帝出遊。左丞相斯從,右丞相去疾守。少子胡亥愛慕,請從,許之。十一月,行至雲夢,望祀虞舜於九疑山,浮江下,觀籍柯,渡江渚,案:“江”原作“海”,據《正義》改。過丹陽,至錢唐。臨浙江,水渡惡,乃西,百二十里,從狹中渡。上會稽,祭大禹。望于南海而立石刻,頌秦德。其文曰:

皇帝休烈,平一宇内,德惠攸長。案:《史記》攸作“修”,此從張徽録碑文。卅有七年,親巡天下,周覽遠方。遂登會稽,宣省習俗,黔首齋莊。羣臣誦功,本原事迹,追道高明。案:“道”,《史記》

作“首”，此從《索隱》引碑文。秦聖臨國，始定刑名，顯陳晝璋。案：《史記》原作“舊章”，此從《正義》引碑文。初平法式，審别職任，以立恒常。六王專倍，貪戾慠猛，率衆邦彊。案：《史記》作“自强”。此從《正義》引碑文。暴虐恣行，負力而驕，數動甲兵。陰通間使，以事合從，行爲辟方。内飾謀詐，案：《史記》作“詐謀”，此從《索隱》引碑文。外來侵邊，遂起禍殃。義威誅之，殄熄暴悖，亂賊滅亡。聖德廣密，六合之中，被澤無疆。皇帝并宇，兼聽萬事，遠近畢清。運理羣物，考驗事實，各載其名。貴賤并通，善否陳前，靡有隱情。飾眚宣義，有子而嫁，倍死不貞。防隔内外，禁止淫泆，男女絜誠。夫爲寄豭，殺之無罪，男秉義程。妻爲逃嫁，子不得母，咸化廉清。大治濯俗，天下承風，蒙被休經。皆遵度軌，和安敦勉，莫不順令。黔首修潔，人樂同則，嘉保太平。後敬奉法，常治無極，輿舟不傾。從臣誦烈，請刻此石，光垂休銘。

還，過吴，從江乘渡，并海上，北至琅邪。方士徐市等入海求神藥，數歲不得，費多，恐譴，乃詐曰：“蓬萊藥可得，然常爲大鮫魚所苦，故不得至。願請善射與俱，見，則以連弩射之。”始皇帝夢與海神戰，如人狀。問占夢博士，曰：“水神不可見，以大魚蛟龍爲候。今上禱祠備謹，而有此惡神，當除去，而善神可致。”乃令入海者，齎捕巨魚具，而自以連弩，候大魚出，射之。自琅邪北至勞成山，案：“勞”，原作“榮”，據《論衡·紀妖》《實知》兩篇改。弗見。至之罘，見巨魚，射殺之。遂并海西。

至平原津而病。始皇帝惡言死，羣臣莫敢言死事。病益甚，乃爲璽書賜公子扶蘇曰：“與喪。會咸陽而葬。”書已封，在中車府令趙高行符璽事所，未授使者。七月，丙寅，始皇帝崩於沙丘平臺。據《史記·秦始皇本紀》。年五十。據《史記集解》徐廣説。丞相斯爲上崩在外，恐諸公子及天下有變，乃秘之，不發喪，載轀涼車中。案：原文載上有“棺”字，則下文不應有“會暑，上轀車臭，載一石鮑魚以亂其臭”云云。且旅途載棺，昭昭在人耳目，其何能祕？當未棺也。《李斯列傳》只言置始皇轀輬車中，不言棺，此刪“棺”字。故幸宦者參乘，所至上食，百官奏事如故，宦者輒從轀涼車中可其奏事。獨胡亥、趙高及幸宦者五六人知之。趙高故爲胡亥所幸，乃與胡亥、李斯陰謀，立胡亥爲太子，更爲書賜公子扶蘇死。語在《二世紀》中。遂從井陘抵九原。會暑，上轀車臭，乃詔車載鮑魚一石以亂之。從直道至咸陽，發喪。胡亥襲位爲二世皇帝。

九月，葬始皇帝酈山。始皇帝初即位，穿治酈山。及并天下，天下徒送詣七十餘萬人，據《史記·秦始皇本紀》。下錮三泉，上崇山墳，其高五十餘丈，周圍五里有餘。據《漢書·劉向傳》及《皇覽》。以水銀爲百川江河大海，機轉相輸，經而復始，案：此八字據《太平御覽》卷八百十二引《史記》補。上具天文，下具地理，魚膏爲燈燭，石槨爲游館，奇器珍怪，徙藏滿之。令匠作機弩矢，有穿近者，輒射之。後宮無子者，皆令從死。葬既已下，或言工匠爲機，藏皆知之，藏重即泄。大事畢，盡閉之羨中。據《史記·秦始皇本紀》、《漢書·劉向傳》。漢興，爲置守冢二十家。據《史記·高祖本紀》。

論曰：始皇帝散縱而成一統，立制以儀百王，雖享國日淺，而後之稱皇稱帝者，皆陽斥而實陰祖之，莫能外也。其善者，則猶肖子肖孫；其不善者，則不肖之子若孫也，則謂其未嘗亡可也。

秦史卷六　二世、三世皇帝本紀

二世皇帝者，始皇帝第十八子也。據《史記·李斯列傳·集解》引杜預《善文》辯士遺章邯書。　案：辯士姓名已佚。其書曰："李斯爲秦王死，廢十七兄而立今王。"則二世爲始皇帝第十八子也。名胡亥。始皇帝三十七年，十月，始皇帝出遊，胡亥少，愛，從行。七月，至沙丘，始皇帝病甚，賜長子扶蘇璽書，令與喪，未行而崩。據《史記·李斯列傳》。中車府令趙高故嘗教胡亥書及獄律令法事，賈誼《陳政事疏》"秦使趙高傅胡亥而教之獄，所習者非斬、劓人，則夷人之三族也"。乃留璽書，而與胡亥及丞相李斯謀，破璽書，詐爲李斯受始皇遺詔，立胡亥爲太子。更爲書賜公子扶蘇及將軍蒙恬，數以罪，賜死。至咸陽發喪，胡亥立爲二世皇帝，年二十一。據《史記·秦始皇本紀》。初，二世之爲公子也，詔置酒饗羣臣，召諸公子賜食，先罷，二世下陛，視羣臣陳履杖，善者因行踐敗而去。聞者莫不太息。及二世即位，皆知天下之棄之也。據《賈子新書·春秋篇》、《新序·雜事》。

二世元年，冬，十月，戊寅，大赦罪人。復行錢。據《史記·六國年表》。案：表在秦惠文王二年書"天子賀行錢"，《秦紀》亦言惠文王二年初行錢，此爲秦行錢之始。《史記·平準書》、《漢書·食貨志》云："秦并天下，幣爲二等：黄金上幣，錢爲下幣。"是始皇仍行錢也。此後不見有廢錢之文，則此"復行錢"云云，上無所承，或史有脱文耶？史言秦經濟至尠，姑存之。趙高爲郎中令，任用事，據《史記·秦始皇本紀》。十一月，爲兔園。據《六國年表》。下詔增始皇帝寢廟犧牲，及山川百祀之禮。令羣臣議尊始皇帝廟，羣臣皆頓首言曰："古者天子七廟，諸侯五，大夫三。今始皇帝爲極廟，雖萬世世不軼毁，四海之内，皆獻貢職，增犧牲，禮咸備，毋以加。先王廟或在西雍，或在咸陽，天子儀當獨奉酎祠始皇帝廟。自襄公已下軼毁。所置七廟，羣臣以禮進祠，以尊始皇帝廟爲帝者祖廟。皇帝復自稱'朕'。"

二世與趙高謀曰："朕年少，初即位，黔首未集附，先帝巡行郡縣以示彊，威服海内。今晏然不巡行，即見弱，毋以臣畜天下。"趙高曰："今上出，不因此時案郡縣，守尉有罪者誅之，無以振威天下。"二世曰："善。"春，二世東行郡縣，李斯從。到碣石，並海，南至會稽，而盡刻始皇帝所立刻石，石旁著大臣從者名，以章先帝成功威德焉。

皇帝曰："金石刻，盡始皇帝所爲也。今襲號，而金石刻辭不稱始皇帝，其於久遠也，如後嗣爲之者，不稱成功盛德。"丞相臣斯、臣去疾、御史大夫臣德昧死言："臣請具刻詔書，刻石，因明白矣。臣昧死請。"制曰："可。"

遂至遼東而還。

四月，至咸陽。二世曰："先帝詔咸陽朝廷小，故營阿房宫爲室堂。未就，會上崩，罷其作者，復土酈山。酈山事大畢，今釋阿房宫弗就，則是彰先帝舉事過也。"復作阿房宫。外撫四夷，如始皇帝計。盡徵其材士五萬人，爲屯衛咸陽，令教射。狗馬禽獸當食者多，度不足，下調郡縣轉輸菽粟芻藁，皆令自齎糧食，咸陽三百里内，不得食其穀。

于是二世益尊用趙高，與謀曰："今大臣不服，官吏尚彊，及諸公子，必與我争，爲之奈何？"據《史記·秦始皇本紀》。高請"嚴法而刻刑，令有罪者相坐誅，互收族，滅大臣而遠骨肉，計莫出於此"。乃更爲法律，羣臣諸公子有罪，輒下高鞫治之。據《史記·李斯列傳》。行誅大臣及諸公子，以罪過連逮，少近官，三郎，無得去者。《史記·秦始皇本紀》。　案："去"字原作"立"。殺大臣蒙毅等，公子十二人僇死咸陽市，十公主矺死於杜，案：《史記·秦始皇本紀》作"六公子戮死於杜"，與此不同，不知孰是。財物入於縣官。據《史記·李斯列傳》。宗室振恐，羣臣諫者，以爲誹謗，大吏持禄取容，黔首振恐。據《史記·秦始皇本紀》。

時方有事四夷，以讁發戍，先發吏有讁及贅壻賈人，後以嘗有市籍者，又後以大父母、父母嘗有市籍者，後入閭，取其左。戍者積死，于是見行深恐如棄市。據《漢書·鼂錯傳》。

秋七月，戍卒陳勝、吴廣等起蘄，爲天下先倡。至陳而王，號爲張楚。據《史記·高祖本紀》、《漢書·鼂錯傳》。遣諸將徇地，山東郡縣少年，苦秦吏，皆殺其守、尉、令丞，反，以應張楚。合從西鄉，名爲伐秦，不可勝數也。謁者使東方來，以反聞。二世怒，下吏。後使者至，二世問，對曰："羣盜，郡守尉方逐捕，今盡得，不足憂。"二世説。其後武臣自立爲趙王，魏咎爲魏王，田儋爲齊王，韓廣爲燕王。案：六國後獨遺韓廣，兹補。劉邦起沛，項梁起會稽。據《史記·秦始皇本紀》。是歲，二世廢衛君角爲庶人，衛祀絶。據《史記·六國年表》《衛世家》。于是周之列國始盡。據胡三省《通鑑注》。而武臣等復以復國爲號矣。

二年冬，張楚王所遣周章等入關，將西至戲，車千乘，兵數十萬。據《史記·陳涉世家》。二世大驚，與羣臣謀曰："奈何？"少府章邯曰："盜已至，今發近縣不及矣，請赦酈山徒，授兵以擊之。"二世乃大赦天下，免酈山徒人、奴産子，使章邯將，大破周章軍而走。據《史記·秦始皇本紀》。章自剄。二世益使長史司馬欣、董翳佐章邯進擊，張楚軍屢敗，其王死城父下。又破項梁定陶，滅魏咎臨濟，楚地名將多死。邯乃北渡河，擊趙王歇等，大破之。

趙高説二世曰："先帝臨制天下久，故羣臣不敢爲非，進邪説。今陛下富於春秋，初即位，奈何與公卿廷決事？事即有誤，示羣臣短也。據《史記·秦始皇本紀》。天子稱朕，固但聞聲。"據王符《潛夫論·明闈》篇。於是二世常居禁中，與趙高決諸事，其後公卿希得朝見。據《史記·秦始皇本紀》。

左丞相李斯數欲請間諫，二世不許，而責問之曰："朕有私議，而有所聞於韓子也。曰：'堯之有天下也，堂高三尺，采椽不斲，茅茨不翦，雖逆旅之宿，不勤於此矣。冬日鹿裘，夏日葛衣，粢糲之食，藜藿之羹，飯土匭，啜土鉶，雖監門之養，不觳於此矣。禹鑿龍門，通大夏，疏九河，曲九防，決渟水，放之海，而股無胈，脛無毛，手足胼胝，面目黎黑，遂以死於外，葬於會稽，雖臣虜之勞，不烈於此矣。'然則所貴於有天下者，豈欲苦形勞神，身處逆旅之宿，口食監門之養，手持臣虜之作哉？此不肖人之所勉，非賢者之所務也。彼賢人之有天下也，專用天下適己而已矣。此所以貴於有天下也。夫所謂賢人者，必能安天下而治萬民，今身且不能利，將惡能治天下哉？故朕願肆志廣欲，長享天下，而無害，爲之奈何？"斯恐懼，乃阿二世意，上督責書。二世説，於是行督責益嚴。據《史記·秦始皇本紀》《李斯列傳》。　案：二世引"韓子曰"一段，《史記·秦始皇本紀》爲二世詰責右丞相去疾、左丞相斯、將軍馮劫之辭，而《李斯列傳》則以爲獨問李斯者，自相歧出。驗辭氣似獨問李斯爲長，故斯阿意答之。今從斯傳。稅民深者爲明吏，殺人衆者爲忠臣，刑者相半於道，而死人日成積於市。據《史記·李斯列傳》。秦民益駭惶思亂，反秦者日多。

關中卒發東擊者無已。右丞相馮去疾、左丞相李斯、將軍馮劫進諫曰："關東羣盜並起，朝廷發兵誅擊，所殺亡甚衆，然猶不止。盜多，皆以戍漕轉作事苦，賦稅大也。請且止阿房宫作者。減省四邊戍轉。"二世曰："先帝起諸侯，兼天下，天下已定，外攘四夷，以安邊境，作宫室，以章得意，而君等觀先帝功業有緒。今朕即位二年之間，羣盜並起，君等不能禁。又欲罷先帝之所爲，是上毋以報先帝，次不爲朕盡忠力，何以在位？"下去疾、斯、劫吏，案責他罪。去疾、劫曰："將相不辱。"自殺。斯卒囚。七月，論就五刑。據《史記·秦始皇本紀》。 案：原無“論”字，下文三年云：“趙高爲丞相，竟案李斯殺之。”則此時只是論定，非即就五刑也。故加“論”字。《李斯列傳》則以死屬於二年。

章邯引兵至邯鄲，徙其民河内，夷其城郭。趙王歇走入鉅鹿城，王離圍之。《史記·高祖本紀》。十月，楚軍攻破東郡尉及王離軍於成武南。據《史記·高祖本紀·集解》引徐廣説。

三年，章邯等將其卒圍趙鉅鹿。楚上將軍項籍將楚卒往救。冬，趙高爲中丞相。案：中丞相據《史記·李斯列傳》。竟案李斯殺之。三月，楚將劉邦攻開封，未拔。西與楊熊戰白馬，又戰曲逆東，楊熊皆敗，走滎陽。四月，二世使使者斬以徇。據《史記·高祖本紀》及徐廣説。章邯等戰亦數却。二世使人讓邯。據《史記·秦始皇本紀》。邯恐，使長史欣請事。留三日，趙高弗見，欣恐，走還。高使人追之不及。欣見邯曰：“趙高用事於中，下無可爲者。今將軍戰能勝，高必妒功；不勝，不免於死。”案：《史記·秦始皇本紀》作“將軍有功亦誅，無功亦誅”。據《項羽本紀》，則陳餘遺章邯書語也。且語太簡，故不從。項籍急擊秦軍，虜王離，殺蘇角，涉間自焚死。邯等遂以兵降。據《史記·項羽本紀》。

八月，己亥，趙高欲爲亂，恐羣臣不聽，乃先設驗，持鹿獻於二世曰：“馬也。”二世笑曰：“丞相誤耶？謂鹿爲馬。”問左右，左右或默，或言馬，以阿順高。或言鹿，高因陰中諸言鹿者以法。後羣臣皆畏高。高前數言關東盜毋能爲也，及項籍虜王離等鉅鹿下而前，章邯等軍數却，上書請益助。燕、趙、齊、楚、韓、魏皆立爲王。自關以東，大氐盡畔秦吏應諸侯。諸侯咸率其衆西鄉。楚將劉邦將數萬人，已屠武關，使人私於高。高恐二世怒，誅及其身，乃謝病不朝見。據《史記·秦始皇本紀》。

時都門内崩，據《論衡·變動》篇、《漢書·楚元王傳》。多訛言，二世夢白虎齧其左驂馬，殺之，心不樂。據《史記·秦始皇本紀》。召太卜令卦之。太卜曰：“陛下春秋郊祀，奉宗廟鬼神，齋戒不明，故至於此。可依盛德而明齋戒。”於是乃入上林齋戒，日游弋獵，有行人入上林中，二世自射殺之。案：賈誼《陳政事疏》云“胡亥今日即位而明日射人”，則射人確有其事，賈誼特甚言之耳。使人責讓趙高以盜賊事。高懼，與其弟郎中令成、女壻咸陽令閻樂謀，教樂劾不知何人賊殺人，移上林。高乃諫二世曰：“天子無故賊殺不辜人，此上帝之禁也，鬼神不享，天且降殃，當遠避宮以禳之。”乃出居望夷宮，留三日。據《史記・李斯列傳》。趙高使其弟成爲内應，詐爲有大賊，令閻樂召吏發卒追。劫樂母置高舍。樂將吏卒千餘人，至望夷宮殿門，縛衛令僕射曰：“賊入此，何不止？”衛令曰：“周廬設卒甚謹，安得賊敢入宮？”樂遂斬衛令，直將吏入，行射，郎宦者大驚，或走或格。格者輒死，死者數十人。成與樂俱入，射上幄坐幃。二世怒，召左右，左右皆惶擾不鬥。旁有宦者一人侍，不敢去。二世入内，謂曰：“公何不早告我？乃至於此。”宦者曰：“臣不敢言，故得全。使臣早言，安得至今？”閻樂前即二世，數曰：“足下驕恣，誅殺無道，天下共畔足下，足下其自爲計。”二世曰：“丞相可得見否？”樂曰：“不可。”二世曰：“吾願得一郡爲王。”弗許。又曰：“願爲萬户侯。”弗許。曰：“願與妻子爲黔首，比諸公子。”樂曰：“臣受命於丞相，爲天下誅足下，足下雖多言，臣不敢報。”麾其兵進，二世自殺。閻樂歸報趙高，趙高乃悉召諸大臣公子，告以誅二世之狀。以黔首葬二世杜南宜春苑中。據《史記・秦始皇本紀》。

漢司馬相如曾過其處，作賦哀其行失曰：

登陂陁之長阪兮，坌入曾宮之嵯峨。臨曲江之隑州兮，望南山之參差。巖巖深山之谾谾兮，通谷豁乎谽谺。汩淢瀇習以永逝兮，注平皐之廣衍。觀衆樹之塕薆兮，覽竹林之榛榛。東馳土山兮，北揭石瀨。弭節容與兮，歷弔二世。持身不謹兮，亡國失勢。信讒不寤兮，宗廟滅絶。嗚呼哀哉！操行之不得兮，墳墓蕪穢而不修兮，魂無歸而不食。敻邈絶而不齊兮，彌久遠而愈侏。精罔閬而飛揚兮，拾九天而永逝。嗚呼哀哉！據《史記》、《漢書・司馬相如傳》。案《漢書》無末五句，然此精神所注，不可删也。

三世皇帝名子嬰，始皇帝之弟也。據《史記・秦始皇本紀》《李斯列傳》。　案：《史記・秦始皇本紀》謂趙高既弑二世，立子嬰。以爲秦地小，宜爲王如故。此大慝一人之私意，欲王關中，妄貶王號，預爲己地也。何得以辱令主？史稱劉邦之至灞上，王封皇帝璽符節降，則固皇帝自居也。後世人私謚曰殤皇帝，見《廣弘明集》引陶公《年紀》。其意是矣。然亦既有子，且已成長，則其父安得謂之殤耶？始皇帝制曰："朕爲始皇帝，二世、三世，以至萬世。"兹從制言，稱三世皇帝，足以正千古之失矣。又案《史記・秦始皇本紀》謂子嬰爲二世之兄子，《李斯列傳》又以爲始皇帝弟。子嬰此時已有二子，能佐父鋤奸，不特子嬰非幼弱，即二子亦非幼弱矣。始皇帝崩年僅五十，不應有此成長之曾孫。則始皇帝弟之説近是矣。從之。性仁儉，百姓載其言。據偶忘，待補。二世聽趙高毁惡，欲殺蒙恬兄弟。三世進諫曰："臣聞故趙王遷殺其良臣李牧而用顔聚；燕王喜陰用荆軻之謀，而倍秦之約；齊王建殺其故世忠臣，而用后勝之議。此三君者，皆各以變古者失其國，而殃及其身。今蒙氏，秦之大臣謀士也，而主欲一旦棄去之，臣竊以爲不可。臣聞輕慮者不可以治國，獨智者不可以存君，誅殺忠臣而立無節行之人，是内使羣臣不相信，而外使鬥士之意離也，臣竊以爲不可。"二世不聽。據《史記・蒙恬列傳》。

趙高既弑二世，告諸大臣公子曰："秦故王國，始皇君天下，故稱帝。今六國復自立，秦地益小，乃以空名爲帝，不可。宜爲王如故，便。"九月，立三世爲秦王，令之齋，當廟見，受玉璽。齋五日，與其子二人謀曰："趙高殺二世望夷宫，恐羣臣誅之，乃佯以義立我。我聞趙高乃與楚約，滅秦宗室，而王關中。今使我齋見廟，此欲因廟中殺我。我稱病不行，趙高必自來，來則殺之。"高使人請三世數輩，三世不行。高果自往，曰："宗廟重事，王奈何不行？"三世遂令宦者韓談刺殺之，夷其三族咸陽以徇。《史記・秦始皇本紀》《李斯列傳》。遣將將兵拒嶢關。據《漢書・高帝紀》。

三世既立四十六日，楚將劉邦引兵繞嶢關，踰蕢山，大破秦軍。入武關，至霸上。約降，羣臣百官皆畔，不敵。據《史記·秦始皇本紀》、《漢書·高帝紀》。三世遂與妻子自係其頸以組，白馬素車，封皇帝璽符節，降軹道旁。劉邦遂入咸陽。《史記·高祖本紀》。將樊噲請殺之，據《楚漢春秋》。劉邦不聽。乃以屬吏。

居月餘，項籍以諸侯兵至，三世遇害。並夷秦諸公子宗族，秦遂以亡天下。據《史記·秦始皇本紀》及《李斯列傳》。

秦自襄公至三世，凡五百七十一歲。據《秦記》及《史記志疑》。

論曰：秦之先人，數十世經營而不足，而胡亥乃一旦毁之而有餘，孽矣哀哉！不忍論已。三世仁足以逮民，智足以討賊，如及章邯未敗，關中無恙，猶足以自全。漢賈生已謂其孤立無親，危弱無輔，復責其失道不寤，寧得謂知言耶？惟當楚軍至霸上約降，不能背城借一，以一死謝宗廟社稷，俯首就虜，終至夷滅，惜哉！惜哉！

秦史卷七　秦與周室及諸侯年表(闕)

秦史卷八　秦與戰國諸侯年表(闕)

秦史卷九　大一統進程表(闕)

秦史卷十 人表

君主	家族	輔佐	將帥	文職	武職	其他	革命者
女脩 相傳爲顓頊之裔，爲秦之始祖。吞玄鳥卵而生子大業（見《史記·秦本紀》）。似當時尚係母系時代，固知有母而不知有父也。以其爲始祖，雖非國主，亦家主也，故書於此格。以下皆據《秦本紀》，詳本史《世紀》。							

續表

君主	家族	輔佐	將帥	文職	武職	其他	革命者
大業 女脩子	女華 相傳爲少典子，蓋謂其所出。大業取之，生大費。見《世紀》，下同。						
大費 即柏翳，一作伯益，一作益巳。佐禹治水，佐舜主畜，畜多息，故有土。	姚女 相傳舜妻大費以姚之玉女。 大廉 大費子，實鳥俗氏 若木 大費子，實費氏。 孟戲 大廉玄孫。 中衍 亦大廉玄孫。相傳其後多顯，爲諸侯，已不可考。 費昌 若木玄孫，爲湯御。子孫或在中國，或在夷狄。						

續表

君 主	家 族	輔 佐	將 帥	文 職	武 職	其 他	革命者
	戎胥軒 中衍曾孫，娶酈山之女，生中潏。 **中潏** 中衍玄孫，相傳保西陲。 **蜚廉** 中潏子。 **惡來** 蜚廉子（一作惡來革，革當其名）。父子皆事殷紂。 **季勝** 亦蜚廉子。 **費中** 費昌後（見《史記索隱》），亦事殷紂，死牧野。（見《説苑・謹言》） **孟增** 季勝子。事周成王。 **衡父** 孟增子。						

續表

君主	家族	輔佐	將帥	文職	武職	其他	革命者
	造父 衡父子。事周穆王。封趙城，由此爲趙氏，别居趙。 **女防** 惡來子。 **旁皋** 女防子。 **太几** 旁皋子。 **大駱** 太几子。						
非子 大駱子。事周孝王。分土爲附庸，邑之秦。爲秦受土有號之始。（案《秦本紀》述周孝王云：柏翳爲舜主畜，賜姓嬴。其後世亦爲朕息馬。朕其分土使續嬴氏	**成** 亦大駱子。申侯之女所生。孝王既邑非子，續嬴氏祀，又以成爲大駱適嗣，蓋與非子爲異母昆弟。						

續表

君　主	家　族	輔　佐	將　帥	文　職	武　職	其　他	革命者
祀。號曰秦嬴。則秦嬴即非子。班固《漢書・古今人表》以秦嬴爲非子子，分而二之，誤孰甚焉。）							
秦侯 非子子。							
公伯 秦侯子。							
秦伯 公伯子。							
莊公 秦仲子。	**世父** 莊公長子。讓其弟襄公爲太子。 **繆嬴** 莊公女。爲戎豐王妻。説在《世紀》。						
襄公 莊公子。始爲諸侯。在位十二年。							

續表

君主	家族	輔佐	將帥	文職	武職	其他	革命者
文公 襄公子。初有史以紀事。在位五十年。	竫公 文公太子，未立，卒。賜謚曰竫。			史敦 文公夢黄虵，問敦。(見《史記·封禪書》、《漢書·郊祀志》)			
憲公 文公孫，竫公長子。(《秦本紀》作寧公)在位十二年。 出子 憲公少子，武公異母弟。憲公卒，大庶長三父等廢太子德公而立之。六年，又弑之。在位六年。		弗忌 威壘 三父 官大庶長。憲公卒，廢太子而立出子。既而又弑之，復立故太子武公。武公誅三父等，夷其三族。(三父，《秦記》作參父。)					
武公 憲公太子。三父等弑出子而立之。在位二十年。	白 武公子。不立，封平陽。						

續表

君　主	家　族	輔　佐	將　帥	文　職	武　職	其　他	革命者
德公 憲公子，武公同母弟。在位二年。 宣公 德公長子。在位十二年。 成公 德公中子，宣公弟。在位四年。							
穆公 名任好。德公少子，成公弟，始霸西戎。在位三十九年。	穆姬 晉獻公女，穆公夫人。詳《后妃傳》。 弘 穆公子，穆姬出。（見《左傳》僖公十五年） 簡璧 穆公女。（見同上） 小子慭 參與城濮之戰。（見《左傳》僖公二十八年）	公孫枝 有傳 百里傒 有傳 蹇叔 有傳 由余 有傳	百里孟 明視 見《三帥傳》。 西乞術 見《三帥傳》。 白乙丙 見《三帥傳》。	泠至 大夫。（見《左傳》僖公十年） 丕豹 晉大夫。穆公十年來奔。（見《左傳》僖公十年） 卜徒父 見《方技傳》。 王廖 據古本《韓詩外傳》，今作王繆。《説苑・尊賢篇》作	杞子 逢孫 揚孫 （見《左傳》僖公三十二年）	伯樂 （孫陽）見《方技傳》。 九方皋 《淮南子》作九方堙。見《方技傳》。 漸婦 百里傒故妻。見《列女傳》。	

續表

君主	家族	輔佐	將帥	文職	武職	其他	革命者
	文嬴 穆公女。初爲晉懷公妻，稱懷嬴。後歸文公，稱文嬴。詳《宗女傳》。 **公子縶** 見《羣公子傳》。			**王子廖**。官内史，故《秦本紀》作内史廖。附見《由余傳》。 **奄息** **中行** **鍼虎** 見《三良傳》。子車氏之三子。《史記》作子輿氏。			
康公 名罃。穆公長子。在位十二年。				**公子雍** 晉襄公弟，仕秦爲亞卿。（見《世紀》二） **隨會** 晉大夫。康公元年來奔，後復歸晉。（見《世紀》二） **繞朝** 見《諫輔傳》。	**先蔑** 晉將。康公元年來奔。（見《左傳》文公七年）		

續表

君主	家族	輔佐	將帥	文職	武職	其他	革命者
共公 名稻。康公子。在位五年。				任妄 同上。			
桓公 共公子。在位二十七年。				右大夫説 桓公十六年，與楚齊等十二國盟於蜀。（見《左傳》成公二年） 史顆 大夫。（見《左傳》成公十一年）	赤 《史記·晉世家》：晉伐秦，虜秦將赤。 杜回 秦之力人。（見《左傳》宣公十五年） 成差 不更女父 右二人，麻隧之役，爲晉所虜。（見《左傳》成公十三年）	醫緩 見《左傳》成公十年，有傳。	
景公 桓公子。在位四十年。	鍼 字伯車，又字后子。桓公子，景公母弟。詳《諸公子傳》。			右大夫詹 （見《左傳》襄公十一年） 庶長鮑 庶長武		醫和 見《方技傳》。	

續表

君主	家族	輔佐	將帥	文職	武職	其他	革命者
	秦嬴 景公妹，楚共王夫人。（見《左傳》襄公十二年）			（見《左傳》襄公十一年） **無地** 亦官庶長。（見《左傳》襄公十二年） **士雃** 景公十三年，使乞師于楚。（見《左傳》襄公九年） **士鞅** 晉大夫。景公十八年來奔，後歸晉。（見《左傳》襄公十四年）			
哀公 景公子。在位三十六年。《秦記》作畢公	**平嬴** 初受楚太子建之聘，平王奪之，後生昭王軫。（見《左傳》昭公十九年及二十六年） **太子夷公** 早卒。哀公卒，立夷公子惠公。（見《秦本紀》）		**子蒲** 帥師救楚。《戰國策・楚策》作子滿。此從《左傳》定公五年。 **子虎** 與子蒲同救楚伐吳。				

續表

君主	家族	輔佐	將帥	文職	武職	其他	革命者
惠公 哀公孫。在位十年。(秦有兩惠公,此前惠公也。) **悼公** 惠公子。在位十四年。							
厲共公 悼公子。一作剌龔公,又作利龔公。在位三十四年。	**女** 二十八年,越人來迎女。(見《六國年表》)			**智開** 晉大夫,厲共公二十五年率其邑來奔。(見《六國年表》) **智寬** 晉大夫,厲共公二十九年率其邑來奔。(見《六國年表》)			
躁公 厲共公長子,在位十四年。	**幽嬴** 不知何公之女,歸晉幽公。幽公即位在秦躁公六年,姑書於此。(見《列女傳》)						

續表

君主	家族	輔佐	將帥	文職	武職	其他	革命者
懷公 厲共公次子，躁公弟。在位四年。	昭子 懷公太子，生靈公，早卒。	庶長鼂 與大臣圍懷公，懷公自殺。					
靈公 懷公孫，太子昭子子。在位十年。（《秦記》作肅靈公） 簡公 懷公子，靈公季父。即位前稱悼子。在位十五年。 惠公 簡公子。在位十三年。（秦有兩惠公，此後惠公也。）							
出公 惠公子。在位二年。	出公母 《吕氏春秋·當賞》篇稱小主夫人，謂母夫人也，後世始以夫人稱	庶長改 迎靈公太子，立爲獻公，誅出公。（《六國年表》）					

續表

君　主	家　族	輔　佐	將　帥	文　職	武　職	其　他	革命者
	人妻。謂其用奄變,蓋任用閹人,變亂國政也。						
獻公 靈公子,出公從昆弟名連,一作元。《世本》謚作元獻,或以此而誤乎?一作師隰。在位二十三年。		**庶長國** 獻公二十三年,伐魏少梁,虜其太子痤。(見《史記·趙世家》)	**胡蘇** 一作蘇胡。《水經注》引《竹書》韓襄敗秦蘇胡於酸水。(不紀年)今本《竹書紀年》云:周烈王二年,“秦胡蘇率師伐韓,韓將韓襄敗胡蘇於酸水。”周顯王三十一年,又云:“秦蘇胡帥師伐鄭,韓襄敗秦蘇胡于酸水。”附注曰:“不知何年,附此。”疑複出。 **章蟜** 與晉戰石門,斬首六萬。見《六國表》。(獻公二十一年)	**監突** 大夫。諫獻公賞罰守塞吏者。見《吕氏春秋·當賞》篇。《漢書·古今人表》作大監突。	**右主然** 守塞吏。獻公謀入秦,右主然弗人,曰:臣有義不兩主。(見《吕氏春秋·當賞》篇) **菌改** 亦守塞吏,入獻公者。見同上。		

續表

君主	家族	輔佐	將帥	文職	武職	其他	革命者
孝公 名渠梁，獻公子。在位二十四年。(秦大一統前一四一至前一一八年)	女 適楚宣王。（見《六國表》） 公子虔 太子傅。太子犯法，公孫鞅刑其傅。（見《史記·商君列傳》） 公孫賈 太子師。太子犯法，公孫鞅黥其師。（見同上） 公子少官 嘗率師會諸侯逢澤。（見《秦本紀》） 公孫壯 《水經注》役水引《竹書紀年》：秦公孫壯帥師伐鄭，圍焦城，不克。	公孫鞅 衛公子。佐孝公變法。有傳。		景監 閹人。孝公寵臣。 甘龍 杜摯 甘與杜皆大夫，力阻公孫鞅變法者。（見《商君書·更法》篇及《秦本紀》） 祝歡 爲公孫鞅所殺。（見《商君列傳》）		尸佼 公孫鞅客。有傳附鞅。 孟蘭皋 公孫鞅因之得識趙良。（見《史記·商君列傳》） 趙良 嘗説公孫鞅。（見同上）	

續表

君　主	家　族	輔　佐	將　帥	文　職	武　職	其　他	革命者
惠文王 名蕩(《史記索隱》作駟),孝公子。在位二十七年。(秦大一統前一一七至前九十一年)	惠文王后 楚人。昭襄王初元,不得良死。(見《秦本紀》。) 樗里疾 惠文王異母弟。封樗里子,號嚴君。昭襄王時爲左丞相。有傳。 女 燕易王后。(見《戰國策·燕策》) 女 齊湣王后。(見《史記·田敬仲完世家》 公子卬 與魏戰,斬首八萬。(見《秦本紀》) 公子桑 圍降蒲陽。(見《六國表》)《史記·張儀列傳》作公子華。徐廣作公子革。	張儀 魏人。兩爲秦相。有傳。 公孫衍 魏人。仕於秦,附見於《樗里疾傳》。(《史記·甘茂列傳》作公孫奭)繼張儀相秦,(見《史記·張儀列傳》) 甘茂 下蔡人。有傳。 大梁造□ 在東周右行楚與言。(見《戰國策·東周策》)大梁造即大良造,失其姓名。	庶長操 定儀渠内亂,見《六國年表》、《後漢書·西羌傳》。 司馬錯 秦人。有傳。 横門君 秦將。善用兵,見《秦策》。	史定 秦史官。飾鬼以人,罪殺不辜,羣臣擾亂,國幾大危。見《吕氏春秋·去宥》篇。不知何君時,以與唐姑果同篇,姑著於此。 泠向 見《戰國策·秦策》一。泠一作冷,注云:秦臣。 陳軫 有傳。 左成 宜陽之役爲甘茂畫策者。(見《戰國策·秦策》二)	田真黄 司馬錯之中尉。(見《華陽國志》) 都尉墨 官都尉,名墨。嘗與司馬錯、張	蘇秦 東周雒陽人。説秦惠王,書十上而説不行,乃去秦而歸。(見《戰國策·秦策》一) 唐姑果 秦之墨者。(見《吕氏春秋·去宥》篇)唐謂東方墨者謝子,奮於説以取少主。少主謂惠文王,則惠文少時事也。《淮南子·修務訓》作唐姑梁,《説苑》作唐姑。 腹䵍 墨者鉅子。子殺人,殺之以行墨法。(見《吕氏春秋·去私》篇) 寒泉子 見《戰國策·秦	

續表

君主	家族	輔佐	將帥	文職	武職	其他	革命者
	公子繇 質于魏。見《史記·張儀列傳》。 **通國** 惠文王子。後十一年,封爲蜀侯。(見《華陽國志》、《秦本紀》作公子通,封蜀,系於昭襄王十一年。《六國年表》作繇通。	**樂池** 中山人,爲中山相。(見《韓非子·内儲説》)惠文王後七年爲秦相。(見《秦本紀》) **共立** 《韓非子·内儲説》下:楚王謂干象曰:"吾欲以楚扶甘茂而相之秦,可乎?"干象曰:"不如相共立。共立少見愛幸,長爲貴卿,被王衣,含杜若,握玉環,以聽于朝,且利以亂秦矣。"注:共立,一云公子赫。案當即公孫赫。《楚策》:公孫赫之於秦王親也,少與之同衣,長與之同車,被王之衣以聽事。	**魏章** 擊楚於丹陽,虜其將屈匄。(見《秦本紀》及《樗里子傳》) **到滿** 《史記正義》:滿或作蒲,秦將姓名也。嘗助魏攻燕。(見《秦本紀》)	**陳壯** 爲蜀相。(見《史記·六國年表》及《華陽國志》)《國策》作陳莊。徐廣作陳狀。 **公孫竭** 《吕氏春秋·無義》篇:公孫竭與陰君之事,而反告之樗里相國,以仕秦五大夫。 **張若** 蜀國守。與張儀城成都、郫縣、臨邛。(見《華陽國志》)附見《司馬錯傳》。	儀伐蜀。(見《華陽國志》)	策》一。注云:秦處士。 **秦佚儒** 見《韓非子·内儲説下》:秦佚儒善于荆王,而陰又善荆王左右。荆適有謀,佚儒常先聞之,以告惠文君。 **醫竘** 見《方技傳》。 **邵鼛** 祝宗。(見《詛楚文》) **田莘之** 爲陳軫説惠文王。(見《秦策》一)	

續表

君　主	家　族	輔　佐	將　帥	文　職	武　職	其　他	革命者
悼武王 惠文王子。此據《秦記》。《秦本紀》作武王,《世本》作武烈王,《越絶書》作元武王。在位四年。(秦大一統前九〇年至前八十七年)	**悼武王后** 魏人。昭襄王初元,大歸魏。(見《秦本紀》、《六國年表》魏哀王十四年)	**屈蓋** 楚人。《秦策》曰:楚之相秦有屈蓋。	**庶長封** 與甘茂伐宜陽。(見《秦本紀》) **任鄙** **烏獲** **孟賁** 皆秦力士,有傳。《秦策》作孟奔,《秦本紀》作孟説。	**李讎** 惠文王死,讎爲公孫衍晝窮張儀之策。(見《秦策》二) **馮章** 宜陽之役,章勸武王詭許楚漢中以孤韓。(見《秦策》二) **李醯** 太醫令。自知技不如扁鵲,使人刺殺之。(見《史記·扁鵲列傳》)按扁鵲入秦,在悼武王時。(見《國策·秦策》二)	**孟卯** 見《韓非子·説林》,《外儲説》作李昭卯,非魏之芒卯。芒卯魏將,曾并將秦、魏之兵,以東擊齊,啓地二十二縣。(見《魏策》三)	**秦越人** 號爲扁鵲,齊人。入秦爲小兒醫,曾謁見悼武王。(見《史記·扁鵲列傳》、《國策·秦策》二) **南公揭** 《秦本紀》特筆書其卒,當爲秦有道之士。劉向《別録》云:"尉繚爲南君學。"所謂南君,不知即此人否?	

續表

君　主	家　族	輔　佐	將　帥	文　職	武　職	其　他	革命者
昭襄王 名稷(見《史記·趙世家》)。《世本》作名側,《秦本紀·索隱》作則,惠文王之子,悼武王之異母弟也。在位五十六年。(秦大一統前八十六至前三十一年)	**宣太后** 昭襄王母,楚人,姓芈。見《后妃傳》。 **悼太子** 外質于魏,死外,佚其名。(見《魏世家》及《六國表》)謚悼,葬芷陽。(見《秦本紀》) **桑君** 爲亂誅。(見《六國表》)當與庶長壯爲逆同誅者。《秦本紀》所謂諸侯公子也。或即	**庶長壯** 與大臣諸侯公子爲逆被誅。《紀年》作公子壯,則亦王族也。		**行願** 《韓策》:"行願之爲秦王臣也忠。"秦王指昭王。 **公子勁** 魏公子,仕秦,比邑君。(見《秦本紀》昭襄王八年) **公子長** 韓公子,仕秦,比邑君。(見同上)		**牛缺** 見《吕氏春秋·必亡》篇云:"居上地,大儒也,爲盜所殺。"高誘注:"秦人也。"不知何君時,以下言孟賁事,姑繫於此。 **魏醜夫** 宣太后嬖人。 **庸芮** 爲魏醜夫説宣太后,免其殉葬。	

續表

君　主	家　族	輔　佐	將　帥	文　職	武　職	其　他	革命者
	惠文王時之公子桑。《史記·穰侯列傳》有季君爲亂。或謂即桑君，疑莫能明矣。 蜀侯煇 見《秦本紀》。《華陽國志》作王子煇，惠文王子也。（今本煇作惲）被讒，夫婦自殺。有傳。 蜀侯綰 繼煇爲蜀侯，又疑其反，復誅之。附見《羣公子傳》末。		吕禮 秦亡將，曾相齊，昭王十九年自歸秦。（見《史記·孟嘗君列傳》、《秦本紀》、《戰國策·東周策》）	蜀郎中令嬰 蜀侯煇被讒自裁，嬰等二十七人亦被殺。（見《華陽國志》）			
	公子市 昭襄王母弟。（見《四貴傳》） 公子悝 昭襄王母弟。（見《四貴傳》）	薛文 即孟嘗君田文，齊人。九年，曾來相，歲餘免。 金受 《秦本紀》云：薛	庶長奂 攻楚，取八城，殺其將景缺。（見《秦本紀》） 芈戎 昭襄王母宣太后	韓春 助昭王取齊女，以齊、秦劫魏。（見《秦策》四） 段産 嘗説新城君（見	閻遏 官郎中。昭襄王病，百姓爲之禱，病愈，殺牛塞禱，遏與公孫衍，（公孫衍如爲犀首，		

續表

君主	家族	輔佐	將帥	文職	武職	其他	革命者
	襄士 秦公子而不善于太子者。(見《韓策》) **公子池** 見《羣公子傳》。 **公子顯** 昭襄王同母弟。(見《戰國策・秦策》)	文相秦,以金受免。《正義》云:金受,秦丞相姓名。然他無可考。或云即《孟嘗君傳》謂文必先齊而後秦之或者,姑備一説。 **樓緩** 趙人。曾繼薛文爲相。 **魏冉** 宣太后異父弟也。封穰侯,繼樓緩爲相,凡三相。有傳。 **壽燭** 客卿,繼魏冉爲相(見《史記・穰侯傳》)。	之弟,封華陽君。攻楚,取新市(見《秦本紀》)。又號新城君(見《史記・范雎列傳》)。有傳。 **白起** 有傳。《趙策》作公孫起。	《韓策》)。 **段干越人** 亦嘗説新城君芊戎(見《韓策》三)。 **公孫昧** 使韓(見《戰國策・韓策》二)。 **韓侈** 韓人,仕秦爲客卿。(見《戰國策・韓策》三) **司馬昌** 司馬錯孫。爲秦主鐵官(見《史記・太史自序》)。	則時不相及,當從《外儲説右下》前一説作公孫述)出,見之,賀王曰:"王過堯、舜矣。"(見《韓非子・外儲説右上》) **公孫述** 見上。 **司馬靳** 司馬錯孫,事白起,起被讒,靳與之俱賜死杜郵(見《史記・太史公自序》)。	**衛先生** 相傳衛先生爲秦畫長平之策,太白食昴(見《史記・鄒陽列傳》、《論衡・變動》篇)。太白食昴,此天變自成,蓋世人甚言之也。	

續表

君主	家族	輔佐	將帥	文職	武職	其他	革命者
	公孫消 秦大夫獻則曰："公,大臣之尊者也,數伐有功,所以不爲相者,太后不善公也。"(見《秦策》五)。 **女** 適楚。昭襄王十五年,楚頃襄王迎婦於秦,秦楚復平。(見《史記·楚世家》)	**向壽** 宣太后外族。有傳附《甘茂列傳》。《韓策》謂公孫衍、甘茂二人皆不得親於事,向壽與王主斷於國,卒爲秦相。(見《史記·甘茂傳》)	**術視** 嘗伐楚(見《楚策》)。 **斯離** 官都尉,與三晉、燕、楚共伐齊,破之。(見《秦本紀》) **胡傷** 客卿。後官中叀。嘗與白起攻魏,取卷、蔡陽、長社(見《秦本紀》)。《穰侯列傳》作胡陽,《戰國策·趙策》作胡易。 **客卿竈** 穰侯欲客卿竈伐齊取剛、壽以廣其陶邑。(見《史記·穰侯列傳》)《戰國策·秦策》三作造,音近。	**獻則** 秦大夫。(見《秦策》五) **成橋** 嘗爲昭王事韓,以其地入秦(見《秦策》)。《史記·春申君列傳》作盛橋。 **起賈** 齊欲攻宋,秦使起賈禁之(見《趙策》四)			

續表

君主	家族	輔佐	將帥	文職	武職	其他	革命者
		范雎 封應侯。有傳。		王稽 初爲謁者令，後爲河東守。以攻邯鄲久不下，被讒誅。 莊 佚其姓。秦攻邯鄲不下，勸王稽賜軍吏而禮之，稽不聽。（見《戰國策・秦策》三） 杜摯 王稽副，攻邯鄲十七月不下。人讒王稽與摯反，同被誅（同《秦策》三）。（與孝公時反對變法之杜摯同姓名而不同時代。） 鄭安平 魏人。范雎舉以爲將，封武陽君，	五大夫綰 伐魏，取懷（見《史記・范雎列傳》）。疑即始皇時之丞相王綰。 中期 見《諫輔傳》。《史記》作中旗。 五大夫賁 攻韓，取十城（見《秦本紀》）。 王陵 官五大夫，亦作五校大夫（見《戰國策・秦策》）。攻趙邯鄲，以戰不善免（見《秦本紀》）。		

續表

君主	家族	輔佐	將帥	文職	武職	其他	革命者
		蔡澤 號綱成君。(一作剛成)有傳。 杜倉 韓人,爲秦相(見《韓非子·存韓》篇)。	王齕 齕亦作齮,繼白起爲將(見《秦本紀》)。又號信梁(見《趙世家·正義》)。 司馬梗 長平之役後,北定太原,盡有韓上黨(見《秦本紀》)。 張唐 官將軍。攻魏,攻鄭(見《秦策》、《秦本紀》)。秦使唐相燕(見《史記·甘茂列傳》)。	後降趙(見《史記·范雎列傳》、《趙世家》)。《吕氏春秋·無義》篇云:"鄭平於秦王,臣也;其於應侯,交也。欺交反主,爲利故也。"當即鄭安平。	蔡尉 《正義》:蔡姓,尉名。張唐攻魏,爲蔡尉捐弗守,還,斬之。(見《秦本紀》)		

續表

君主	家族	輔佐	將帥	文職	武職	其他	革命者
			將軍摎 攻韓，取陽城、負黍。攻趙，取二十餘縣。攻西周，西周盡獻其邑（見《秦本紀》。） **蒙驁** 昭襄王時官至上卿。《秦策》作蒙傲，附見《蒙恬列傳》。 **韓他** 見《趙策》。	**唐睢** 范睢令其載音樂，予之五千金，居武安，高會散金，以廢六國之合縱者。（見《秦策》） **李冰** 昭襄王時爲蜀守，有傳。			
孝文王 名柱（見高誘《吕氏春秋序》及《秦本紀・索隱》）。又名式（見《廣弘明集》引《陶公年紀》）。昭襄王之子。在位一年。（秦大一統前三十年）	**唐太后** 孝文王母。（昭襄王時稱唐八子） **華陽夫人** （華陽后）孝文王后。有傳。 **子傒** 孝文王子。（見《秦策》五）			**士倉** 子傒客。（見《秦策》五） **陽泉君** 華陽夫人弟。			

續表

君　主	家　族	輔　佐	將　帥	文　職	武　職	其　他	革命者
莊襄王 初名異人,華陽太后之子,易名曰楚(見《國策·秦策》)。亦曰子楚(見《吕不韋傳》)。孝文王之子也。在位三年。(秦大一統前二十九年至前二十七年)	夏太后 莊襄王生母。附見《后妃傳》。	吕不韋 有傳。					
始皇帝 即位二十六年,實現大一統。有《本紀》。	帝太后 見《后妃傳》。 成蟜 始皇帝弟,封長安君。擊趙卒。(凡不言見者,皆見《史記·秦始皇本紀》) 長子扶蘇 有傳。	昌平君 楚公子,芈姓也。秦以爲相國,平嫪毐亂。後徙于郢。楚亡,項燕令以爲王,史佚其名。 昌文君 與昌平君同平嫪毐。 甘羅	麃公 始皇初年爲將軍。麃,邑名,或以爲姓。公則秦之縣邑大夫。佚其名。 桓齮 官將軍。 王翦	嫪毐 帝太后嬖人,封長信侯,以反誅死。 中大夫令齊 中大夫令,官名,蓋主中大夫者。嫪毐黨。 司空馬 吕不韋吏,嘗與不韋出走趙。見不韋附傳。 頓弱 在《諫輔傳》。	蒲鶮 (即鶴字)成蟜士卒,反於屯留者。 衛尉竭 衛尉,官名。竭以下三人,皆嫪毐黨,(佚其姓)誅死。 内史肆		

續表

君主	家族	輔佐	將帥	文職	武職	其他	革命者
		甘茂孫，爲上卿。《甘茂列傳》附見。 **茅焦** 爵上卿。在《諫輔傳》。 **李斯** 有傳。	有傳。 **王賁** 翦子，與李信破定燕、齊地。 **尉繚** 官國尉。附見《范睢列傳》。 **楊端和** 與王翦、桓齮共攻鄴，伐趙，圍邯鄲。或以爲即楊翁子。 **内史肆** 見《郡縣志》内史郡説明。 **内史騰** 滅韓，得韓王安。有傳。 **羌瘣** 與王翦同定趙地，得趙王遷。 **辛勝**	**姚賈** 魏人，仕秦。與李斯共害韓非。見《史記・韓非列傳》。 **荆蘇** 秦使之齊，絶趙交(見《韓非子・存韓》篇)。 **鮑白令之** 見《諫輔傳》。 **周青臣** 博士僕射(見《博士傳》，下同) **盧生** 博士。	内史，官名。 **佐弋竭** 佐弋，官名。	**韓非** 有傳。 **優旃** 見《方技傳》。 **鄭國** 見《水工傳》。 **廖仲藥** **何射虎** **秦精** 皆除虎害者。(見《方技傳》)。 **蜀卓氏** 即鐵山鼓鑄，佚其名。(見《方技傳》)。 **程鄭** 冶鑄者。(見《方技傳》)。 **宛孔氏**	

續表

君　主	家　族	輔　佐	將　帥	文　職	武　職	其　他	革命者
		王綰 《史記・秦始皇本紀》云丞相綰，姓見《琅玡臺刻石》。 馮刼 《秦始皇本紀》云御史大夫刼，姓見《索隱》。後爲將軍。二世下吏案罪，自殺。 隗狀 狀或作林。考秦權量皆作丞相狀（見《顔氏家訓・書證》篇），作林誤也。《世本》及《潛夫論》皆謂隗姓出赤狄。	與王翦攻燕，破之易水西。 樊於期 秦將，得罪秦王，逃之燕，以首與荆軻（見《史記・刺客列傳》）。 李信 秦將，逐得燕太子丹者。（見《史記・王翦列傳》） 王離 賁子。武城矦。附見《王翦列傳》。 倫侯建 倫侯，爵名，佚其姓。從始皇至琅邪。	黄疵 博士。 桂貞 博士。 正先 博士。 淳于越 博士。 羊子 博士。 伏生 博士。 叔孫通 博士。 沈遂 博士。		佚其名，鼓鑄。（見《方技傳》） 巴蜀寡婦清 （見《列女傳》）。 邢三姑 見《列女傳》。 王次仲 見《方技傳》。	

續表

君　主	家　族	輔　佐	將　帥	文　職	武　職	其　他	革命者
		王戊 卿。從始皇至琅邪。	趙亥 成侯。從始皇至琅邪。 昌武侯成 倫侯。從始皇至琅邪。 馮無擇 倫侯，武信侯。從始皇至琅邪。	國公 博士。 陳馳 使齊，誘齊王建入秦者(見《戰國策·齊策》六)。 蘇涓 任固 秦欲取齊，使蘇涓之楚，任固至齊。(見同上) 趙嬰 五大夫。從始皇至琅邪。 楊樛 五大夫。從始皇至琅邪。			
				夏無且 侍醫。(見《方技傳》)		徐市 齊人，方士。或作徐福，福、市通。	
			蒙武	程邈			

續表

君主	家族	輔佐	將帥	文職	武職	其他	革命者
	公子將閭 有傳。 公子高 有傳。	去疾 右丞相。二世下吏案罪,自殺。	驁子。與王翦攻楚,虜其王。 蒙恬 武子。有傳。 蒙毅 武子。見《蒙恬傳》。 楊翁子 與蒙恬同擊匈奴。或云即楊端和。 屠睢 略取南越陸梁地。(見《淮南子·人間訓》)附見《蒙恬傳》。	奏隸書三千字,用爲御史。見《方技傳》。 蒙嘉 中庶子。荆軻因之通于秦王(見《戰國策·燕策》三)。 張唐 吕不韋遣之相燕(見《戰國策·秦策》五)。 李由 斯子。三川守。	史禄 見《水工傳》。 常頞 《史記·西南夷列傳》:秦時常頞略通五尺道。《漢書》作嘗破,誤。	韓終 亦作韓衆,方士。 侯生 韓人,亦稱侯公。見《諫輔傳》。 石生 方士。 周貞實 曾敏行《獨醒雜誌》:零陵淡山有石巖,秦時有隱者曰周貞實,嘗隱於巖中。始皇爲神仙方士,或薦貞實,始皇召之,使凡三往,貞實不起,不知信否,姑箸之。 應曜 淮陽人。隱士。	

續表

君主	家族	輔佐	將帥	文職	武職	其他	革命者
二世皇帝 在位三年。		趙高 有傳。（姦邪之尤，於輔弼也何有？姑以其官階列此。）		曲宮 御史。二世使宮賜蒙毅死。（見《史記·蒙恬列傳》）			
			章邯 有傳。 司馬欣 長史。 董翳 都尉。 司馬尼 章邯別將。司馬，姓，或以爲官名，非。《漢書·高帝紀》尼作巳。				陳勝 吴廣 有傳。
				泗水守壯 泗水監平 皆佚其姓。見《漢書·高帝紀》。	楊熊 見《漢書·高帝紀》。		

續表

君主	家族	輔佐	將帥	文職	武職	其他	革命者
				呂齮 《漢書·高帝紀》作南陽守齮。據荀悦《漢紀》補姓。		陳恢 呂齮舍人。	
				殷通 會稽假守(據《楚漢春秋》)。			
			蘇角 圍鉅鹿,爲項籍所殺。(見《史記·項羽本紀》)				
			涉間 亦圍鉅鹿,爲項羽所敗。不降楚,自燒殺。(見同上)。				
					軍候始成 章邯軍候。(見《史記·項羽本紀》)佚其姓,或以始爲姓,非。		
				趙成 趙高弟。爲郎中令。			
				閻樂 趙高壻。咸陽令。			

續表

君主	家族	輔佐	將帥	文職	武職	其他	革命者
三世皇帝 二世兄子。或以爲始皇弟，或以爲扶蘇子，皆非也。有紀。在位四十六日。				**邵平** 秦東陵侯。見《方技傳》。 **顔卸** **顔譽**《古今圖書集成》明吕致祥《陋巷志・宗子世表》：顔譽爲秦舍人；顔卸字伯仲，秦大夫。凡不知時代者次於末。 **符公雅** 案《金石録》云：琅邪符氏出於魯頃父之孫公雅，爲秦符節令。《廣韻》作符璽令。	**李必** **駱甲** 騎士。（見《漢書・灌嬰傳》）	**韓談** 宦者。刺殺趙高。（見《史記・李斯列傳》）	

秦史卷十一　郡縣考

一、都　　邑

秦崛興西陲，千餘年間，寖熾寖昌。由西極東，其國勢乃如蛟龍之起陸。初結蟠於深山大澤，禽獸之與伍，戎狄之與居；漸宛僤於隴坂之間。故其先善調鳥獸，終以食茅踐土，則中潏、大駱、非子始宅於秦是已。其後平戎至岐，横有宗周畿内八百里之地，其勢如得風雲，走雷電，驤然伸首，衡慮中原，則襄公始受岐、酆，文公卜居汧、渭是已。及夫獻、孝以來，如應龍附翼，殆欲天飛，則獻公遷櫟、孝公徙咸陽，實爲翦除六國，混一華夏之始是已。

故觀夫歷世所定居，則其經營遠略之迹粲然已。作《都邑篇》。

西垂　中潏所邑，襄公、文公所都。據《史記・封禪書》《秦本紀》及近人王國維《秦都邑考》。　案：《秦本紀》謂中潏在西戎，保西垂。又申侯謂孝王曰："昔我先驪山之女，爲戎胥軒妻，生中潏，以親故歸周，保西垂。西垂以其故和睦。"　又云："莊公爲西垂大夫。"則西垂本泛指西土，其後遂以名其居邑。故《史記・封禪書》云："秦襄公既侯，居西垂。"《秦本紀》亦云："文公元年，居西垂宫。"　其地，酈道元《水經・漾水注》以爲即漢隴西郡西縣。

西犬丘　大駱、非子所邑，莊公所都。據《史記・秦本紀》及《秦都邑考》。案《漢書・地理志》：秦更名廢丘。《帝王世紀》作廢丘，謂今槐西。宋衷《世本注》、裴駰《史記集解》引徐廣説，皆謂犬丘即槐里。然《世本》懿王四年：自鎬徙都犬丘。大駱非子無緣邑之。且其子孫居汧，居平陽，居雍，皆在槐里以西，安有其祖遠居其地。《秦本紀》云："莊公居其故西犬丘。"則大駱，非子所居，實爲西犬丘，而非槐里之東犬丘。自東西字略而兩地混，不獨地理位置失其實，且亂其發展之迹矣。王氏定爲西犬丘，其説甚確，從之。又王氏疑西垂、犬丘爲一地，似非。

秦　周孝王封非子爲附庸，邑於秦。據《史記・秦本紀》、《詩・秦風・譜》。隴西秦亭、秦谷是也。據《漢書・地理志》、宋翔鳳輯皇甫謐《帝王世紀》。

案：齊召南《漢書考證》云："應爲隴縣之西，而非郡名也。"錢坫《漢書地理志斠注》云："今日亭樂山，山下有秦亭，在清水縣東三十里。"然《史記・秦本紀》謂周孝王召非子主馬於汧、渭之間，邑之秦。"又："文公至汧、渭之會，曰：'昔周邑我先秦嬴於此。'"則秦邑在汧、渭之會，非在隴西歟？"

汧　文公東獵，至汧、渭之會，曰："昔周邑我先秦嬴於此，卒獲爲諸侯。"乃卜居之。今郿縣是。或養馬於汧、渭，而所邑在秦谷歟？據《史記・秦本紀》、《帝王世紀》。　案：《秦本紀》只言卜居於汧、渭之會，不確指其地。《帝王世紀》謂文公徙汧，今扶風郿縣是。《漢書・地理志》扶風有汧縣。

平陽　寧公二年，徙居平陽。郿之平陽亭也。子武公繼居之，作平陽封宫。據《史記・秦本紀》、《集解》引徐廣説。

雍　德公元年卜居此。據《史記・秦本紀》《封禪書》、《詩譜》、《帝王世紀》。

案：《帝王世紀》云："雍，今扶風雍是。《漢書・地理志》誤作秦惠公都之。據劉昭《續漢書・郡國志注》：武公都雍陳倉。

涇陽　靈公居此，在涇水之委。據《史記・秦始皇本紀》後《秦記》、《秦都邑考》。　案：此事《秦本紀》與《六國年表》皆不載其地。王國維謂在涇水之委，爲《詩・六月》之涇陽，而非漢安定郡之涇陽。考春秋之季，秦、晉相安垂百年，兩國之間，地在北方者，爲北戎所侵食。至秦厲共公方東略。十六年，始塹河旁，伐大荔，取其王城，則今之陜西大荔縣也。二十一年始縣頻陽，則今蒲城、周官二縣間地也。至靈公，又拓地於東北。六年，晉城少梁，秦擊之。十三年，城籍姑，皆今之韓城縣地。復與三晉争霸，故自雍東徙涇陽。至安定之涇陽，則中隔諸戎，不得爲秦有。且東略之世，決無反徙西北之理也。

櫟陽　獻公二年城此。十一年，自涇陽徙都之。據《史記・秦本紀》《六國年表》。　案：《六國年表》作"十一年，縣櫟陽"。二年已城此，不應至十一年始縣。林春溥《戰國紀年》謂縣爲都字之誤，是也。獻公爲靈公之子，則其徙當自涇陽。《漢書・地理志》謂自雍徙，誤。

咸陽　孝公十二年，築冀闕於此，徙都之。據《史記・秦本紀》。在九峻山南，渭水北，山水俱陽，故名。據《三秦紀》。

二、郡　　縣

史稱秦并兼四海，以爲周制微弱，終爲諸侯所喪。故不立尺土之封，分天下爲郡縣。論者謂郡縣不始於秦。《左氏春秋傳》曰："克敵者，上大夫受縣，下大夫受郡。"哀公二年。至戰國，始以郡監縣，而秦承之。然《史記》秦武公十年，伐邽、冀之戎，縣之。十一年，縣杜、鄭。秦武公十年乃周莊王九年，魯莊公六年，則設縣莫先於秦。《國語》：晉惠公許賂秦穆公列城五，曰："君實有郡縣。"在魯僖公九年，則郡亦莫先於秦。秦之有郡有縣久矣，何待戰國也？至始皇帝二十六年，統一區夏，從李斯議，分爲三十六郡，於是其制遍天下矣。然不著三十六郡之名，遂滋衆議。如班固以爲三十六郡爲秦一代之郡數，而史家追述之。其《漢書・地理志》稱秦置者二十七，稱故秦郡者一，稱故秦某郡者八。裴駰則以爲此特始皇二十六年之郡數，而後此所置者不與，故不數南海、桂林、象郡，而易以内史、彰郡、黔中。《晉書・地理志》從之，而益以後置之閩中、南海、桂林、象郡，爲四十郡。於是杜佑、歐陽忞、王應麟、胡三省、陳芳績、姚鼐等亦從裴説。全祖望、錢大昕等又主班議，而皆别有增減。嗣後論者益夥，主班主裴之外，歧中復有歧焉。域外亦有所論列，如美利堅鮑竇克《李斯之一生》所舉四十郡，尤爲殽亂，此皆徒齗齗於三十六與四十之數，不能見其全。惟近人王國維一掃衆説，自播己見：以《史記》證《史記》，一也；明其所置次第，二也；求諸文字之外而言之成理，三也；斷以秦制，四也。以爲當有四十有八郡。斯能見大一統拓展之功，與幅員之廣矣。因大要取其説。然謂秦水德，以六爲數，限於四十有八郡，而不數内史，仍有所局矣。其以史證史，獨不取《楚世家》之楚郡，秦諱楚，似不宜有此名，蓋以此歟？《舊唐書・地理志》亦以爲有四十九郡，然不知其果與此同乎否也？兹條列于左：

内史郡 據《漢書・地理志》。内史本周官名，秦因之，掌治京師。據《漢書・百官表》。因以名郡。 案：不知始於何時，穆公時已有王子廖官内史，始皇時，其官尤衆：内史肆、内史騰、内史蒙恬等，其名郡或在此時，顔師古以爲在并天下後，備一説。治咸陽。據《漢書・地理志》、班固《西都賦》。其領縣可徵者有：

長安 據《史記・秦始皇本紀》封弟成蟜爲長安君文。以下各郡，以所置所因先後次之，以見其拓展之迹。

麗邑 據《史記・秦始皇本紀》、《漢書・地理志》。 案：《漢志》"麗"作"驪"。《秦始皇本紀》云：十六年置。

藍田 據《史記・六國表》。 案《表》，秦獻公六年，縣藍田。《漢書・地理志》作秦孝公置，誤。

寧秦 據《史記・秦本紀》。 案《紀》，惠文王六年，魏納陰晉，更名寧秦。《漢志》作五年，誤。

鄭 據《史記・秦本紀》。 案《紀》，武公十一年，初縣杜、鄭。

下邽 據《史記・秦本紀》、應劭《漢書注》。 案《紀》，武公十年，伐邽、冀戎，置有上邽；復取邽戎之人置此縣，故加下。見應劭、顔師古注。

芷陽 據《史記・秦本紀》。 案：宣太后、悼太子葬此。

高陵 據《戰國策・秦策》。 案：《策》言昭王封同母弟顯於此。

櫟陽 據《史記・秦本紀》、《漢書・地理志》。 獻公二年城櫟陽。《六國年表》："十一年，縣櫟陽。""縣"爲"都"字之誤。《漢志》云自雍徙此，"雍"字誤，應作"涇陽"。詳上《都邑考》。

夏陽 據《史記・魏世家》《秦本紀》。 案《紀》，惠文王十一年，更名少梁曰夏陽。

衙 據《國語》。 案：《國語》秦有徵、衙。

徵 據見上。

麃 據《史記・秦始皇本紀》麃公。應劭《漢書注》：麃，秦邑。

頻陽　據《史記・秦本紀》"厲共公二十一年,初縣頻陽"文。

臨晉　據《史記・秦本紀》"厲共公六年,伐大荔,取其王城更名"文。

重泉　據《史記・秦本紀》"簡公城重泉"文。

陽陵　據秦陽陵虎符及王國維《秦陽陵虎符跋》。　案:《漢書・地理志》云:"陽陵,故弋陽,景帝更名。"然漢初有陽陵侯,見《史記・高祖功臣侯者年表》及《傅寬列傳》,蓋因秦名。可知《漢志》不詳,王確。

雲陽　據《史記・秦始皇本紀》"蒙恬通直道,自九原抵雲陽"文。

廢丘　據《秦本紀》"非子居犬丘",《正義》引《括地志》云"周曰犬丘,秦更名廢丘"文。

鄠　據《漢書・地理志》"邑有萯陽宫,秦文公起"文。

盩厔　據《漢書・地理志》"邑有長楊宫、射熊館,秦昭王起"文。

美陽　據《漢書・地理志》"邑有高泉宫,秦宣太后起"文。

郿　據《史記・絳侯周勃世家》"下郿、頻陽"文及李吉甫《元和郡縣志》。

雍　據《史記・秦本紀》《封禪書》。　案:《秦本紀》及《封禪書》皆謂秦德公卜居雍。《帝王世紀》、《水經・涇水注》同。《漢書・地理志》謂秦惠公都之,誤。

漆　據《史記・絳侯周勃世家》"北攻漆"文。

陳倉　據劉昭《續漢書・郡國志》注"秦武公都雍陳倉"文。　案《漢書・郊祀志》,秦文公得陳寶於此。

杜陽　據《戰國策・秦策》蘇代説向壽封小令尹以杜陽文。　案《史記・秦本紀》:武公十一年縣杜。見上鄭下。蓋初名杜,復改杜陽也。

汧　據《帝王世紀》"文公徙都汧"文。詳上《都邑》。

好畤　據《史記・吕不韋列傳》"嫪毐敗亡,追斬之好畤"文。

陜　據《史記・秦本紀》惠文王"取陜城,出其人與魏"文。　案:《漢志》此以下屬弘農郡。弘農郡原屬京兆,武帝分置京兆,故秦内史郡也。故繫此。

宜陽　據《史記・秦本紀》"秦武王拔宜陽"文。

黽池　據《元和郡縣志》"韓哀侯東徙其地入秦"文。

丹水　據《漢書・高帝紀》"王陵起兵丹水以應高祖"文。

新安 據《史記·項羽本紀》"楚軍夜擊坑秦卒新安城南"文。

漢初縣名,都承秦舊。不能徵實者從闕。下同。

漢中郡 惠文王後十三年,攻楚漢中,取地六百里,因水名置郡。據《史記·秦本紀》、《水經·沔水注》。治南鄭。據《水經·沔水注》。《續漢書·地理志》同。 案胡三省《通鑑注》:"漢中,治西城。"不知何據。其領縣可徵者有:

褒中 據《漢書·高帝紀》張良歸韓,高帝送至褒中文。

房陵 據《史記·始皇本紀》徙嫪毐黨、呂不韋舍人於房陵文,及《廣韻》"房陵,秦爲縣"文。

上庸 據《戰國策·楚策》靳尚謂鄭袖"秦王有愛女而美,奉以上庸六縣爲湯沐邑,欲因張儀内之楚王"文。

新城 據全祖望《漢書地理志稽疑》考《戰國策》及《史記》"楚新城郡,秦省之,併入漢中"文。

巴郡 惠文王後九年滅巴、蜀。十一年置巴郡。據《史記·秦本紀》、《水經·江水注》、《華陽國志》。蜀至昭襄王時始爲郡,詳下。治江州。據《水經·江水注》。案故城在今巴縣西。

上郡 惠文王十年,魏盡入上郡。據《史記·秦本紀》《魏世家》《六國表》。昭襄王三年,因魏置。治膚施。據《水經·河水注》。其領縣可徵者有:

陽周 據《史記·蒙恬列傳》"囚蒙恬於陽周"文。 案《水經·河水注》:陽周故城南橋山,上有黄帝塚,門即橋山之長城門。始皇令扶蘇與蒙恬築長城,起自臨洮,至于碣石,即是城也。

榆中 據《史記·秦始皇本紀》、魏蘇林《漢書注》。 案:《水經·河水注》以爲屬金城。

高奴 據近年西安市西郊阿房宫遺址出土高奴秦權,及朝鮮平壤中學藏上郡戈。

蜀郡　惠文王既滅蜀，仍爲國，置侯。至昭襄王，凡三立皆不得其死。十二年始置郡。　案：惠文王十一年，封公子通於蜀，十四年爲相壯所殺；昭襄王六年，蜀侯煇以誣死；次年，又封煇子綰爲蜀侯，後五年，又疑而殺之，但置蜀守（見《華陽國志》）。則置郡守在昭襄王十二年也。《水經・江水注》以爲二十七年，宋郭允蹈《蜀鑑》以爲二十二年，未確。全祖望《漢書地理志稽疑》以爲惠文王後十五年所置，尤誤。治成都。　案《華陽國志》，惠文王二十七年（通其前後而言），張儀城成都，周十二里，高七丈，與咸陽同制。其領縣可徵者有：

郫　據《華陽國志》、《元和郡縣志》。　案：亦張儀所城，周七里，高六丈，見《華陽國志》。

臨卬　據《華陽國志》。　案：亦張儀所城，周六里，高五丈。見同上。

嚴道　據《華陽國志》“秦滅楚，徙嚴、王之族於此，因名”文。

河東郡　昭襄王二十一年，魏獻安邑。秦出其人，募徙河東，置郡。據《史記・秦本紀》及全祖望《漢書地理志稽疑》。　案《水經・涑水注》云：“秦始皇使左更白起取安邑，置河東郡。”誤。白起爲左更，在昭襄王十四年（見《秦本紀》），至始皇時，起死久矣。治安邑。據《水經・涑水注》。其領縣可徵者有：

蒲反　據《漢書・地理志》“蒲反故曰蒲，秦更名”文。　案：應劭云“秦始皇東巡，見長坂，故加反云”，則“反”應作“坂”。

左邑　據《水經・涑水注》“左邑故曲沃，秦改爲左邑縣”文。　案：《漢書・地理志》則云聞喜故曲沃。

垣　據《史記・秦本紀》《秦始皇本紀》《魏世家》“取垣，復予魏”“又取垣”諸文。

皮氏　據《史記・秦本紀》《魏世家》“惠文王取皮氏”、“復入魏”、“復圍之”諸文。

平陽　據《史記・始皇本紀》“定平陽、武城”文。　案：與雍平陽異地同名。

蒲子　據《史記・魏世家》“景湣王五年，秦拔我垣、蒲陽、衍”文。　案：景湣王五年，始皇九年也。《秦始皇本紀》同。

隴西郡　昭襄王二十八年置。據《水經・河水注》。有隴坻在其東，故

曰隴西。據應劭《漢書注》。治未詳。　案《水經·河水注》:"漢隴西郡治狄道。"疑秦亦治此,而漢承之也。其領縣可徵者有:

上邽　據《史記·秦本紀》、應劭《漢書注》。　案:詳内史郡下邽下。

臨洮　據《史記·秦始皇本紀》"八年,遷其民於臨洮"文。　案:《漢書·五行志》謂始皇二十六年有大人十二人見於此。

西　據《史記·五帝本紀》"堯申命和仲,居西土"、《集解》徐廣云:"此爲秦縣"文。　案《水經·漾水注》,以爲即秦襄所居之西垂。詳《都邑考》。

南郡　昭襄王二十九年,白起攻楚,拔郢,更東至竟陵。據《史記·秦本紀》《六國年表》。　案全氏云:"南郡,楚地。韓亦有南郡。《秦本紀》昭襄王四十四年,攻韓南郡,取之。"是也。蓋與楚接近之地,後始併入。自漢以南置南郡。據習鑿齒《襄陽記》、《水經·江水注》。治江陵。據閻若璩《潛丘劄記》、顧祖禹《讀史方輿紀要》。其領縣可徵者有:

鄢　據《史記·秦本紀》昭襄王二十八年"白起攻楚,取鄢、鄧"文。

邔　故楚地,秦以爲縣。《水經·沔水注》。

盧　據《水經·沔水注》所謂鄢、鄀、盧、羅之地也,"秦以爲縣"文。

羅　據同上。

鄀　據同上。

竟陵　據《史記·六國年表》昭襄王二十九年"拔郢,更東至竟陵以爲南郡"文。　案:竟陵,楚鄖公邑,故《水經·沔水注》云:"秦以爲縣。"《漢書·地理志》隸江夏郡。

西陵　據《史記·六國年表》昭襄王二十八年遣白起拔楚"鄢、西陵"文。　案:《漢書·地理志》亦隸江夏郡。

黔中郡　昭襄王二十七年,使司馬錯因蜀攻楚黔中,拔之。三十年,蜀守若伐楚,取巫郡及江南爲黔中郡。據《史記·秦本紀》。治沅陵。據《括地志》及閻若璩《潛丘劄記》。其領縣可徵者有:

鐔成　據《淮南子·人間訓》"尉睢五軍,一塞鐔城之嶺"文。　案:鐔城即鐔成也。

巫　據《史記·秦本紀》昭襄王三十年,"蜀守若伐取巫郡及江南爲黔中郡"文。　案《水經·江水》《沔水注》云:故楚巫郡,秦省郡立縣,以隸南郡,與《秦本紀》異。

零陵　據《漢書·藝文志》秦零陵令信、《文選·吴都賦》劉淵林注引秦零陵令《上始皇帝書》。

南陽郡　昭襄王三十五年置。據《史記·秦本紀》。在漢水之北,據張衡《南都賦》、習鑿齒《襄陽記》。中國之南,舊名陽地,故以爲名。據劉熙《釋名》。治宛。據《史記·高祖本紀》"略南陽郡,南陽守齮走,保城守宛"文。其領縣可徵者有:

犨　據《史記·高祖本紀》"與南陽守齮戰犨東"文。

蔡陽　據《史記·秦本紀》昭襄王三十三年"客卿胡傷攻魏卷、蔡陽,取之"文。

筑　據《水經·沔水注》"縣故楚附庸,秦平鄢、郢,立以爲縣"文。

穰　據《水經·淯水注》"楚别邑,秦以爲縣,秦昭王封魏冉爲侯邑"文。

葉　據《史記·秦本紀》昭襄王"取葉"文。

鄧　據《史記·秦本紀》昭襄王"取鄧以封公子悝"及《水經·淯水注》"楚文王滅鄧,秦以爲縣"文。

北地郡　昭襄王三十六年置。據《史記·匈奴列傳》《范睢列傳》。　案《史記·匈奴列傳》,秦昭王時,義渠戎王與宣太后亂,後詐而殺戎王於甘泉,遂伐義渠。於是秦有隴西、北地、上郡。　《范睢列傳》,昭王三十六年謂睢曰:"寡人宜以身受命久矣,會義渠之事急,寡人旦暮自請太后。今義渠之事已,寡人乃得受命。"即謂此事。隴西、上郡已前置,則北地之置,當在此時矣。治富平。據《水經·河水注》"富平,秦置北地郡,治縣城"文。　案:顧祖禹《讀史方輿紀要》謂治義渠。其領縣可徵者有:

朐衍　據《漢書·五行志》"秦孝文王五年游朐衍"文。　案:孝文王僅一年卒,安得有五年?五字當爲元字之誤。

直路　據《史記·蒙恬列傳贊》"吾適北邊,自直道歸,行觀蒙恬所爲廣築長城亭障,塹山堙谷,至直道"文。　案:《漢書·地理志》有直路縣,當即由直道而名,當始于秦。以下除道同。

除道　據《史記·秦始皇本紀》"除道,道九原"文。　案:《漢書·地理志》有除道縣。錢坫《漢書地理志斠注》:"此以其事氏縣。"

泥陽　據《史記·酈商列傳》"破蘇駔軍於泥陽"文。

郁郅　據《後漢書·西羌傳》"秦惠王伐義渠,取郁郅"文。

義渠　據《史記·秦本紀》惠文王十一年,"縣義渠"、《漢書·地理志》"義渠邑"文。

陶郡　昭襄王十六年,封魏冉陶,爲諸侯。四十二年,冉免相之國,卒于陶。秦復收爲郡。據《史記·秦本紀》《穰侯列傳》。治未詳。案:彭越克梁,都定陶。定陶,魏冉封地也,秦郡治當在此。又案王國維《秦郡考》云:"魏冉封陶,在齊、魏之間,蕞爾一縣,難以立國。昭襄王二十二年,蒙武伐齊河東爲九縣。齊之九縣,秦不能越韓、魏而有之,其地當入于陶,但不能知其爲何縣矣。其領縣可徵者有:

剛　據《史記·秦本紀》昭襄王三十六年,"客卿竈攻齊,取剛、壽"文。案《括地志》:"故剛城在兖州龔丘縣界。壽,鄆州之縣。"則剛、壽非一縣也。

壽　據見上。

三川郡　莊襄王元年,使蒙驁伐韓,韓獻成皋、鞏,秦界至大梁,初置三川郡。據《史記·秦本紀》《六國表》《韓世家》。有河、洛、伊,故曰三川。據《史記集解》引韋昭説。治滎陽。據全祖望《漢書地理志稽疑》、王先謙《漢書補注》。其領縣可徵者有:

洛陽　據《史記·吕不韋列傳》"封不韋洛陽十萬户"文。

京　案:滎陽、京、索爲秦亡後楚、漢戰處,皆秦地也。

索　案:詳上。

陽武　據《史記・曹相國世家》"從攻陽武"文。　案：博浪沙在縣南。

緱氏　據《史記・曹相國世家》"下轘轅、緱氏"文。　案：轘轅，道名，非縣。

卷　據《史記・秦本紀》昭襄王三十三年"客卿胡傷攻魏卷，取之"文。

鞏　據《史記・秦本紀》莊襄王元年"韓獻成皋、鞏"文。

新城　據《史記・秦本紀》昭襄王七年"拔新城"、二十五年"與韓王會新城"、《白起列傳》"擊韓之新城"文。

開封　據《史記・曹相國世家》"追北，西至開封，擊趙賁軍"、《絳侯周勃世家》"攻開封"文。

成皋　據《史記・秦本紀》莊襄王元年"韓獻成皋"文。

宛陵　據《史記・樊噲傳》"攻宛陵"文。

太原郡　莊襄王三年，蒙驁攻趙，取三十七城，王齕攻上黨，初置太原郡。據《史記・秦本紀》。　案《史記正義》："上黨以北皆太原地，即上三十七城也。"原大高平，故名。據《尚書大傳》。治晉陽。據《水經・汾水注》"太原郡治晉陽城，秦莊襄王三年立"文。其領縣可徵者有：

榆次　據《史記・秦本紀》"攻趙榆次、新城、狼孟，取三十七城"文。

新城　據同上。

狼孟　據同上。

茲氏　據《水經・原公水注》。

上黨郡　莊襄王三年置。據《史記・秦本紀》、《漢書・地理志》、王先謙《漢書補注》。　案：劉師培《秦郡建置沿革考》以爲莊襄元年取趙地置，非。黨，所也。在於山上，其所最高，故曰上黨。劉熙《釋名》。治長子。據《水經・濁漳水注》。其領縣可徵者有：

屯留　據《史記・秦始皇本紀》"王弟長安君擊趙，反，死屯留"文。

高都　據《史記・秦本紀》莊襄王三年，"攻魏高都、汲，拔之"文。

少曲　據《戰國策・韓策》。

東郡 始皇帝五年,蒙驁攻魏,取二十城,初置東郡。據《史記·信陵君列傳》。秦在魏西,故此稱東。據《史記·魏世家》、《漢書地理志補注》。治濮陽。據《水經·瓠子河注》。其領縣可徵者有:

酸棗 據《史記·秦始皇本紀》"五年,將軍驁攻魏,定酸棗、燕、虚、長平、雍丘、山陽城,皆拔之,取二十城,初置東郡"文。

燕 據同上。 案:《史記索隱》皆曰東郡燕,《漢書·地理志》作南燕,誤。

虚 據同上。

長平 據同上。

雍丘 據同上。 案:《漢志》屬陳留。

山陽 據同上。 案:《漢志》屬河内。

桃 桃人 據《戰國策》。

須昌 據《水經·濟水注》。

白馬 據《史記·高祖本紀》"與秦將楊熊戰白馬"文。《索隱》引韋昭曰"東郡縣"。

雲中郡 始皇帝十三年因趙置。據《史記·趙世家》、《水經·河水注》。治雲中。據閻若璩《潛丘劄記》。 案:原作"治遠服",遠服,王莽改名也。領縣十二。據《史記·絳侯周勃世家》、錢大昭《漢書辨疑》。

潁川郡 始皇帝十七年,内史騰攻韓,盡納其地爲郡,曰潁川。據《史記·秦始皇本紀》。蓋因水以著稱者也。《水經·潁水注》。治陽翟。據《水經·潁水注》。其領縣可徵者有:

昆陽 據《史記·魏世家》。

葉陽 據同上。

潁陽 據《史記·秦始皇本紀》。

長社 據《史記·秦本紀》。

襄城 據《史記·六國年表》。

郟　據《史記・秦始皇本紀》。

城父　據《史記・周本紀・集解》、《陳涉世家》。　案:《漢書・地理志》作父城。

成安　據王先謙《漢書地理志補注》。

陽城　據《史記・鄭世家》《韓世家》。

邯鄲郡　始皇帝十九年,王翦、羌瘣盡定取趙地,得趙王。據《史記・秦始皇本紀》。置郡當在此時。案:《漢書補注》以爲在十六年,誤。以邯鄲邑爲名。邯鄲邑以邯山至此而盡爲名,鄲,原作單,單,盡也。城郭從邑,故加邑旁。據張晏《漢書注》、段玉裁《漢書地理志校正》。治邯鄲。據閻若璩《潛丘劄記》。領縣六,據《史記・靳歙列傳》、錢大昭《漢書辨疑》。領縣可徵者有:

信都　據《續漢書・郡國志》。

雁門郡　因趙置。據《史記・匈奴列傳》。或曰:亦十九年盡定取趙時置。據全祖望《漢書地理志稽疑》。蓋因山而名,所謂"雁飛出于間"也。據《山海經》。治善無。據《水經・河水注》。領縣十七。據《史記・絳侯周勃世家》、錢大昭《漢書辨疑》。可徵者有:

樓煩　據《漢書・灌嬰傳》《周勃傳》。

馬邑　據晉《太康地記》。

漁陽郡　始皇帝二十二年置。治漁陽。據《水經・鮑丘水注》。在漁水之陽,故名。據應劭《漢書注》。領縣十二。據錢大昭《漢書辨疑》。

碭郡　始皇帝二十二年因趙置。據《史記・秦始皇本紀》"二十二年,王賁攻魏,引河溝灌大梁,大梁城壞,其王請降,盡取其地"文及《水經・睢水注》。地有碭山,故名。《水經・獲水注》、顔師古《漢書注》。治碭縣。據閻若璩《潛丘劄記》。領縣可徵者有：

甾　　據《史記・靳歙列傳》。

蒙　　據《史記・絳侯周勃世家》。

虞　　據《史記・高祖本紀》。

下邑　據《史記・高祖本紀》《絳侯周勃世家》。

睢陽　據《史記・項羽本紀》。

陳留　據全祖望《漢書地理志稽疑》、《太平寰宇記》。

小黄　據《漢儀注》"高帝母兵起時死小黄北"文。

雍丘　據《史記・秦始皇本紀》。

酸棗　據同上。

陽武　有户牖領，據《陳丞相世家》。

外黄　見《史記・項羽本紀》。

（下闕）

附：郡縣考索引

内史郡　始置年不詳。　治咸陽。漢左馮翊、右扶風、弘農郡皆在其内。

漢中郡　惠文王後十三年置。　治南鄭。胡三省《通鑑注》云："治西城。"不知何據。

巴郡　惠文王後九年滅巴、蜀，十一年置巴郡。治江州。在今巴縣西。

上郡　惠文王十年，魏盡入上郡。昭襄王三年，因魏置。治膚施。

蜀郡　惠文王既滅蜀，仍爲國，置侯。昭襄王五年始置郡。治成都。

河東郡　昭襄王二十一年置。　治安邑。

隴西郡　昭襄王二十八年置。　治未詳。漢治狄道，疑承秦制　漢安定郡自此分。

南郡　昭襄王二十八年置。　治江陵。

黔中郡　昭襄王三十年置。蜀守若伐取楚巫郡及江南爲黔中郡。治沅陵。漢武陵郡自此分出。

南陽郡　昭襄王三十五年置。　治宛。漢汝南郡自此分出。

北地郡　昭襄王三十六年置。　治富平。

陶郡　置郡當在昭襄王四十二年之後。　治未詳。案：彭越克梁，都定陶。定陶魏冉封地，秦郡治或在此。

三川郡　莊襄王元年置。　治滎陽。

太原郡　莊襄王三年置。　治晉陽。

上黨郡　莊襄王三年因趙置。　治長子。

東郡　始皇帝五年置。　治濮陽。

河間郡　置郡當在始皇帝十年以前。　治未詳。《水經・濁漳水注》謂漢治東城，秦或同。

王國維《秦郡考》謂：《趙策》，秦下甲攻趙，趙賂以河間十二縣。又云：甘羅説趙，令割五城，以廣河間，河間共十七城，足爲一郡之地。《樊噲列傳》："河間守軍於杠里，破之。"是秦有河間郡守之明證。

案：甘羅之使趙，求割地廣河間，由吕不韋使之。不韋得罪免相在始皇十年，死在十二年。則河間之立郡，雖不能確指何年，然必在不韋免相之前可決也。

雲中郡　始皇帝十三年置。　治雲中。

潁川郡　始皇帝十七年，攻韓，盡納其地，以爲潁川郡。　治陽翟。漢汝南郡由此分。

邯鄲郡　始皇帝十九年，定取趙地，置邯鄲郡。　治邯鄲。漢信都郡由此分出。

雁門郡　始皇帝十九年，因趙置。　治善無。漢定襄郡由此分。

鉅鹿郡　始皇帝十九年，取趙地東陽置。據《史記・秦始皇本紀》及楊守敬《秦郡縣圖説》。　治鉅鹿。漢渤海郡、清河郡、廣平郡由此分出。

案：《水經・濁漳水注》以爲始皇二十五年滅趙置。楊守敬曰："《始皇本紀》，十九年，王翦等盡定取趙地東陽，得趙王。趙公子嘉自立爲代王。二十五年，王賁虜代王。鉅鹿郡正趙東陽之地，似不得至二十五年滅代始置郡，酈氏蓋合滅代之年爲説耳。"是也，從之。

廣陽郡　始皇帝二十一年取燕薊城，其年置廣陽郡。據《水經・漯水注》。　案：朱謀㙔、戴震本俱作二十三年。此從趙一清本，以其與《秦紀》合也。

漁陽郡　始皇帝二十二年因燕置。　治漁陽。漢涿郡由此分。

碭郡　始皇帝二十二年因魏置。　治碭縣。漢爲陳留郡，又分爲濟陰郡、山陽郡、梁國。

遼西郡　始皇帝二十二年分燕地置。據《史記・秦始皇本紀》、《水經・濡水注》引《地理風俗記》。治陽東。據《水經・濡水注》引《地理風俗記》。

案：前人多謂置遼西郡在二十五年，考《史記・秦始皇本紀》則二十五年蓋攻遼東，非置遼西郡也。置遼西當在其前，《風俗記》當爲得之。

右北平郡　始皇帝二十二年因燕置。據《水經・鮑丘水注》。當與遼西郡同時置，全祖望以爲二十五年置，非。　治無終。據《水經・鮑丘水注》。

泗水郡　始皇帝二十三年，因宋地置。據《水經・睢水注》。　治沛。漢爲沛郡，又分爲東陽郡、臨淮郡。

上谷郡　始皇帝二十三年因燕置。據《水經・聖水注》。　治沮陽。據《水經・漯水注》。郡在谷之頭，因以名焉。據《水經・聖水注》引王隱《晉書・地道志》。

薛郡　始皇帝二十三年置。據《水經・泗水注》。漢爲魯國。　治薛。

九江郡　始皇帝二十四年置。據《水經・江水注》。　治壽春。兼得廬江、豫章之地，故以九江名郡。據《水經・淮水注》。漢廬江、江夏、六安等郡皆由此分出。

東海郡　始皇帝二十四年置。據全祖望《漢書地理志稽疑》。　治郯。據《史記・陳涉世家》。

案：《續漢志》無東海之名，遂有疑秦無東海郡者。然《史記》曾兩見：一見於《陳涉世家》，明云秦嘉等將兵圍東海守慶於郯；一見於《周勃世家》。《漢志》亦云:“泗水,故東海郡。”安得於後續志之缺而疑前也?本全祖望説。漢爲泗水國。廣陵郡由此分出。

陳郡　見《史記·陳涉世家》。不知置於何年,與東海郡同見於《陳涉世家》,類列於此。

代郡　始皇帝二十五年攻代,虜代王嘉,置郡。據《史記·秦始皇本紀》、全祖望《漢書地理志稽疑》。　治廣昌。據《史記正義》。　案《水經·㶟水注》云:“治高柳。”又誤作始皇二十三年。漢中山國由此分。

長沙郡　始皇帝二十五年定荆江南地置。據《史記·秦始皇本紀》、《水經·湘水注》、全祖望《漢書地理志稽疑》。分黔中以南之沙鄉置郡,因名。據甄烈《湘州紀》。　治臨湘。據顧祖禹《讀史方輿紀要》。漢分爲桂陽郡、雲陽郡。

會稽郡　始皇帝二十五年,定荆江南地,降越君,置會稽郡。據《史記·秦始皇本紀》。會稽山在南,故名。治吴。據《續漢志·郡國志》。

遼東郡　始皇帝二十五年因燕置。據《史記·秦始皇本紀》。　治襄平。據《水經·大遼水注》。　案:《水經·濡水注》謂二十二年置遼東郡,誤。

齊郡　始皇帝二十六年從燕南攻齊,滅之以爲郡。據《史記·秦始皇本紀》、《水經·淄水注》。　案:《水經注》作三十四年,大誤。《水經·淄水注》引《地理風俗記》曰:“齊所以爲齊者,即天齊淵名也。”齊郡一作臨淄郡。疑齊郡爲初滅齊之總名,後又分置各郡。猶楚郡亦疑爲初滅楚之總名,後又分置也。　漢東平國,秦屬齊郡。漢千乘、濟南、泰山、北海諸郡由此分出。

琅邪郡　始皇帝二十六年滅齊置。據《水經·濰水注》。　治琅邪縣。據同上。琅邪,山名也。據同上。全祖望以爲漢膠東國爲秦琅邪郡。

膠東郡　始皇帝滅齊置。　治即墨。據《史記·項羽本紀》。　王國維《秦郡考》云:齊地之大,雖不若楚、趙,以視韓、魏,固將倍之。且負海饒富,非楚、趙邊地之比。今舉全齊之地,僅置齊與琅邪二郡,殊不可解。余以爲三十六郡之分,在始皇二十六年。齊國之滅,近在是年之春,未遑建置,故僅略分爲二郡,其於區畫,固未暇也。訖於疆理既定,則齊尚得五郡。《漢書・高帝紀》曰："以膠東、膠西、臨淄、濟北、博陽、城陽郡七十三城立子肥爲齊王。"此漢初之郡，當因秦故。而臨淄實齊郡之本名，加以琅邪，共得七郡，爲因齊故地。如此，則秦之疆理列國，庶得其平。故《史記・項羽本紀》云："徙齊王田市爲膠東王，立田安爲濟北王。"《曹相國世家》云："還定濟北郡。"《田儋列傳》云："田榮反擊項羽於城陽。"此膠東、濟北、城陽者，皆非縣名，則非郡莫屬矣。故曰：齊於臨淄、琅邪外，尚有五郡也。其所分置，當前乎南海六郡。

膠西郡 始皇帝滅齊置。說詳上。

濟北郡 始皇帝滅齊置。說詳上。

博陽郡 始皇帝滅齊置。說詳上。

城陽郡 始皇帝滅齊置。說詳上。 治莒。案《水經・沭水注》云："莒縣，其城三重，並悉重峻。内城方十二里，郭周四十許里，始皇縣之。"其制如此，必爲郡治無疑。漢城陽國因亦以莒爲治，亦見《水經・沭水注》。

桂林郡 始皇帝三十三年，略取陸梁地爲桂林、象郡、南海。《舊唐書・地理志》云：江源多桂，不生雜木，故秦以爲名。 治未詳。案：桂林郡，漢爲鬱林郡，治布山。漢蒼梧國、鬱林郡、合浦郡由此分出。

象郡 始皇帝三十三年置。據《史記・秦始皇本紀》。因象山爲名。山形如象也。據《舊唐書・地理志》。 治未詳。案：漢初爲日南郡，見《水經・温水注》。郡治西捲，秦或同乎？

南海郡 始皇帝三十三年置。據同上。

九原郡 始皇帝三十五年置。《史記・秦始皇本紀》："三十五年，除道，道九原。"九原之名始此，置郡當在此時。三十二年，使蒙恬發兵三十萬人，北擊胡，略取河南地。三十三年，西北斥逐匈奴，自榆中並河以東，屬之陰山，以爲三十三縣。當即其地。 治九原。據《水經・河水注》。

秦史卷十二　制度考(闕)

秦史卷十三　建設考(闕)

秦史卷十四　職官考

一、内　　職

相邦　據秦吕不韋戈。　案戈有文曰："五年相邦吕不韋造。"相邦之名始於魏，見魏劍，文曰："相邦建信侯。"又見《太平御覽》卷二〇四引《齊職儀》，而秦襲用之。漢人避高祖諱稱相國。吴仁傑《兩漢刊誤補遺》云："莊襄王以吕不韋爲丞相，太子政立，拜丞相爲相國。則丞相之上，自有相國。《史記·蕭相國世家》：'上使使拜丞相爲相國。'亦承秦制也。"又王國維有《匈奴相邦印攷》。掌丞天子，助理萬機。金印紫綬。據《漢書·百官公卿表》。

丞相　掌同相邦。金印緑綬。據同上及齊召南《漢書考證》。　案：《史記·秦本紀》：秦武王二年，初置丞相。樗里疾、甘茂爲左右丞相。《李斯列傳》：李斯已死，二世拜趙高爲中丞相，則丞相又有左右中之分矣。

長史　據《史記·李斯列傳》。

侍中　丞相史，無定員。據《宋書·百官志》、《晉書·職官志》。

侍中僕射　據《漢書·百官公卿表》。　案表云：自侍中、尚書、博士、郎皆有，以至軍屯吏、騶卒、永巷宫人亦有之。古者重武官，有主射以督課之，取其領事之號。

舍人　據《史記·秦始皇本紀》《李斯列傳》。　案《史記集解》引文穎云："侍從賓客謂之舍人。"

御史大夫　掌副丞相，位上卿。銀印青綬。據《漢書·百官公卿表》。

御史丞　有兩丞：其一曰御史丞；其二曰御史中丞。據《漢書·百官公卿表》、《宋書·百官志》。

御史中丞　掌圖籍，據《漢書·百官公卿表》。討姦猾。據《通鑑·秦紀》注。

柱下史 據《史記・張蒼列傳》。 案《史記・張蒼列傳》:"張蒼乃自秦時爲柱下史。"又云:"秦時爲御史,主柱下方書。"《索隱》:"周、秦皆有柱下史,謂御史也。所掌及侍立恒在殿柱之下。"

上卿 據《戰國策・秦策》、《史記・甘茂列傳》等。

亞卿 據《左氏》文公六年《傳》。

客卿 據《戰國策・秦策》、《史記・秦本紀》,穰侯、李斯、張儀等《傳》。

奉常 掌宗廟禮儀。《漢書・百官公卿表》、《宋書・百官志》。

奉常丞 據《漢書・百官公卿表》、《太平御覽》卷二三九引《六典》。

太樂令 據《漢書・百官公卿表》、杜佑《通典・職官》七。

太樂丞 據同上。

宗祝 據《詛楚文》、《漢書・高帝紀》《百官公卿表》。 案:即後之太祝丞。

太祝令 據《史記・封禪書》、《通典・職官》七。

太祝丞 據《漢書・百官公卿表》。

秘祝 有災祥輒祝祠,移過於下。據《史記・封禪書》、《漢書・郊祀志》。

太宰令 據《漢書・高帝紀》《百官公卿表》。

太宰丞 據同上。

太史令 據《漢書・百官公卿表》、《史記・李斯列傳》、《漢書・藝文志》。

太史丞 據《漢書・百官公卿表》。

太卜令 據同上及《史記・龜策列傳》《李斯列傳》。

太卜丞 據《漢書・百官公卿表》。

占夢 據《史記・秦始皇本紀》。

候星氣 據同上。

太醫令 據《史記・扁鵲列傳》、《漢書・百官公卿表》。

太醫丞 據《漢書・百官公卿表》。 案《漢書・百官公卿表》,奉常及少府所屬,皆有太醫令、丞。説詳下。

郎中令 掌宫掖門户,《漢書·百官公卿表》。宿衛屬官。《漢書·惠帝紀》。有丞。屬官有大夫、郎、謁者。《漢書·百官公卿表》。

大夫 掌議論。有大中大夫、中大夫。據《漢書·百官公卿表》。《初學記》引《齊職儀》,謂秦置諫議大夫,當誤。

郎 五官中郎將一人,據《續漢書·百官志》、《太平御覽》卷二四一引《漢官儀》。左右將二人。秩皆二千石,同領三署郎。據《漢書·百官公卿表》、《宋書·百官志》。郎掌守門户,出充車騎。有議郎、中郎、侍郎、郎中。據《漢書·百官公卿表》、《北堂書鈔》卷五十六引《漢舊儀》、《宋書·百官志》。又有外郎、散郎。據《史記·秦始皇本紀》及《索隱》。

陛楯郎 據《史記·滑稽列傳》。 案《史記·刺客列傳》,荆軻逐秦王,諸郎中執兵皆陳殿下,非有詔召,不得上。疑陛楯郎即所謂諸郎中也。

郎僕射 據《漢書·百官公卿表》《霍光傳》。

謁者 據《漢書·百官公卿表》、《宋書·百官志》、《通典·職官》三、闞駰《十三州志》。掌賓贊受事,據《漢書·百官公卿表》。及上章報問。

謁者僕射 掌大拜授及百官班次。據《宋書·百官志》。天子出奉引。主謁者。據《續漢書·百官志》。秩比千石。據《漢書·百官表》、應劭《漢官儀》。

公車司馬令 據《漢書·百官公卿表》、《宋書·百官志》。

太僕 掌輿馬。據《韓非子·説林上》、《漢書·百官公卿表》。 案《韓非子·説林》篇,秦武王令甘茂"擇所欲於僕與行"。俞樾謂僕與行官名,是也。僕謂太僕,行謂太行也。

太僕丞 有兩丞。據同上。

車府令 據《漢書·百官公卿表》、《宋書·百官志》。 案:《史記·秦始皇本紀》等篇皆作趙高爲中車府令,與各書不同。

車府令丞 據《漢書·公卿百官表》。

國尉 據《史記·秦始皇本紀》《李斯列傳》。 案《秦始皇本紀·正義》云:"國尉,若漢太尉之比。"則秦稱國尉,不稱太尉也。掌武事,金印紫綬。據《漢書·百官公卿表》。

衛尉　掌宮門衛,屯兵。據《史記·秦始皇本紀》、《漢書·百官公卿表》。太后、皇后各有之。據應劭《漢官儀》、《通典·職官》。

衛尉丞　據同上。

衛士令　據《史記·秦始皇本紀》、《漢書·百官公卿表》。

衛士僕射　據同上。

衛率　主門衛。據衛宏《漢官舊儀》。

衛率丞　據同上。

中尉　掌徼循京師。據《漢書·百官公卿表》。

中尉丞　據同上。

候　據同上。

司馬　據同上。

千人　據同上。

武庫令　據《漢書·百官公卿表》、《宋書·百官志》。掌軍器並宮外戒,司非常水火之事。據《宋書·百官志》、《續漢書·百官志》。多以博士、議郎爲之。據《文獻通考》。秩六百石。據《續漢書·百官志》。銅印黑綬。據《漢書·百官公卿表》。

武庫丞　據《漢書·百官公卿表》、《續漢書·百官志》注。

式道候　凡左、右、中三候。車駕出,掌在前清道;還,持麾至宮門,門乃開。秩六百石。據應劭《漢官儀》、《漢書·百官公卿表》。

候丞　據《漢書·百官公卿表》。

静室令　車駕出,在前請所幸,先驅静清所御車,以示重慎。據應劭《漢官儀》、《續漢書·百官志》。　案:《續志》"静"作"清"。

廷尉　掌刑辟。有正、左右監。秩皆千石。據《史記·秦始皇本紀》、《漢書・百官公卿表》、《宋書・百官志》。

廷尉正　據同上及《通典・職官七》。

廷尉監　據同上。

博士　掌通古今。秩比六百石。據《漢書・百官公卿表》。

博士僕射　據《史記・秦始皇本紀》。

宗正　掌親屬。據《漢書・百官公卿表》。

宗正丞　據同上。

治粟内史　掌各貨。據《漢書・百官公卿表》、《宋書・百官志》。按：唐人都作"理粟"，蓋避國諱。

治粟内史丞　據《漢書・百官公卿表》。

治粟都尉　據《漢書・韓信傳》。案王先謙《漢書補注》云：治粟都尉蓋内史屬官，猶沿秦制。

太倉令　主受轉儲穀。據《宋書・百官志》、《續漢書・百官志》。

太倉丞　據《宋書・百官志》。

倉吏　據《史記・貨殖列傳》。　案《傳》云："宣曲之先爲督道倉吏。"下云"秦之敗也"，則倉吏秦官也。

平準令　掌知物價及練淬。據《漢書・百官公卿表》、《宋書・百官志》、《通典・職官》、《文獻通考》。

平準丞　據《漢書・百官公卿表》。

少府　掌山澤陂池之税，以給供養。皇后卿也。據《史記・秦始皇本紀》、《漢書・百官公卿表》、《宋書・百官志》、應劭《漢官儀》、《通典・職官》七。

少府丞　據《漢書・百官公卿表》、《宋書・百官志》。

符節令　隸少府，領符璽郎、符節令史。據《宋書・百官志》。

符璽郎　據同上。

符節令史　據同上。

尚書令　據《漢書・百官公卿表》、《宋書・百官志》。

尚書僕射　據《漢書・百官公卿表》、《續漢書・百官志》。　案《百官志》注："署尚書事，令不在，則悉下衆事。"

尚書丞　據《漢書・百官公卿表》、《宋書・百官志》。丞有左右。據《北堂書鈔》引《續漢書・百官志》、漢官六種本應劭《漢官儀》。　案《宋書・百官志》云："秦世少府遣吏四人，在殿中立發書，故謂之尚書。尚猶主也。""秦時有尚書令、尚書僕射、尚書丞。至漢初，並隸少府。"蓋承秦制也。

尚書　少府遣在殿中，主發書。凡四人。據《宋書・百官志》、應劭《漢官儀》、《通典・職官七》、《史記・秦始皇本紀》《李斯列傳》。

太醫令　據《漢書・百官公卿表》、《通典・職官七》。　案《漢書・百官公卿表》，太常、少府所屬皆有太醫令。蓋一總諸醫，一通王内。如《燕策》所云侍醫夏無且，則少府所屬也。

太醫丞　據同上。　案《續漢書・百官志》謂太醫令有藥丞等丞，疑承秦制。

廩犧令　據《文獻通考・職官九》、《歷代職官表》。

廩犧丞　據同上。　案《文獻通考》云：秦内史廩犧令丞。《歷代職官表》則謂爲少府屬官。考《漢書・百官公卿表》此官屬左内史。左内史爲漢官，秦時内史無左右之置。則此官有無，實不可知，今從《職官表》而列於此。

大官令　掌御飲食。據《漢書・百官公卿表》、《續漢書・百官志》注、《宋書・百官志》、《通典・職官七》。

大官丞　據《漢書・百官表》。　案《漢官儀》，大官丞四人。《續漢書・百官志》，大官左丞甘丞。《漢書・陳湯傳》有獻食丞，或作獻丞。

導官令　掌舂御米及作乾糒。據《漢書・百官公卿表》、《續漢書・百官志》、《通典・職官八》。　案："導"爲"䆃"之借字。

導官丞　據《漢書・百官公卿表》、《通典・職官八》。

湯官令　掌餅餌及酒。據《漢書・百官公卿表》顔師古注、《續漢書・百官志》、《册府元龜》。

大酋　主酒。據鄭玄《月令注》、《吕氏春秋・仲冬紀》高誘注。　案：鄭玄、高誘皆謂《月令》吕不韋作，則此官必秦制也，暫次于此。

胞人長　主掌宰割。據《漢書・百官公卿表》及顔師古注、《册府元龜》。

胞人丞　據《漢書・百官公卿表》、《册府元龜》。

佐弋　掌弋射。據《史記・秦始皇本紀》、《漢書・百官公卿表》。　案：《漢書・百官公卿表》作"左戈"。佐、左通。

樂府令　據《漢書・百官公卿表》、《通典・職官七》。

樂府丞　據同上。

都水長　主池籞陂澤，據王先謙《漢書百官公卿表補注》及《孫寶傳》。保守河渠。《宋書・百官志》。

都水丞　據《宋書・百官志》、《通典・職官九》。

中書謁者令　據《漢書・百官公卿表》、《通典・職官一》。

中書謁者丞　據同上。

中書謁者僕射　據《通典・職官》一。

給事黄門　掌侍從左右。據《宋書・百官志》、應劭《漢官儀》。

給事黄門侍郎　據《晉書・職官志》。

尚方令　掌上手工作御刀劍諸好器物。據《漢書・百官公卿表》、《宋書・百官志》、《通典・職官九》、《續漢書・百官志》。

尚冠　據《文獻通考》注引《漢儀注》。

尚衣　據同上。

尚食　據同上。

尚沐　據同上。

尚席　據同上。

御府令　掌供御服。據《史記・秦始皇本紀》《李斯列傳》、《漢書・百官公卿表》、《通典・職官八》。　案《續漢書・百官志》，御府令典官婢作中衣服及浣補之屬。

御府丞 據《漢書·百官公卿表》、《通典·職官八》。

永巷令 據《漢書·百官公卿表》、《通典·職官九》。

永巷丞 據《漢書·百官公卿表》。

永巷僕射 據《漢書·百官公卿表》注。

永巷監 據《史記·秦本紀》《商君列傳》及《正義》。

寺人 據《詩·秦風·車鄰》。 案《詩》:“未見君子,寺人之令。”鄭玄箋:“欲見國君者,必先令寺人使傳告之。時秦仲又始有此臣。”

閹尹 據《禮記·月令》、《吕氏春秋·仲冬紀》。 案:以前大酉例之,則閹尹亦秦官也。《月令》作“奄尹”。鄭玄注:“奄尹,主領奄豎之官也。”奄,同閹。此從《吕氏春秋》。

著人 掌門著。據《史記·秦始皇本紀》後《秦記》及《索隱》。

中常侍 給事殿廷,得入禁中。間用士人,皆銀璫左貂。據應劭《漢官儀》、《後漢書·宦者傳序》、《宋書·百官志》、《晉書·職官志》。

常侍郎 據《物原》。

中謝 侍御之官。據《史記·張儀列傳》及《索隱》。

散騎 騎夾乘輿。獻替可否。據應劭《漢官儀》。

太子師傅 據《史記·秦本紀》《商君列傳》。

太子門大夫 據《宋書·百官志》、《通典·職官十二》。

中庶子 據《戰國策·韓策》三、《通典·職官十二》。 案《韓策》,謂秦置中庶子,爲太子官。

庶子 據《通典·職官十二》。 案《戰國策·秦策》五有少庶子,係家臣,非中朝官。《魏策》公孫痤有御庶子,亦家臣。

洗馬 據同上。 案:亦作“先馬”。

太子舍人 據《宋書·百官志》、《通典·職官十二》。

詹事　掌皇后、太子家。秩真二千石。據《漢書·百官公卿表》及注。

詹事丞　據同上及《宋書·百官志》。

太子率更令　主庶子、舍人更直。據《漢書·百官公卿表》、衛宏《漢官舊儀》、《通典·職官十二》。

太子家令　主倉獄。據同上。

太子僕　主馬。據同上。

太子中盾　主周衛徼循。據同上。

將作少府　掌治宮室。據《漢書·百官公卿表》。

將作丞　有兩丞。據同上。

將作候　有左右中候。據同上。

將行　皇后卿。據應劭《漢官儀》。或用中人,或用士人。《漢書·百官公卿表》。

主爵中尉　掌列侯。據《漢書·百官公卿表》。

典客　掌諸侯及歸義蠻夷。據《漢書·百官公卿表》。秩中二千石,據《宋書·百官志》、《續漢書·百官志》。銀印青綬。

典客丞　據《漢書·百官公卿表》。

行人　據《左氏》文公十三年《傳》及《漢書·百官公卿表》。

典屬國　掌蠻夷降者。《漢書·百官公卿表》。

九譯令　據同上及《漢書·昭帝紀》顏師古注。

二、外　　職

内史　掌治京師。據《漢書·百官公卿表》。　案:内史雖治京師,然郡縣官之首也,故列外職。

郡守　掌治其郡。秩二千石。據《漢書・百官公卿表》、《史記・秦始皇本紀》秦始皇二十六年文。

郡丞　佐郡守治民。《宋書・百官志》：秦滅諸侯，隨以其地爲郡，置守、丞、尉各一人。守治民，丞佐之。郡當邊戍者，丞爲長史。秩六百石。據《漢書・百官公卿表》。

郡長史　邊郡有之。掌兵馬。秩六百石。據同上。

郡尉　掌佐守，典武職甲卒。秩比二千石。據《漢書・百官公卿表》、《史記・秦始皇本紀》秦始皇二十六年文。

監御史　掌監郡。據同上。　案《史記・蕭相國世家・集解》引蘇林曰："秦時無刺史，以御史監郡。"王鳴盛《十七史商榷》云："監郡御史階在守上，《漢書・百官表》列郡守前。"然治郡以郡守爲重。《史記・秦始皇本紀》云："郡置守、尉、監。監在守、尉後，因改次焉。"

卒史　郡卒史十人。據《史記・陳涉世家》《蕭相國世家》《張丞相列傳》。

書佐　郡書佐十人。據《史記・蕭相國世家・索隱》引如淳説。

鐵官長　諸郡出鐵者置之。據《通典・職官九》、《華陽國志》三。

鐵官丞　據同上。

鹽官　據《華陽國志》。

主簿　據《水經・江水注》引《風俗通》。

關都尉　據《漢書・百官公卿表》、《史記・秦始皇本紀》。

牧師令　據《通典・職官七》。

舍人　主廄内小吏。據《漢書・高帝紀》及文穎注。

縣令、長　掌治其縣。萬户以上爲令，秩千石至六百石；減萬户爲長，秩五百石至三百石。據《漢書・百官公卿表》、《史記・秦始皇本紀》秦始皇二十六年文。

縣丞　主署文書，典知倉、獄。據《續漢書・百官志》。秩四百石至二百石，是爲長吏；百石以下是爲少吏。比二百石以上，皆銅印黄綬。據《漢書・百官公卿表》。

縣尉　主盜賊。秩同丞。據同上。

秩史　據《史記・六國年表》。　案表云：秦孝公十三年"初爲縣，有秩史"。

令史　據《史記・項羽本紀》"陳嬰，故東陽令史"，《集解》引《漢儀注》。

縣三老　與縣令、丞、尉以事相教。據《漢書・高帝紀》高帝二年文。　案：高帝二年，擇鄉三老一人爲縣三老。漢初皆承秦制，百官表敘縣鄉官職，曰："皆秦制也。"鄉有三老，則縣有三老，其爲秦制可知。

獄掾　據《史記・項羽本紀》。

廄司御　據《史記・夏侯嬰列傳》。　案：荀悦《漢紀》作"廄騶"。

倉吏　據《史記・貨殖列傳・任氏》。

鄉三老　十亭一鄉，鄉有三老，掌教化。據《漢書・百官公卿表》。

有秩　據《史記・范睢列傳》、《漢書・百官公卿表》、《續漢書・百官志》。職聽訟，收賦税。據錢大昭《漢書辨疑》鄉户五千始置之。據王隆《漢官》。《太平御覽》引苗恭《十四州志》云："秦改附庸爲鄉，鄉有秩令、嗇夫。"秦制不聞有秩令，疑有秩之誤。

嗇夫　職同有秩。有秩不置，則以嗇夫總理之。據《漢書・百官公卿表》及《漢書辨疑》。　案黄義恭《交州記》云："秦兼天下，又除附庸爲鄉，爲鄉則有旅，今之嗇夫是也。"似秦名嗇夫爲旅，不見他書，備一説。

游徼　徼循禁賊盜。據《漢書・百官公卿表》。

亭長　十里曰亭，亭有長，主禁盜賊。據《續漢書・百官志》。

亭父　亭卒，掌開閉掃除。據《漢書・高帝紀》應劭注。

求盜　亦亭卒。掌逐捕盜賊。據同上。

里正　據《韓非子・外儲説右下》秦襄王條。劉師培《韓非子斠補》云："里正、伍老，蓋閭師之屬。"

伍老　據同上。

里監門　里正衛也。據《史記・張耳陳餘列傳・集解》引張晏説。

三、武　職

案：秦以武功一天下，故特立武職一門。凡内外職已有者，不復列。

上將軍　據《史記·白起列傳》比公。據《續漢書·百官志》。　案：原作大將軍。

前後左右將軍　皆掌兵及四夷。位上卿，金印紫綬。據《漢書·百官公卿表》。

將軍　據《史記·秦本紀》將軍魏冉等、《秦始皇本紀》將軍王賁等。

裨將軍　據《史記·蒙恬列傳》《李斯列傳》。

右行　據《戰國策·東周策》注。案注曰："右行，秦官也。"

將軍長史　據《漢書·百官公卿表》、《史記·項羽本紀》、《宋書·百官志》。秩千石。據《漢書·百官公卿表》。　案：秦官名長史者頗多，此將軍屬長史也。如廷尉、監正之例，加將軍以别之。

將尉　據《史記·陳涉世家》。

軍尉　據董説《七國考》引應劭《漢書注》。　案注云："秦惠文王置軍尉。"

護軍都尉　據《漢書·百官公卿表》。

都尉　據《史記·王翦列傳》。　案：胡三省《通鑑注》以爲"郡都尉將兵從征者只稱郡尉"。然秦郡尉至漢景帝二年始改都尉，見《漢書·百官公卿表》，胡説非也。胡又曰："秦漢之制，行軍亦自有都尉。"則是矣。

校尉　據《史記·王翦列傳》《陳涉世家》。

千人　案：前中尉下已出千人，今又重出者，以他處尉官屬每有千人，如屬國、邊郡等是，不獨中尉也。下司馬、軍候同。

騎千人將　據《史記》、《漢書·靳歙傳》。

騎長　據同上。

騎司馬　據《漢書·高惠高后文功臣表》。　案：《功臣表》漢王元年，王虞人以騎司馬從起廢丘。漢初都承秦制，則此亦秦官也。

車司馬　據《史記》、《漢書·靳歙傳》。

司馬　據《史記·蕭相國世家》。

軍候　據《史記·項羽本紀》"章邯使候始成"《集解》引張晏説。

四、爵　　號

《續漢書·百官志》引劉劭《爵制》曰："商君爲政，備其法，品爲十八級，合關内侯、徹侯凡二十等。其在軍賜爵爲等級皆更卒也。有功賜爵，一爵以上至不更四等，皆士也。大夫以上至五大夫五等，從大夫。自左庶長以上至大庶長，從九卿。關内侯，從圻内子男。徹侯，從列國諸侯，放古制而異其名。"

一級曰公士　據《漢書·百官公卿表》。爲國君列士。據衛宏《漢官舊儀》。師卒之有爵者。據《爵制》。　案《韓非子·定法》篇云："商君之法，斬一首者爵一級。欲爲官者爲五十石之官。"錢大昭《漢書辨疑》云："自公士至公乘，士之爵也。"衛宏《漢官舊儀》云："生以爲爵位，死以爲號謚。"

二級曰上造　據同上。乘兵車。據《漢官舊儀》。　案《韓非子·定法》篇云："斬二首者爵二級。欲爲官者爲百石之官。"

三級曰簪裊　據同上。御駟馬者。據《爵制》引《傅子》。　案：《北堂書鈔》卷四八作"簪梟"，當爲字誤。

四級曰不更　據同上。爲車右。據《爵制》。主一車四馬。據《漢官舊儀》。

五級曰大夫　據同上。　案：亦稱"國大夫"，見《史記·樊噲列傳》。在車左。據《爵制》。屬三十六人。據《漢官舊儀》。

六級曰官大夫　據同上。　案：《史記集解》作"公大夫"。領車馬。據《漢官舊儀》。

七級曰公大夫　據同上。　案：公大夫在第七級，亦稱"七大夫"。見《史記·曹相國世家》。《史記集解》作"官大夫"。領行伍兵。據《漢官舊儀》。

八級曰公乘　據同上。與國君同車。據《漢官舊儀》。

九級曰五大夫　案錢大昕曰："五大夫以上至徹侯，官之爵也。"

十級曰左庶長

十一級曰右庶長

十二級曰左更

十三級曰中更

十四級曰右更

十五級曰少良造

十六級曰大良造　案：《戰國策・東周策》作"大梁造"，《史記・秦本紀》《商君列傳》作"大良造"，《漢書・百官表》、《史記・商君列傳・索隱》作"大上造"。今傳秦器，有大良造鞅等量及戟，則應作大良造。大上造，疑漢所易也。

十七級曰駟車庶長

十八級曰大庶長　案：《史記集解》作"大車庶長"。

十九級曰關内侯　食租税於關内。據《通典・職官表》。

二十級曰徹侯　金印紫綬。《漢書・百官公卿表》。食邑。《通典・職官》一。或食鄉守。《續漢書・百官志》。

倫侯　類於徹侯而無食邑。據《史記・秦始皇本紀》。　案《史記・秦始皇本紀・索隱》，不在秦爵二十品之内。始見於始皇時，疑始皇所增也。

邑君　據《文獻通考・封建考》。　案：邑君有二：一以封地爲號，如公孫鞅之爲商君是；一特立名號，如封張儀五邑爲武信君是。

五、選　舉

求賢　如孝公布惠，招戰士，明功賞，尊官分土。見《史記・秦本紀》。

徵士　如叔孫通以文學徵。見《史記・叔孫通列傳》。

待詔　據《史記・叔孫通列傳》。

試吏　如劉邦在秦時試爲吏，見《史記・高祖本紀》。夏侯嬰試補縣吏，見《史記・夏侯嬰列傳》。

六、黜　　陟

去世官　始皇帝滅諸侯爲郡縣，不世官守，守相令長以他姓相代。據衛宏《漢官舊儀》。

除官籍　有罪則除官籍。據《史記·蒙恬列傳》。

罪任人不善者　秦之法：任人而所任不善者，各以其罪罪之。據《史記·范雎列傳》。

奪爵　據《秦本紀》昭王五十年《索隱》引如淳説、《史記·秦始皇本紀》秦始皇九年及十三年文。

告歸　據《戰國策·秦策》一。　案《漢書·高帝紀》注引孟康説："古者名吏休假曰告，滿三月當免。"

士伍　據《史記·秦本紀》"武安君白起有罪爲士伍"文。　案《史記集解》引如淳曰："嘗有爵而以罪奪爵，皆爲士伍。"

上計　據《史記·范雎列傳》及《續漢書·百官志》、《史記·蕭相國世家·索隱》。

課殿最　據同上。

加官　據《漢書·百官公卿表》、應劭《漢官儀》。凡侍中、散騎、中常侍皆加官。所加或列侯、將軍、卿大夫、將都尉、尚書、太醫、大官令至郎中。侍中、中常侍得入禁中。散騎、給事中亦加官。所加或大夫、博士、議郎，位次中常侍。

兼官　據《韓非子·説林上》孟卯語。

假官　據《史記·秦始皇本紀》秦始皇十六年文。　案：假官即後世所云攝也。

拜爵　據《史記·秦始皇本紀》秦始皇九年文。　案：此以功拜爵也。多屬此類。又有以納粟拜爵者，見《本紀》四年文。

賜爵　據《史記·秦本紀》昭王二十一年文。

改封　據《史記·秦本紀》昭王十六年文。

就封　據《史記·穰侯列傳》《吕不韋列傳》。

秦史卷十五　刑律考(闕)

秦史卷十六　兵衛考(闕)

秦史卷十七　風俗考(闕)

秦史卷十八　文藝考(殘)

石鼓文

唐初發現於雍縣。雍,即今陝西鳳翔縣。清雍正《陝西通志》云:石鼓在鳳翔縣南二十里之石鼓原。鼓凡十。通稱"石鼓",蘇勖唐初人則稱"獵碣",近馬衡又稱"秦刻石"。發現後,仍雨淋日炙於原地,至宋司馬池始移置鳳翔府學。宋徽宗趙佶取入禁中。金人破汴,掠至北都。入元,置於國子學。近年東禍曾南運,事定北還,蓋數歷劫灰矣。

此刻爲修治道涂、行役漁獵而作。論者皆以爲周宣王時太史籀所書,至宋鄭樵據其文殹、丞等字,始定爲秦篆,以爲惠文王後、始皇前。其後説者紛紜日益,莫衷一是:或漢,或晉,或北魏,或西魏,至近代始確定其爲秦刻。惟時代尚不一致:或以爲文公,或以爲穆公,或以爲襄公,或以爲靈公。惟唐蘭由銘刻、文學、語彙、字體、書法、地點、篇次、地望八方面分析之,定爲獻公十一年作。據一九五八年《故宫博物院・石鼓年代考》。宜若可以爲定論矣。是年,周太史儋見秦獻公,周烈王之初立二年也。故文稱天子,又稱嗣王。第九鼓有"公謂天子"云云,或獻公請儋陳之辭。時秦道中興,與周復合,欲假其餘威,以東復故地,故修治道涂,望幸獨切乎。此刻後於秦公簋一百六七十年,早於《詛楚文》六十四年、《繹山碑》一百五十五年。則此刻也,不獨壯游觀、侈漁獵而已。

其文多闕失,據清張燕昌翻刻北宋本,可辨者,其第一鼓存:

避車既工避馬既同避車既孜避馬既騙君子鼎=邋=鼎斿

麀鹿速＝君子之求□□已模黏，馮雲鵬説爲𦉢𠧪弓＝兹目寺遬敺其時只存其半姑定爲時，時，秦祀上帝處也。其來趩趩＝㸓＝即遬即時麀鹿趚趚其來大即遬敺其樸其來遺＝射其豣蜀。

其二存：

汧殹沔沔＝彼淖淵鰋鯉處之君子漁之澫又小其斿𣶃＝帛魚鱳＝其盜氏鮮黄帛其鯾又鰟又鮊其朝孔庶𧍒之𥾝＝汪＝趞＝其魚隹何隹鱮隹鯉何目橐之隹楊及柳

其三存：

田車孔安鋚勒馬＝避眾既簡左驂旛＝右驂騝＝遬目隮弓遻遬戎止陸宫車其寫秀弓寺射麋豕孔庶麀鹿雉兔其□又旃其□𣪘＝大□出各亞□□昊□執而勿射□庶趮＝君子逌樂

其四存：

鑾車華敕真（整理者按：手稿録存文字止此。）

最早者爲北宋拓本

一、四明范氏　天一閣藏趙孟頫舊藏北宋拓本，爲翦裱本，多闕字。張燕昌於清乾隆末一七八九年重橅上石，于是盛傳。阮元等又爲翻刻約十次，然多誤刻。

二、明安國十鼓齋前三本分割。先鋒、後勁，已被奸商盜賣至日本。中權本有上海藝苑珍賞社印本，僞稱爲中甲本。後勁本郭沫若在日本曾得照片，誤以爲前茅本，由中華書局印行。

秦史卷十九　公孫枝傳

公孫枝，字子桑，據《左氏》僖公十三、十五年《傳》。岐人，公族也。據《國語·晉語二》韋昭注。游晉，後歸秦。據《史記·李斯列傳·正義》引《括地志》。事穆公。公師之。據《吕氏春秋·尊師》篇。公九年，晉亂，晉公子夷吾求入，公納之，謂枝曰："夷吾其定乎？"對曰："臣聞之，唯則定國。《詩》曰：'不識不知，順帝之則。'文王之謂也。又曰：'不僭不賊，鮮不爲則。'無好無惡，不忌不克之謂也。今其言多忌克，難哉！"公曰："忌則多怨，又焉能克。是吾利也。"據《左氏》僖公九年《傳》。十三年，冬，晉薦饑，乞糴於秦。公謂枝曰："與諸乎？"對曰："饑穰更事耳，不可不與。重施而報，君將何求；重施而不報，其民必攜，攜而討焉，無衆必敗。"謂百里奚曰："與諸乎？"對曰："救災恤鄰，道也。行道有福。"于是輸粟於晉。據《左氏》僖公十三年《傳》。及秦饑，晉閉之糴。十五年，公伐晉，三敗之，及韓。晉使請戰，曰："寡人不佞，能合其衆，而不能離也。君若不還，無所逃命。"公使枝對曰："君之未入，寡人懼之，入而未定列，猶吾憂也，苟列定矣，敢不承命。"及獲晉侯，舍諸靈臺。公子縶曰："不如殺之。"枝曰："歸之而質其太子，必得大成。晉未可滅，而殺其君，祇以成惡。且史佚有言曰：'無始禍，無怙亂，無重怒。'重怒難任，陵人不祥。"乃許晉平。據《左氏》僖公十五年《傳》。

百里奚之未遇也，亡虞而虜晉，案："虞"，原作"虢"，依高誘《吕氏春秋》注正。飯牛於秦傳，鬻以五羊之皮。枝得而悦之，獻諸公。三日，請屬事焉。公曰："買之五羊之皮而屬事焉，無乃天下笑乎？"枝對曰："信賢而任之，君之明也。讓賢而下之，臣之忠也。君爲明君，臣爲忠臣，彼信賢，境内將服，敵國且畏，夫誰暇笑哉？"據《吕氏春秋·慎人》篇。明日，乃致上卿，以讓百里奚。曰："秦國處僻，民陋以愚。無知，危亡之本也。臣自知不足以處其上，請以讓之。"公不許。枝曰："君得社稷之臣，君之禄也。臣見賢而讓之，臣之禄也。今君既得其禄矣，而使臣失禄，可乎？請終致之。"公不許。枝曰："臣不肖而處上位，是君失倫也。不肖失倫，臣之過；進賢而退不肖，君之明也。今臣處位，廢君之德而逆臣之行也，臣將逃。"公乃受之。百里奚爲上卿，枝爲次卿以佐之。據《説苑·臣術》篇。

論曰：左氏稱子桑之忠，"其知人也，能舉善也。《詩》曰：'詒厥孫謀，以燕翼子。'子桑有焉。"據《左氏》文公三年《傳》。可謂知言。然不獨此也，恤鄰不期報，陵人爲不祥，廓然尤見大體，洵足爲興秦之冠冕矣。

秦史卷二十　二老傳

百里奚　蹇叔　附禽息

百里奚,虞人也。據《孟子·萬章》篇。　案:《新唐書·白氏世系表》以奚爲虞公族。《南史·明僧紹傳》:"其先吴太伯之裔、百里奚子孟明以名爲姓。"洪亮吉《曉讀書齋二録》據之,以爲百里奚與虞君本同大宗。譜牒之學,頗多附會,姑繫於此。事虞公。晉滅虞,亡走宛,宛北紫山南,猶有其故宅遺跡焉。據《水經·淯水注》。楚鄙人執之,秦傳贖以五羊之皮,使飯牛而牛肥。公孫枝知而薦之。或曰禽息以死薦。據《史記·秦本紀》、《吕氏春秋·慎人》篇、《莊子·田子方》篇及《韓詩外傳》。穆公與語,謝曰:"臣亡國之臣,何足問?"公曰:"虞君不用子,故亡,非子罪也。"固問,語三日,公大説,授之政,且以爲師。號曰"五羖大夫"。當是時,爲公立之五年,奚年已七十矣。據《史記·秦本紀》、《吕氏春秋·尊師》篇、《孟子·萬章》篇。　案:奚與穆公之遇合,説者不一:或云虞亡,晉虜奚,以媵秦穆夫人至秦,見《秦本紀》;或云穆公得諸鹽賈,見《説苑·臣術》篇;或云穆公舉之縲絏之中,見《吕氏春秋·尊賢》篇;或曰由于自干,見《孟子·萬章》篇。《史記·商君列傳》趙良語同,姑繫於此。讓曰:"臣不及臣友蹇叔,蹇叔賢而世莫知。臣嘗游,困於齊,而乞食銍人,蹇叔收臣。臣因而欲事齊君無知,蹇叔止臣,臣得脱齊難;遂之周,周王子頹好牛,臣以養牛干之。及頹欲用臣,蹇叔止臣,臣去,得不誅。事虞君,蹇叔止臣,臣知虞君不用臣,臣誠私利爵禄,且留。再用其言，得脱；一不用，及虞君難，是以知其賢。”於是穆公使人厚幣迎蹇叔，以爲上大夫。據《秦本紀》。

蹇叔，岐人也。據《括地志》。晉獻公卒，公使奚將兵納惠公夷吾于晉。惠公卒，復納文公。據《史記・秦本紀》。相秦二十年，謀無不當，舉必有功。東伐魏，三置晉國之君，一救荆國之禍。據《史記・商君列傳》、《吕氏春秋・慎人》篇。　案：《史記》原作爲相六、七年，《志疑》謂以伐鄭、楚，置晉君言之，首尾且二十年。兹從改。三十年，公與晉師圍鄭，鄭人與公盟，公使杞子等戍之而還。其後年，杞子自鄭告曰："鄭人使我掌其北門之管，若潛師以來，國可得也。"據《左氏》僖公三十年、三十二年《傳》。公問奚與叔，對曰："不可。臣聞之，襲國邑，以車，不過百里；以人，不過三十里。皆以其氣之趫而力之盛，故克。今行千里，數絶諸侯之地以襲國，師勞力竭，遠主備之，無乃不可乎？"公曰："中壽，子之冢木拱矣，何知！"召百里孟明視、西乞術、白乙丙，使出師于東門之外。二老哭之曰："吾見師之出而不見其入也。"公怒曰："爾曷爲哭吾師？"二老曰："臣非敢哭君師，哭臣子之與行也。臣老矣，彼不死則我死矣。"二老退謂其子曰："晉人禦師必於殽。殽有二陵焉：其南陵，夏后皋之墓也；其北陵，文王之所辟風雨也。必死是間，余收爾骨焉。"據《公羊》、《穀梁》僖公三十二年《傳》、《史記・秦本紀》及《左氏》僖公三十二年《傳》、《吕氏春秋・悔過》篇。　案：穆公襲鄭事，所與問對，《左氏傳》及《吕覽》皆以爲蹇叔一人，而《秦本紀》則從《公羊》、《穀梁傳》以爲百里奚、蹇叔兩人，蓋今文説也，從之。而於《左氏》、《吕覽》則擇用其辭。又案：三傳皆有"墓木已拱"之語。《左氏》曰中壽，其意尤明。則此時二老必皆臻上壽，近百歲矣。《秦紀》稱二老，蓋特筆也。明年，師及滑，鄭知之，乃還。晉果要於殽，匹馬隻輪無反者，三帥陷焉。據《左氏》、《公羊氏》僖公三十三年《傳》。既歸，公素服廟臨曰："孤不天，不用二老之言，以辱三子；三子何罪乎？"據《吕氏春秋・悔過》篇、《史記・秦本紀》。奚卒，秦國男女流涕，童子不歌謡，舂者不相杵。據《史記·商君列傳》。　案《史記·蒙恬列傳》：秦穆公死，罪百里奚而非其罪。《風俗通義·五霸》篇亦云繆公殺賢臣百里奚。以不殺三帥例之，此殊不可信。其得於民者若此。墓在南陽縣西南七里。據《太平寰宇記》。叔嘗從公伐晉，及河，將勞師而醪唯一鍾。叔曰："一米可投河而釀也。"公乃以一醪投河，三軍皆有醉意喜色焉。據《太平御覽》卷二百八十一引苻朗《苻子》。其卒當在奚後。

禽息事穆公，相傳嘗薦百里奚，不見納。穆公出，當車曰："臣生無補於國，不如死也。"以頭擊闑，腦乃精出而死。公感悟，遂用奚。據李賢《後漢書·朱穆傳》《循吏傳》注、李善《文選》(陸機《演連珠》)注引《韓詩外傳》、王充《論衡·儒增》篇。

論曰：遲任有言曰："人惟求舊。"穆公不聽二老之言，並斥爲無知，卒致殽阨之敗，自災於厥躬。雖有諞言之悔，而兵連禍挐，見《漢書·嚴安傳》。比數世而靡已。世之侮老成人者，其亦知所鑑哉！知所鑑哉！

秦史卷二十一　三帥傳

百里視　西乞術　白乙丙

穆公三十二年，公使百里視、西乞術、白乙丙帥師東襲鄭。明年及滑，鄭商人弦高、蹇他《淮南子·人間訓》。　案：蹇他，《吕氏春秋》作"奚施"。以乘韋先牛十二犒師，且使遽告於鄭。三帥相謂曰："凡襲人者，以爲弗知。今已知矣，守備必固，必無功。"乃滅滑而還。時晉文公初喪，滑又晉同姓，夏四月，晉襄公要秦師於殽，大敗之，虜三帥焉。文公夫人，秦女也，請三帥。襄公舍之，中悔，使陽處父追之，及諸河，則在舟中矣。釋左驂，以公命贈視，視稽首，曰："君之惠，不以纍臣釁鼓，使歸就戮於秦。寡君之以爲戮，死且不朽。若從君惠而免之，三年，將拜君賜。"據《左氏》僖公三十三年《傳》、《史記·秦本紀》、《淮南子·人間訓》。

三帥既歸，大夫及左右皆言於公曰："是敗也，視之罪也，必殺之。"公曰："是孤之罪也。周芮良夫之詩曰：'大風有隧，貪人敗類，聽言則對，誦言如醉。匪用其良，覆俾我悖。'是貪故也。孤之謂矣。孤實貪以禍夫子，夫子何罪？"據《左氏》文公元年《傳》。三人官秩如故。

百里視，奚之子也。據《史記·秦本紀》。　案：或據《吕氏春秋·悔過》篇：蹇叔有子曰申與視，以百里視爲蹇叔子。然蹇叔哭師，呼孟明爲孟子，其非子明甚。字孟明，據《左氏》僖公三十三年、文公二年《傳》《疏》。善知人。晉亂，穆公問視："吾誰使先若夫二公子而立之?"對曰："君使縶也。縶敏且知禮，敬以知微。敏能竄謀，知禮可使，敬不墜命，微知可否，君其使之。"於是公子縶弔晉公子重耳與夷吾，反命曰："君若求置晉君而成之，置仁；若求置晉君以成名於天下，則不如置不仁。"乃先置夷吾。據《國語・晉語二》。三十五年，復使視等伐晉，戰於彭衙。秦師復敗，晉人謂之拜賜之師。公猶用之。視增修國政，重施於民。晉大夫趙衰曰："懼而增德，不可當也。秦師又至，將必避之。"明年，復使視等伐晉，濟河焚舟，大敗晉人。取王官及郊，以報殽之役。晉人皆城守，不敢出。於是公自茅津渡，封殽中尸，爲發喪，哭之三日而還。據《左氏》文公二年《傳》、《史記・秦本紀》。

西乞術，蹇叔子。據《史記・秦本紀》。白乙丙，或曰亦蹇叔子，一名申。據《吕氏春秋・悔過》篇高誘注。康公六年，西乞術奉命如魯聘，且言將伐晉。魯公子遂辭玉曰："君不忘先君之好，照臨魯國，鎮撫其社稷，重之以大器，寡君敢辭玉。"對曰："不腆敝器，不足辭也。"三辭。術答曰："寡君願徼福於周公、魯公以事君，不腆先君之敝器，使下臣致諸執事，以爲瑞節，要結好命，所以籍寡君之命，結二國之好，是以敢致之。"公子遂曰："不有君子，其能國乎？國無陋矣。"據《左氏》文公十三年《傳》。

論曰：三帥再辱國而不餒，卒報晉讎。然非穆公之悔過，亦無以成之。百里視之知人，西乞術之贍辭，皆不愧其父，豈僅知兵而已哉！

秦史卷二十二　由余傳

由余者，其先晉人也。亡入戎，能晉言。戎王聞穆公賢，使余觀秦。公示以宫室積聚。余曰："使鬼爲之，則勞神矣；使人爲之，亦苦民矣。"公怪之，問曰："中國以詩、書、禮、樂、法度爲政，然尚時亂。今戎夷無此，何以爲治？不亦難乎！"余笑曰："此乃中國所以亂也。夫自上聖黄帝，作爲禮樂法度，身以先之，僅以小治。及其後世，日以驕淫，阻法度之威，以責督於下；下罷極，則以仁義怨望於上。上下交争怨，而相簒弑，至於滅宗，皆以此類也。夫戎夷不然，上含淳德，以遇其下；下懷忠信，以事其上。一國之政，猶一身之治，不知所以治，此真聖人之治也。"據《史記・秦本紀》。公又問："得國、失國何以？"對曰："當以儉得之，以奢失之。"公曰："願聞奢儉之節。"對曰："臣聞昔者堯有天下，飯於土簋，飲於土鉶，其地南至交趾，北至幽都，東西至日所出入者，莫不賓服。堯禪天下，虞舜受之，斬山木而財之，削鋸修之迹，流漆墨其上，輸之於宫，以爲食器。諸侯以爲益侈，國之不服者十三。舜禪天下而傳之於禹，禹作祭器，墨染其外，而朱畫其裏，縵帛爲茵，蔣爲席，額緣，觴酌有采，而樽俎有飾，此彌侈矣，而國之不服者三十三。夏后氏没，殷人受之，作爲大路，而建九旒，食器雕琢，觴酌刻鏤，四壁堊墀，茵席雕文，此彌侈矣，而國之不服者五十三。君子皆知文章矣，而欲服者彌少，臣故曰：儉其道也。據《韓非子・十過》篇、《説苑・反質》篇。

於是公退而問内史廖曰："孤聞鄰國有聖人，敵國之憂也。今由余賢，寡人之害，將奈之何？”内史廖曰：“戎王處辟匿，未聞中國之聲，君試遺其女樂，以奪其志；爲由余請，以疏其間；留而莫遣，以失其期。戎王怪之，必疑由余。君臣有間，乃可虜也。且戎王好樂，必怠於政。”公曰：“善。”因與余曲席而坐，傳器而食，問其地形與其兵勢，盡詧。而後令内史廖以女樂二八與良宰遺戎王，戎王受而悦之，終年不還。於是秦乃歸余。余數諫不聽，公又數使人間要余，余遂怒而去之秦。公出迎，拜之上卿。

後用余謀伐戎王，據《史記・秦本紀》、《韓非子・十過》篇、《吕氏春秋・不苟論》。益國十二，開地千里，遂霸西戎。

論曰：漢《七略》諸子雜家有《由余》三篇，兵家兵形勢有繇《敍》二篇。繇敍即由余後人。又傳余有《陣圖考》。《史記》、《韓非》、《吕覽》引其説，薄詩書禮樂，仁義法度，以爲致亂之由。崇淳德與儉約，與道家老子説相近。老子多言兵，明人王。□發明之，則由余殆老子之先河歟？穆公言治尚法，法與道相通，宜其君臣昕合若此。

秦史卷二十三　三良傳

奄息　仲行　鍼虎

三良者，子車氏之三子奄息、仲行、鍼虎也。皆國之良也。據《詩序》、《史記·秦本紀》。事穆公。穆公卒，從死者百七十七人，三良與焉。國人哀之，爲之賦《黄鳥》。據《左氏》文公六年《傳》。其辭曰：

交交黄鳥，止于棘。誰從穆公？子車奄息。維此奄息，百夫之特。臨其穴，惴惴其慄。彼蒼者天，殲我良人。如可贖兮，人百其身。

交交黄鳥，止于桑。誰從穆公？子車仲行。維此仲行，百夫之防。臨其穴，惴惴其慄。彼蒼者天，殲我良人。如可贖兮，人百其身。

交交黄鳥，止于楚。誰從穆公？子車鍼虎。維此鍼虎，百夫之禦。臨其穴，惴惴其慄。彼蒼者天，殲我良人。如可贖兮，人百其身。據《詩·秦風·黄鳥》。

後之論者，以爲穆公廣地益國，東服强晉，西霸戎夷，然不爲諸侯盟主也亦宜哉！死而棄民，收其良臣而從死。且先王違世，尚猶遺德垂法，而況奪之善人良臣，百姓所哀者乎！據《左氏》文公五年《傳》、

《史記·秦本紀》。或曰：穆公與羣臣飲酒，酣，公曰："生共此樂，死共此哀。"奄息等許諾。及公薨，皆從死。據《漢書·匡衡傳》及應劭注，《史記·秦本紀·正義》引應説同。案應劭説與其所著《風俗通義·五霸》篇云"秦繆以子車氏爲殉，故謚爲繆"不同。《五霸》篇又言繆公殺賢臣百里奚，事不可信，已於前《二老傳》中言之。則其殉蓋出自願，非穆公之亂命歟？或傳其冢在岐州雍縣一里故城内，則殉後又别葬歟？據《括地志》。

論曰：殉葬實始于奴隸制。當是時，奴隸與牛馬同闌，則亦牛馬之而已。故殷王之葬，從死者多至千有餘人。其下以次爲差。兩周亦然。齊魯號禮宗，然齊桓之葬牛山，從殉之骸骨狼藉，晉人實見之。《史記·齊太公世家》"葬齊桓公"下《正義》云："齊桓公墓在臨菑縣南二十一里牛山上。晉永嘉末，人發之，以人殉葬，骸骨狼籍。"秦辟在西垂，染其俗獨後，至武公始有從死者。隸惡亦淺。《漢書·匈奴傳》："難化以善，易隸以惡。"隸，習也。至獻公元年即止殉。後儒以爲秦染戎翟之風深者，謬也。穆公與齊桓同時，且同爲五霸，然且同以人殉，乃獨厚責於穆公何歟？穆公以三士殉，或出于自願，而大不理于人口；于非士之殉至千百萬，則史無一言及之也，何歟？其徇一也，而舊史於先王則曰"違世"，"猶遺德垂法"；於穆公則曰"死而棄民"，何歟？余傳三良，亦不暇爲穆公辯；哀三良者衆矣，亦不欲多爲三良哀。特哀夫舊制之殺人，至千百萬而莫之省也，悲夫！悲夫！至始皇帝之從死，引蔓及後宫與工匠，則趙高肆毒復故之所爲，猶舊制之流毒也，豈得亦歸獄於秦耶？

秦史卷二十四　公孫鞅傳

附　尸佼

商君者，衛之庶公子也。名鞅，姓公孫氏，其祖本姬姓也。鞅少好刑名之學，事魏相公叔痤爲御庶子。案：《史記·商君列傳》作中庶子，《吕氏春秋·長見》篇、《戰國策·魏策》皆作御庶子，從之。痤知其賢，未及進。會病，魏惠王親往問之，曰："公叔之病甚矣，將奈社稷何？"痤對曰："臣之御庶子公孫鞅，年雖少，有奇才，願王以國聽之也。"王嘿然。王且去，痤屏人言曰："若不能聽，必殺之，勿使出境。"王諾而去。痤召鞅謝曰："今者王問可以爲相者，我言若，王色不許。我方先君後臣，因謂王：'即弗用，當殺之。'王許我。汝可疾去矣。"鞅曰："彼王不能用君之言任臣，又安能用君之言殺臣乎？"卒不去。王既去，而謂左右曰："豈不悲哉？以公叔之賢，而今謂寡人必以國聽鞅。悖也夫！"據《史記·商君列傳》、《吕氏春秋·長見》篇。痤既死，鞅聞秦孝公初立，下令國中求賢者，將修穆公之業，東復侵地。迺遂西入秦，求見孝公，説以强國之術。孝公大悦，不自知膝之前於席也。語數日不厭。案：《史記·商君列傳》前有説公以帝道、王道一段，然公孫鞅本好刑名之學，《魏書·刑法志》謂：商君以李悝《法經》六篇入説於秦，則何緣説孝公以儒家説之帝道、王道耶？此其一。鞅聞孝公令而入秦，令首言强秦，以復穆公之業，奈何迂遠而闊於事情，欲待數十百年以成帝王耶？此其二。下鞅明言三代不同禮而王，便國不法古。湯武不循古而王，反古者不可非，而循禮者不足多，奈何先侈言五帝三王，自相矛盾若此？此其三。後又云："難以比德殷周"，然趙良謂鞅，"君若不非武王，僕請終日正言"。則鞅之薄湯武可知，何欲比德乎？此疑後人所僞托，以貶孝公變法者。不可信，兹删去。

孝公既用鞅，欲變法，恐天下議己。據《史記·商君列傳》。鞅曰："臣聞之，疑行無成，疑事無功。君亟定變法之慮，行之無疑，無顧天下之議之也。且夫有高人之行者，固見負於世；有獨知之慮者，必見訾於民。語曰：'愚者闇於成事，知者見於未萌。民不可與慮始，而可與樂成。'郭偃之法曰：'論至德者不和於俗，成大功者不謀於衆。'《國語·晉語三》韋注。偃，晉大夫。法者所以愛民也，禮者所以便事也。是以聖人苟可以彊國，不法其故；苟可以利民，不循其禮。"孝公曰："善。"甘龍曰："不然。臣聞，聖人不易民而教，知者不變法而治。因民而教者，不勞而功成，據法而治者，吏習而民安。今若變法，不循秦國之故，更禮以教民，臣恐天下之議君，願孰察之。"鞅曰："子之所言，世俗之言也。夫常人安於所習，學者溺於所聞，此兩者所以居官而守法，非所與論於法之外也。三代不同禮而王，五霸不同法而霸。故知者作法，而愚者制焉，賢者更禮，而不肖者拘焉。拘禮之人，不足與言事；制法之人，不足與論變。君無疑矣。"杜摯曰："利不百，不變法。功不十，不易器。臣聞之：'法古無過，循禮無邪。'君其圖之！"鞅曰："前世不同教，何古之法？帝王不相復，何禮之循？伏羲、神農，教而不誅；黄帝、堯、舜，誅而不怒；及至文、武，各當其時而立法，因事而制禮。禮法兩定，制令各宜，兵甲器備，各便其用。臣故曰：'治世不一道，便國不必古。'湯、武之王也，不修古而興；殷、夏之滅也，不易禮而亡。然則反古者未可非，循禮者未足多也。"孝公曰："善。"據《商君書·更法》篇、《新序·善謀》上。以鞅爲左庶長，卒定變法之令。令民爲什伍，而相牧司連坐。不告奸者腰斬，告奸者與斬敵首同賞，匿奸者與降敵同罰。民有二男以上不分異者，倍其賦。有軍功者，各以率受上爵；爲私鬥者，各以輕重被刑。大小僇力本業，耕織致粟帛多者復其身。事末利及怠而貧者，舉以爲收孥。宗室非有軍功論，不得爲屬籍。明尊卑爵秩等級，各以差次名田宅，臣妾衣服以家次。有功者顯榮，無功者雖富無所芬華。令既具，未布，恐民之不信己，乃立三丈之木於國都市南門，募民有能徙置北門者，予十金。民怪之，莫敢徙。復曰："能徙者予五十金。"有一人徙之，輒予五十金，以明不欺。卒下令。

令行朞年，民之國都言令之不便者以千數。於是太子犯法，鞅曰："法之不行，自上犯之。"將法太子。太子君嗣也，不可施刑，刑其傅公子虔，黥其師公孫賈。明日，民皆趨令。行之十年，民大説。據《史記·商君列傳》。道不拾遺，民不妄取。山無盜賊，家給人足。民勇於公戰，怯於私鬥。鄉邑大治，諸侯震懼。初言令不便者，有來言令便者。鞅曰："此皆亂化之民也。"盡遷之於邊城。其後莫敢議令。據《史記·商君列傳》、《戰國策·秦策》。於是以鞅爲大良造，將兵圍魏固陽，降之。案："固陽"，原作"安邑"，從《史記志疑》改。居三年，築冀闕、宫庭於咸陽，自雍徙都之。而令民父子兄弟同室内息者爲禁。而集小鄉邑聚爲縣，置令、丞，凡三十一縣。爲田開阡陌封疆，而賦稅平。平斗桶權衡丈尺。行之四年，公子虔復犯約，劓之。居五年，國以富彊。據《史記·商君列傳》。天子致伯於孝公，諸侯畢賀。據《史記·六國年表》。

當是時，魏惠王恃强而驕，以爲天下莫强焉，從十二諸侯朝天子，以西謀秦。孝公恐，境爲守備，爲死士置將以待之。鞅謀於公曰："夫魏氏其功大而令行於天下，又從十二諸侯以朝天子，其與必衆。故以一秦而敵大魏，恐不如。公何不使臣見魏王，則臣請必北北，敗也。魏矣。"公許之。乃見魏王曰："大王之功大矣，令行於天下矣，今大王之所從十二諸侯，非宋、衛也，則鄒、魯、陳、蔡，此固大王之所以鞭策使也，不足以王天下。大王不若北取燕，東伐齊，則趙必從矣。西合秦，合，原作取，鞅爲秦使，似不應言取，故易之。南伐楚，則韓必從矣。大王有伐齊、楚之心，而從天下之志，則王業見矣。大王不如先行王服，然後圖齊、楚。”魏王大説。乃身廣公宫，制丹衣柱，建旌九斿，從七星之旟，此天子之位也，而魏王處之。於是齊、楚怒，諸侯奔齊，齊人伐魏，殺其太子申，虜其大將龐涓，案：此句據《齊策》“田忌爲齊將”節。自來史家，皆從《史記·孫子吴起列傳》，以龐涓爲射死，惟此作擒。近臨沂出土《孫臏兵法》有《禽龐涓》篇，與《齊策》合。馬陵之役，孫臏爲謀主，其言最足證《史記》之誤。覆其十萬之軍。魏王大恐，跣行按兵於國，而東次於齊，獻西河之外於秦。論者謂鞅北之堂上，禽將户内，拔城於尊俎之間，而折衝席上者也。據《戰國策·齊策》。

其明年，鞅説孝公曰：“秦之有魏，譬若人之有腹心疾，非魏并秦，秦即并魏。何者？魏居嶺阨之西，都安邑，與秦界河，而獨擅山東之利。利則西侵秦，病則東收地。今以君之賢聖，國賴以盛。而魏往年大破於齊，諸侯畔之，可因此時伐魏。魏不支秦，必東徙。東徙，秦據河山之固，東鄉以制諸侯，此帝王之業也。”孝公以爲然，使鞅將而伐魏，魏使公子卬當之。軍既相距，鞅使人謂公子卬曰：“吾始與公子驩，今俱爲兩國將，不忍相攻，可與公子面相見，盟，樂飲而罷兵，以安秦、魏。”卬以爲然，會盟已，飲，而鞅伏甲士而襲虜卬，因攻其軍，盡破之以歸秦。據《史記·商君列傳》、《吕氏春秋·無義》篇。魏惠王兵數破於齊、秦，國内空，日以削，恐，乃使使割河西之地獻於秦以和。而魏遂去安邑，徙都大梁。惠王歎曰：“寡人恨不用公叔痤之言也！”鞅既破魏還，秦封之於鄔十五邑，易名曰商，號爲商君。據《史記·商君列傳》、《水經·漳水注》引《竹書紀年》。

孝公行商君法十八年，宗室貴戚多怨望者。孝公卒，案：《國策·秦策》謂孝公疾且不起，欲傳商君，辭不受，不知可信否。蜀漢昭烈帝劉備將卒，亦欲傳丞相諸葛亮。昭烈習法家言，豈效孝公耶？惠王代後，商君告歸。人説惠王曰：“大臣太重者國危，左右太親者身危。今秦婦人嬰兒皆言商君之法，莫言大王法者，是商君反爲主，大王更爲臣也。且夫商君固大王仇讎也。願大王圖之。”據《商君列傳》及《秦策》。公子虔之徒告商君欲反，乃發吏捕商君。商君以其私屬與母，欲之他國，不得出。案：《吕覽》與《史記》皆謂商君去之魏，魏弗受。《史記》又謂：“魏畏秦强，納諸秦。”然魏與君有深隙，且非父母之邦，何必歸魏。以商君之智，宜不出此。且魏已納諸秦矣，何能復走商邑發兵？亦理之難通者，並不從。遂發邑兵北出擊鄭。秦兵攻之，殺商鞅於鄭澠池。惠王車裂之以徇，曰：“莫如商鞅反者！”並滅商君之家。據《史記・商君列傳》、《吕氏春秋・無義》篇。

商君客尸佼者，晉人也。據劉向《七略・别録》。　案《史記・孟荀列傳》作楚人。《漢書・藝文志》作魯人。《七略・别録》則以爲晉人。《後漢書・吕强傳》注同。此時晉已不國，而魏承晉稱，則佼實魏人也。商君初仕魏，或以此時相知耶？治《春秋》，商君師之。謀事畫計，立法理民，未嘗不與佼規也。商君初殺，佼恐並誅，乃亡逃入蜀。自爲造二十篇書，凡六萬餘言。卒，因葬蜀。據《七略・别録》、《漢書・藝文志》原注、《穀梁傳》。漢劉向謂其書非先王之法，不循孔氏之術。劉向《荀子敍録》。而唐李賢則謂十九篇陳道德仁義之紀，一篇言九州險阻，水泉所起，據《後漢書・吕强傳》注。與劉説不符。書久佚，今所存出後人掇拾，或雜僞托，已不可詳考，惟爲商君師，則劉氏爲得實矣。

論曰：劉向之言曰：“夫商君極身無二慮，盡公不顧私，使民内急耕織之業以富國，外重戰伐之賞以勸戎士。法令必行，内不私貴寵，外不偏疏遠，是以令行而禁止，法出而姦息。故雖《書》云‘無偏無黨’，《詩》云‘周道如砥，其直如矢’，《司馬法》之勵戎士，周后稷之勸農業，無以易此。此所以并諸侯也。故孫卿曰：‘四世有勝，非幸也，數也。’《荀子・强國篇》。”據裴駰《史記集解》引劉向《新序》。向又云：“使衛鞅施寬平之法，加之以恩，申之以信，庶幾霸者之佐哉！”其論允矣。

秦史卷二十五　張儀傳

張儀者，魏氏餘子也。據《吕氏春秋·報更》篇。生而仳脅。據《論衡·骨相》篇。始嘗與蘇秦俱事鬼谷先生，蘇秦自以不及儀。儀已學而游説諸侯。嘗從楚相飲，已而楚相亡璧，門人意儀，曰："儀貧無行，必此盜相君之璧。"共執儀，掠笞數百，不服，釋之。其妻曰："嘻！子毋讀書游説，安得此辱乎！"儀曰："視吾舌尚在不？"其妻笑曰："舌在也。"儀曰："足矣。"

蘇秦已説趙王而得相約從親，然恐秦之攻諸侯，敗約後負，念莫可使用于秦者，乃使人微感儀曰："子始與蘇秦善，今秦已當路，子何不往游，以求通子之願。"儀於是之趙，上謁求見蘇秦，蘇秦乃誡門下人不爲通，又使不得去者數日。已而見之，坐之堂下，賜僕妾之食，因而數讓之曰："以子之材能，乃自令困辱至此。吾寧不能言而富貴子，子不足收也。"謝去之。儀之來也，自以爲故人，求益反見辱，怒。念諸侯莫可事，獨秦能苦趙，乃遂入秦。蘇秦已而告其舍人曰："張儀天下賢士，吾殆弗如也。今吾幸先用，而能用秦柄者，獨張儀可耳。然貧，無因以進，吾恐其樂小利而不遂，故召辱之，以激其意。子爲我陰奉之。"乃言趙王，發金幣車馬，使微隨儀，與同宿舍，稍稍近就之，奉以車馬金錢，所欲用，爲取給而弗告。儀遂得以見惠王。案：《吕氏春秋·報更》篇謂儀西游秦，過東周，昭文君聽客言，爲禮貌資送之。儀所德於天下，無若昭文君，令秦惠王師之。果如所言，則蘇秦之所資爲減色矣，儀不應感激如此。《吕覽》所言，疑過其實，姑附於此。惠王以爲客卿，與謀伐諸侯。蘇秦之舍人乃辭去。儀曰："賴子得顯，方且報德，何故去也？"舍人曰："臣非知君，知君乃蘇君。蘇君憂秦伐趙，敗從約，以爲非君莫能得秦柄，故感怒君，使臣陰奉給君資，盡蘇君之計謀。今君已用，請歸報。"儀曰："嗟乎！此吾在術中而不悟，吾不及蘇君明矣。吾又新用，安能謀趙乎？爲吾謝蘇君，蘇君之時，儀何敢言。且蘇君在，儀寧渠能乎？"

儀既用，爲檄告楚相曰："始吾從若飲，我不盜而璧，若笞我。若善守汝國，我顧且盜而城。"據《史記·張儀列傳》。惠王八年，楚攻魏，儀謂王曰："不如與魏以勁之，魏勝，復聽於秦，必入西河之外；不勝，魏不能守，王必取之。"王用儀言，卒萬人，車百乘以與魏。魏勝楚而罷弊，恐，畏秦，果獻西河之外。據《戰國策·秦策》、《史記·秦本紀》《六國年表》《魏世家》。 案：商君時魏已獻西河之外，又云割獻河西之地；而此復出者，蓋前所獻割只其一部，如《史記》言魏入上郡少梁是。但少梁孝公時已取之，當是别一縣耳，非其全也。其他類此者多，皆當以此例釋之。明年，與公子華圍魏蒲陽，降之。儀因言王，復與魏，而使公子繇質於魏。儀説魏王曰："秦王之遇魏甚厚，魏不可以無禮。"魏因入上郡□□案："上郡"下原有"少梁"二字，然少梁已於孝公八年取之矣，當爲别一地。《秦本紀》《六國年表》及《魏世家》皆作入上郡，則是以全郡爲謝矣，似亦非。兹作闕文待考。爲謝。王乃以儀爲相。相四歲，惠王易原君號爲王。居一歲，將兵取陜，築上郡塞。據《史記·張儀列傳》。齊破燕，楚許魏六城，與之伐齊而存燕。儀欲敗之，謂魏王曰："齊畏三國之合也，必反燕地以下楚，楚必聽之而不與魏六城，是王失謀於楚，而樹怨於齊、秦也。齊遂伐趙，取乘丘，收侵地，虚、頓丘危；楚破南陽，九夷，内沛、許、鄢陵危；王之所得者新觀也，而道塗宋、衛爲制。事敗爲趙驅，事成功縣宋、衛。"魏王弗聽。儀告韓相朋：今以饑故，勸韓王就粟河外。河外境魏，魏王懼，問儀。儀曰："秦欲攻齊，韓欲攻南陽，秦、韓合而欲攻南陽，無異也。無異，言無他。且以遇卜王，王不遇，秦、韓之卜也決矣。"遇則講信修睦，魏不與秦遇，韓知其見惡，必合秦以攻魏。魏王遂尚遇秦，信韓，廣魏，救趙，斥楚人遽於革下，革下地缺。伐齊之事遂敗。據《戰國策・魏策一》。明年，使與魏、楚、齊相會齧桑東。據《史記・秦本紀》《六國年表》，楚、魏、田完《世家》。還而免相，相魏以爲秦。欲令魏先事秦，而諸侯效之。魏王不肯聽儀。惠王怒，伐取魏之曲沃、平周。復陰厚儀益甚，儀慚無以歸報，留魏四歲而魏襄王卒，哀王立。儀復説哀王，哀王不聽。於是儀陰令秦伐魏，魏敗。明年，齊又敗魏於觀津。秦復欲攻魏，先敗韓申差軍，斬首八萬，諸侯震恐。

於時蘇秦已死，儀遂以連横復説魏王曰：據《史記・張儀列傳》。“魏地方不至千里，卒不過三十萬人，地四平，諸侯四通，條達輻湊，無有名山大川之阻，從鄭至梁，不過百里，從陳至梁，二百餘里，馬馳人趨，不待倦而至。梁南與楚境，西與韓境，北與趙境，東與齊境，卒戍四方，守亭障者參列，粟糧漕庾，不下十萬。魏之地勢，故戰場也。魏南與楚而不與齊，則齊攻其東，東與齊而不與趙，則趙攻其北，不合于韓，則韓攻其西，不親于楚，則楚攻其南。此所謂四分五裂之道也。且夫諸侯之爲從者，以安社稷，尊主强兵，顯名也。合從者，一天下，約爲兄弟，刑白馬以盟於洹水之上，以相堅也。夫親昆弟同父母，尚有争錢財，而欲恃詐僞反復，蘇秦之餘謀，其不可以成亦明矣。大王不事秦，秦下兵攻河外，拔卷、衍、燕、酸棗，劫衛取陽晉，則趙不南，趙不南則魏不北，魏不北則從道絶。從道絶，則大王之國，欲求無危，不可得也。秦挾韓而攻魏，韓劫於秦，不敢不聽，秦、韓爲一國，魏之亡可立而須也。此臣之所以爲大王患也。爲大王計，莫如事秦，事秦則楚、韓必不敢動，無楚、韓之患，則大王高枕而卧，國必無憂矣。且夫秦之所欲弱，莫如楚，而能弱楚者莫若魏，楚雖有富大之名，其實空虚，其卒雖衆多，然而輕走易北，不敢堅戰。悉魏之兵，南面而伐，勝之必矣。夫虧楚而益魏，攻楚而適秦，乃嫁禍安國，此善事也。大王不聽臣，秦甲出而東伐，雖欲事秦，不可得矣。且夫從人多奮辭而寡可信，説一諸侯而成封侯，是故天下之遊士，莫不日夜搤腕瞋目切齒以言從之便，以説人主。人主賢其辯而牽其説，惡得無眩哉！臣聞‘積羽沉舟，羣輕折軸，衆口鑠金，積毁銷骨’。故願大王之熟計之也。”據《戰國策·魏策》、《史記·張儀列傳》。哀王於是乃倍從約，而因儀請成於秦。儀歸，復相秦。據《史記·張儀列傳》。

明年，苴、蜀相攻擊，苴侯來求救。王使儀與司馬錯從石牛道伐蜀，蜀王自葭萌禦之，敗死武陽，遂定蜀。據《華陽國志》。　案：《史記》以此繫于惠王前十年之前，誤。後二歲，魏復背秦爲從，遂攻魏，取曲沃。明年，魏復事秦。據《史記·張儀列傳》。齊助楚攻秦，取曲沃，秦欲伐齊，而齊、楚從親，王患之。於是儀請南見楚王，曰：“敝邑之王所甚説者，無先大王。雖儀之所甚願爲門闌之厮者，亦無先大王。敝邑之王所甚憎者，無先齊王。雖儀之所甚憎者，亦無先齊王。今敝邑欲伐之，而大國與之歡，是以敝邑之王不得事王，而令儀亦不得爲門闌之厮也。大王苟能閉關絶齊，臣請使秦王獻商於之地方六百里。若此，齊必弱。齊弱，則必爲王役矣。則是北弱齊，西德於秦，而私商於之地以爲利也。則此一計而三利俱至。”楚王大悦而許之。陳軫諫，不聽。楚王以相印授儀，於是遂閉關絶約於齊，使者未反，又重絶之。使一將軍隨儀至秦受地。儀佯醉失綏墮車，不朝三月。楚王曰：“儀以寡人絶齊未甚邪？”乃使勇士至宋，借符北詈齊王。齊王大怒，折節而下秦。秦、齊之交合，儀乃朝。見楚使者曰：“子何不受地？從某至某，廣袤六里。”使者曰：“臣之所以見命者六百里，不聞六里。”使者反報，楚王大怒。使將軍屈匄擊秦，秦、齊共攻楚，斬首八萬，殺屈匄，通侯、執珪死者七十餘人。遂取丹陽、漢中之地。楚又復益發兵而襲秦，至藍田，大戰，楚復大敗。據《戰國策·秦策》《楚策》、《史記·張儀列傳》《楚世家》。於是楚割地兩城以與秦平。秦要楚，欲分黔中地，分黔中，據《楚世家》。以武關外易之。楚王曰:“不願易地,願得張儀而獻黔中地。”惠王不忍遣,而儀乃請行。王曰:“彼楚王怒子之負以商於之地,是且甘心於子。”儀曰:“秦强楚弱。臣善靳尚,尚得事楚夫人鄭袖,袖所言皆從。且臣奉王之節使楚,楚何敢加誅? 假今誅臣而爲秦得黔中之地,臣之上願也。”遂使楚。至則懷王拘儀,將殺之。靳尚謂鄭袖曰:“子亦知子且賤於王乎?”鄭袖曰:“何也?”尚曰:“秦王甚愛張儀,今爲楚拘,必欲出之,將以上庸之地六縣賂楚,以愛女納王,以宫中善謳者爲媵。大王重地尊秦,秦女必貴,而夫人斥矣。不若爲言而出之。”於是鄭袖日夜言懷王曰:“人臣各爲其主用,今地未入秦,秦使張儀來,至重王。王未有禮而殺張儀,秦必大怒攻楚。妾請子母俱遷江南。毋爲秦所魚肉也。”懷王竟聽之,復釋儀。時屈平使齊反,諫懷王曰:“何不殺張儀?”懷王悔,追儀不及。據《史記·張儀列傳》《屈原列傳》。

案:楚懷王受張儀之紿怒攻秦,而有丹陽、漢中、藍田之敗,在秦惠文王後十三年。而張儀之入楚被拘,當已在十四年,即惠文卒年。《史記》儀傳據《國策》,儀既脱楚囚,乃有遍説楚、韓、齊、趙、燕五國之事。數月之中,行數千里之地,此時之所必不能給者也。且據《史記·屈原列傳》,屈原謂懷王:“何不殺張儀?”懷王悔,追張儀不及。則儀安得有從容説懷王之事? 又《策》云:儀謂秦武王曰:“齊王甚憎儀,儀之所在,必舉兵伐之。”齊王謂馮喜語同。怨毒至此,則儀又何能使齊王聽其説而獻地乎? 此又理之所必無者也。其他諸説,時地尤多違戾。如説楚懷王云:“大王嘗與吴人五戰而三勝。”時吴屬楚久矣,安得有此事? 説齊湣王云:“齊與魯三戰而魯三勝。”又“秦、趙戰於河漳之上,再戰而趙再勝秦。戰於番吾之下,再戰又勝秦”。於史皆無徵。或以番吾之戰,舉五十年後事當之,則更足證説之後出矣。云齊、楚嫁女娶婦,實在儀死五年後。韓效宜陽,亦在儀死四年後。又云趙王入朝澠池,説燕亦言之,此在秦昭王時,儀死且三十年矣。説燕昭王云:“趙攻燕,再圍燕都,大王割十城以謝。”史亦無其事。皆與史不相應,或時不相及者也。又如言儀一出,趙以河間爲獻,燕以恒山之尾五城爲獻,齊以魚鹽之地三百里爲獻。河間、恒山,皆在燕、趙腹地,秦何得而有之? 更無論齊之濱海魚鹽之地矣。全祖望《經史問答》謂:“吾不知作《策》者何以東西南北之未諳而作此謬語?”今總前後言之,不徒不諳地理,抑且不諳史事,顛倒錯亂,欲以勸當時人主,實無此理。蓋出於後之言從衡者逞臆妄説。

儀歸報，未至咸陽，而惠王卒，武王立。武王自爲太子時不説儀，及即位，羣臣多讒儀曰："無信。左右賣國以取容。秦必復用之，恐爲天下笑。"日夜惡之未已，而齊讓又至，儀懼誅，乃謂武王曰："儀有愚計，願效之王。"王曰："奈何?"曰："爲秦社稷計者，東方有大變，然後王可以多割地。今齊王甚憎儀，儀之所在，必舉兵伐之。案：齊王憎儀至此，史無文。或曰：儀嘗謂楚王，儀之所甚憎者，無大齊王。則儀，齊所惡也。然此特一語而已，何至怨毒如此？考《戰國策・魏策》及《韓非子・内儲説》上皆謂儀欲以魏合於秦、韓，而攻齊楚，且齊曾助楚攻秦，故秦欲伐齊，而慮齊、楚從親，儀遂有割商於六百里於楚之事。其後楚怒攻秦，而使秦、齊之交合，則事變之出於意外者。然使齊折節而下秦，亦齊之所深惡也。此齊所以怨毒儀之由來乎？故儀願乞不肖身而之魏，齊必舉兵伐之。齊、魏之兵連於城下，不能相去，王以其間伐韓，入三川，出兵函谷而無伐，以臨周，祭器必出。挾天子，按圖籍，此王業也。"據《史記・張儀列傳》。王曰："善。"乃具革車三十乘，納之魏，齊果舉兵伐之。魏王大恐，儀曰："王弗患也，請令罷齊兵。"乃使其舍人馮喜之楚，藉使之齊，謂齊王："王甚憎張儀。雖然，厚矣王之託儀於秦也。"齊王曰："寡人甚憎張儀，儀之所在，必舉兵伐之，何以託儀也?"對曰："是乃王之託儀也。夫儀之出也，固與秦王約，曰：'爲王計者，東方有大變，然後王可以多割地。今齊王甚憎儀，儀之所在，必舉兵伐之，故儀願乞不肖身之魏，齊必舉兵伐魏。魏、齊之兵連于城下不能去，王以其間伐韓，入三川，出兵函谷而無伐，以臨周，祭器必出。挾天子，按圖籍，是王業也。'王以爲然，與革車三十乘，而納儀於魏。今果伐之，是王内自罷而伐與國，廣鄰敵以自臨，而信儀于秦王也。此臣之所謂託儀也。"齊王曰："善。"因解兵。公孫衍以魏與齊戰于承匡而不勝，儀謂魏王："不用臣言以危國。"魏王因相儀。據《戰國策・齊策》。楚王欲逐儀於魏，陳軫爲解之，語在《陳軫傳》中。楚王乃止。周最善齊，翟强善楚，二子者，皆欲傷儀於魏。儀聞之，因使其人爲見者嗇夫，間見者，因無敢傷儀。見《戰國策・魏策》。儀相魏一歲卒。據《史記・張儀列傳》。時哀王九年五月，而秦武王之元年也。據《竹書紀年》、《六國年表》。

論曰：夫世皆知儀也巧譎反覆罔信人也。然持衡術去秦，無所用其説，故獨始終於秦。即仕他國，猶之爲秦也。故在他國，爲反覆，爲罔信；而在秦則寅畏不貳，功著效明，四字，《論衡・答佞》篇語。則謂秦之忠臣可也。

秦史卷二十六　司馬錯傳

附　張若

司馬錯者，周程伯休父之後，案：自來注家皆以爲秦人，然《史記·六國年表》及《白起列傳》皆稱客卿錯，則非秦人也。今姑著其姓所自出，慎之也。事惠王，以爲客卿。據《史記·白起列傳》《六國年表》。時蜀王封弟於漢中，號苴侯。苴侯與巴王爲好，而巴、蜀爲讎，故蜀王怒，伐苴。苴侯奔巴，求救于秦。據《華陽國志》。惠王欲發兵伐蜀，以爲道險陿，《新序》作"峽"。難至，而韓來侵。欲先伐韓，恐蜀亂；先伐蜀，恐韓襲秦之弊。猶豫未能決。錯與張儀争論于王前。錯欲伐蜀，儀曰："不如伐韓。"王曰："請聞其説。"對曰："親魏善楚，下兵三川，塞轘轅、緱氏之口，當屯留之道，魏絶南陽，楚臨南鄭，秦攻新城、宜陽，以臨二周之郊，誅周主之罪，侵楚、魏之地。周自知不救，九鼎寶器必出。據九鼎，按圖籍，挾天子以令於天下，天下莫敢不聽，此王業也。今夫蜀，西辟之國，而戎狄之長也。弊兵勞衆，不足以成名；得其地，不足以爲利。臣聞'争名者於朝，争利者於市'，今三川、周室，天下之朝市也，而王不争焉，顧争於戎狄，去王遠矣。"據《史記索隱》删今本"業"字。《新序》亦無"業"字。錯曰："不然。臣聞之，'欲富者務廣其地；《新序》作欲富欲强。欲强兵者，務富其民；欲王者，務博其德'。三資者備，而王隨之矣。今王據《新序》。地小民貧，故臣願先從事於易。夫蜀，西辟之國，而戎狄之長也。而有桀紂之亂，以秦攻之，譬如以豺狼逐羣羊也。取其地足以廣國，得其財足以富民，繕兵不傷衆，而彼已服矣。故拔一國而天下不以爲暴，利盡西海，諸侯不以爲貪，是我一舉而名實兩附，而又有禁暴正亂之名。今攻韓，劫天子；劫天子，惡名也，而未必利也，又有不義之名，而攻天下之所不欲，危。臣請謁其故：周，天下之宗室也。齊、韓，周之與國也。周自知失九鼎，韓自知亡三川，則必將二國并力合謀，以因於齊、趙而求解乎楚、魏。以鼎與楚，以地與魏，王不能禁。此臣所謂危，不如伐蜀之完也。”據《史記·張儀列傳》《秦本紀》、《新序·善謀》篇。中尉田真黄亦曰：“蜀水通於楚，有巴之勁卒，浮大舶船以東向楚，楚地可得。得蜀則得楚，楚亡則天下并矣。”見《華陽國志》。王曰：“善。”卒起兵伐蜀，取之，遂定蜀。時惠王更元之九年十月也。蜀既屬秦，秦日益强富而制諸侯。《新序·善謀》篇。後五年，蜀相陳壯反，復副甘茂、張儀誅之。昭王六年，蜀侯公子煇被讒，又使錯賜煇劍死。據《華陽國志》。

十六年，以左更攻魏，取軹及鄧。據《秦本紀》、《括地志》。後二年，復副白起攻魏，取城大小六十一。錯别攻垣、河雍，決橋取之。二十一年，又攻魏，魏獻安邑。二十七年，攻楚。又使發隴西、巴蜀衆十萬，大舶浮江出涪陵，攻楚黔中，拔之。據《秦本紀》、《華陽國志》。

錯嘗三定蜀，相傳成都之城池、門屋、樓觀皆其所修，至晉時猶存云。據晉王羲之《成都城池帖》。或曰：蜀守張若實主其事。據《華陽國志》。錯孫靳，事武安君白起。武安君被讒，靳與之俱賜死於杜郵。孫昌，爲秦主鐵官。據《史記·太史公自序》。

張若者，惠王使司馬錯定蜀，以之爲蜀國官也。後二年，城成都，周十二里，高七丈。郫周七里，高六丈。臨邛周六里，高五丈。造作下倉，上皆有屋，而置觀樓射闌。成都尤壯偉，縣本治赤里，若徙置少城。内城營廣府舍，置鹽鐵市官并長丞。修整里闠，市張列肆，與咸陽同制。其築城取土，去城南十里，因以養魚，所謂萬歲池也。城北又有龍壩池，東有千秋池，西有柳池，其園囿因之。據《華陽國志・蜀志》。若守蜀三十餘年，三輔蜀侯，蜀侯皆不得其死，而若爲守自若也。伐楚，取巫郡及江南地，爲黔中郡焉。據《史記・秦本紀》。

論曰：蜀爲天府之國，秦由此强富。錯曾三定之，其爲功也何如哉！且其爲惠王言，欲王者務博其德，此當時人所不能言，豈僅武功而已。張若爲守三十年，其持常處變，必有足多者，今無聞焉！

秦史卷二十七　陳軫傳

陳軫，夏人，游説之士。歷仕秦、楚、齊、魏，張儀害其能，常窮之，軫每能自免，而未嘗報校也。軫去楚之秦，張儀謂惠王曰："軫馳秦、楚之間，今楚不加善秦而善軫，然則是軫自爲而不爲國也。且軫爲王臣，常以國情輸楚，儀不能與從事，願王逐之。即復之楚，願王殺之。"王曰："軫安敢之楚也？"召軫告之曰："吾能聽子言，子欲何之？請爲子約車。"對曰："臣願之楚。"王曰："儀以子爲之楚，吾又自知子之楚，子非楚且安之也？"軫曰："臣出，必故之楚，以順王與儀之策，而明臣之楚與不也。楚人有兩妻者，人誂其長者，長者詈之；誂其少者，少者許之。居無幾何，有兩妻者死。客謂誂者曰：'汝取長者乎？'曰：'取長者。'客曰：'長者詈汝，少者和汝，汝何爲取長者？'曰：'居彼人之所，則欲其許我也。今爲我妻，則欲其爲我詈人也。'今楚王明主也，而昭陽賢相也，軫爲人臣，而常以國輸楚，楚王必不留臣，昭陽將不與臣從事矣。以此，明臣之楚與不。昔者子胥忠其君，天下皆欲以爲臣。孝己愛其親，天下皆欲以爲子。故賣僕妾不出里巷而取者，良僕妾也。出婦嫁於鄉里者，善婦也。臣不忠於王，楚何以軫爲忠？尚見棄，軫不之楚而何之乎？"王以爲然，遂善待之。據《戰國策·秦策》。居期年，惠王終相張儀，而軫之楚。據《史記·張儀列傳》。

其後，秦欲伐齊，齊、楚方歡，王患之。張儀乃南説楚懷王，苟絶齊，秦願獻商於之地六百里。懷王大説，宣言於朝，羣臣畢賀。

軫後至，獨不賀。懷王曰："不穀不煩一兵，不傷一人，而得商於之地六百里。不穀自以爲智，奚子獨不賀也？"軫對曰："臣見商於之地不可得而患必至也，故不敢妄賀。"曰："何也？"對曰："夫秦所以重王者，以王有齊也。今地未得而齊先絶，是楚孤也，秦又何重孤國？且先出地，後絶齊，秦計必弗爲也。先絶齊，後責地，且必受欺於張儀。受欺於張儀，王必惋之。是西生秦患，北絶齊交，則兩國之兵必至矣。據《戰國策・秦策》。不若陰合而陽絶於齊，使人隨張儀，苟與吾地，絶齊未晚也。不與吾地，陰合謀計也。"據《史記・張儀列傳》。懷王不聽，曰："吾事善矣，子其弭口！"其後張儀果欺懷王，懷王大怒，欲興師伐秦。軫曰："臣可以言乎？"王曰："可矣。"軫曰："伐秦，非計也。王不如因而賂之一名都，與之伐齊，是我亡于秦而取償于齊也。楚國不尚全乎？王今已絶齊，而責欺於秦，是吾合齊、秦之交也，國必大傷。"懷王不聽，舉兵伐秦，楚果大敗。

齊又來伐，軫謂懷王曰："不如以地東解于齊，西講于秦。"王使之秦，秦惠王曰："子秦人也，寡人與子故也。寡人不佞，不能親國事也，故子棄寡人事楚王。今齊、楚相伐，或謂寡人救之便，或謂不便，子獨不可以忠爲子主計，以其餘爲寡人乎？"軫曰："王獨不聞吴人之遊楚者乎？楚王甚愛之。病，故使人問之，曰：'誠病乎？意亦思乎？'左右曰：'臣不知其思與不。誠思，則將吴吟。'今軫將爲王吴吟。王不聞夫管與之説乎？有兩虎争人而鬥者，管莊子將刺之，管與止之，曰：'虎者戾蟲，人者甘餌也。今兩虎争人而鬥，小者必死，大者必傷。子待傷虎而刺之，是一舉而兼兩虎也，無刺一虎之勞而有刺兩虎之名。'齊、楚今戰，戰必敗，敗，王起兵救之，有救齊之利，而無伐楚之害，計聽知覆逆者，唯王可也。"據《戰國策・秦策》。

嘗過魏，欲見公孫衍，衍謝弗見。軫曰："吾爲事來，公不見，軫將行，不得待異日。"衍見之。軫曰："公何好飲也？"曰："無事也。"曰："吾請令公厭事可乎？"曰："奈何？"曰："田需約諸侯從親，楚王疑之,未信也。公謂於王曰:‘臣與燕、趙之王有故,數使人來曰:“無事何不相見?”願謁行於王。’王雖許公,公請毋多車,以車三十乘,可陳之於庭,明言之燕、趙。”燕、趙客聞之,馳車告其王,使人迎衍。楚王聞之,大怒,曰:“田需與寡人約而公孫衍之燕、趙,是欺我也。”怒而不聽其事。齊聞衍之北,使人以事委焉。衍遂行三國相,事皆斷於衍。據《史記·張儀列傳》。

張儀之去秦相魏也,楚王欲逐張儀於魏。軫曰:“王何逐張子?”曰:“爲臣不忠不信。”曰:“不忠,王無以爲臣;不信,王勿與爲約。且魏臣不忠不信,於王何傷?忠且信,於王何益?逐而聽則可,若不聽,是王令困也。且使萬乘之國免其相,是城下之事也。”楚王乃止。據《戰國策·楚策》。

張儀又欲窮軫於魏,令魏王召而相之。來將梏之。將行,其子應止之,曰:“物之湛者,不可不察也。鄭彊出秦,曰:應爲智。夫魏欲絶楚、齊,必重迎公。郢中不善公者,欲公之去也,必勸王多公之車。公至宋,道稱疾而毋行,使人謂齊王曰:‘魏之所以迎我者,欲以絶齊、楚也。’”齊王曰:“子果無之魏而見寡人也,請封子。”因以魯侯之車迎之。據《戰國策·魏策》。

張儀死。軫仕魏。秦伐魏,軫合三晉而東,謂齊王曰:“古之王者之伐也,欲以正天下而立功名,以爲後世也。今齊、楚、燕、趙、韓、魏六國之遞甚也,不足以立功名,適足以强秦而自弱也,非山東之上計也。能危山東者,强秦也,不憂强秦,而遞相罷弱,而兩歸其國於秦,此臣之所以爲山東之患。天下爲秦相割,秦曾不出刀;天下爲秦相烹,秦曾不出薪。何秦之智而山東之愚耶?古之五帝、三王、五霸之伐也,伐不道者。今秦之伐天下不然,必欲反之,主必死辱,民必死虜。今韓、魏之目未嘗乾而齊民獨不,非齊親而韓、魏疏也,齊遠秦而韓、魏近也。今齊將近矣,秦欲攻魏絳、安邑,以東下河,必表裏河山而東攻齊,舉屬之海,南面而孤楚、韓、魏,北向而孤燕、趙,齊無所出其計矣。願王熟慮之。今三晉已合矣,復爲兄弟約,而出鋭師,以戍魏絳、安邑,此萬世之計也。齊非急以鋭師合三晉,必有後憂。三晉合,秦必不敢攻魏,必南攻楚,楚、秦構難。三晉怒齊之不與己也,必東攻齊,此臣之所謂齊必有大憂也。不如急以兵合於三晉。”齊王敬諾,果以兵合三晉,秦引兵退。據《戰國策·齊策》。

史策言,軫嘗諫秦王攻韓陘事,韓使人易南陽之地,《趙世家》孝成王十九年,趙與燕易土。戰國時嘗有易地之事,所謂國形不便故易也。 案:易,原作馳,馳即弛字。弛,或作施。《爾雅》:弛,易也。蓋移易之義。《荀子》:“境内之事有弛易齵差者矣。”此其證。今皆作易,下同。秦已易,又攻陘,韓因割南陽之地。秦受地,又攻陘。軫謂王曰:“國形不便故易,交不親故割。今割矣,而交不親;易矣,而兵不止。臣恐山東無以易割事王者矣。且王求百金於三川而不可得,求千斤金於韓,一旦而具。今王攻韓,是絶上交而固私府也,竊爲王弗取也。”説者謂:王爲昭王,則軫逮事昭襄王,與秦相終始,其年壽蓋遠過張儀矣。

論曰:陳軫游辯士,不獨仕一國,而於秦特有情。爲惠王吴吟語,何懇款也。惠王亦稱軫爲秦人,不入張儀之讒。君臣相遇,故非偶然,是可以爲秦臣傳矣。

秦史卷二十八　樗里子傳

樗里子者名疾，惠文王之異母弟。母韓女也。滑稽多智，人號曰“智囊”，據《史記・樗里子列傳》。官庶長。案：《史記・秦本紀》屢稱“庶長疾”。惠王八年修魚之戰，即稱庶長疾，其後十二年攻趙，十三年助韓，皆稱庶長。而《樗里子列傳》云：“八年，爵右更。”似誤。秦爵左右庶長爲十與十一級，右更爲十四級，大庶長爲十八級。疾此時當已爲大庶長，必無進爵右更之理。不從。公孫衍逃梁而入秦，疾恐其代之將也，鑿穴於王所常隱語者，王果與衍計：“吾欲攻韓，奚如？”衍曰：“秋可矣。”王曰：“吾欲以國累子，勿泄也。”疾既聽之，謂左右：“兵秋起，攻韓，犀首爲將。”於是日也，郎中盡知之，於是月也，境内盡知之。王召疾曰：“是何匈匈也？何道出？”疾曰：“似犀首也。”王曰：“吾無與犀首言也，其犀首何哉？”疾曰：“犀首也羈旅，新抵罪，其心孤，是言自嫁於衆。”王使人召衍，衍已逃矣。《韓非子・外儲説右上》。

惠王後元七年，韓、趙、魏、燕、齊、楚共攻秦，楚懷王爲從長，韓、趙爲主帥，進窺函谷關，勢張甚。明年，使疾將而攻韓、趙，戰於修魚，敗趙公子渴、韓太子奂，虜韓將鰒、申差，斬首八萬二千。魏、燕、齊、楚皆逡巡遁去。據《史記・楚世家》《趙世家》《秦本紀》。十一年，使將而攻魏焦，拔之。盡出其人，地入秦。敗韓岸門，斬首萬，走其將犀首。明年，使其將而伐趙，虜趙將莊豹，拔藺。明年，助魏章攻楚，敗楚將屈匄，取漢中地。封疾號爲嚴君。據《史記・樗里子列傳》。

張儀殘之重而使之楚，因令楚王爲之請相於秦。儀謂惠王曰：

“重樗里疾而使之者，將以爲國交也。今身在楚，楚王因爲請相於秦。臣聞其言曰：‘王欲窮儀於秦乎？臣請助王。’楚王以爲然，故爲請相也。今王誠聽之，彼必以國事楚。”惠王大怒，疾出走。

惠王卒，武王立，公孫衍欲窮張儀，説武王召甘茂、公孫奭與疾於外。案：原作公孫顯，即公孫奭也。詳《甘茂傳》注。三人者，皆張儀之讎也。張儀果見逐。據《戰國策・秦策》。而以疾、甘茂爲左右丞相。案：《史記・秦本紀》敍甘茂攻宜陽前，有樗里疾相韓云云，此時疾方相秦，何因忽相韓？他無可考，疑非實，删之。使甘茂攻韓，拔宜陽。使疾以車百乘入周、周君迎之以卒，甚敬。楚王怒，讓周重秦客。周人游騰以詭辭解之。案：《史記・樗里子列傳》此段取《周策》，然所記游騰口辯，與樗里疾無甚關涉，删之。武王卒，昭王立，疾益尊重。

元年，疾伐衛蒲，蒲守恐，請胡衍。胡衍爲蒲謂疾曰：據《史記・樗里子列傳》。“公之伐蒲，爲秦乎？爲魏乎？爲魏則善，爲秦則不爲賴矣。夫衛所以爲衛者，以有蒲也。今蒲入於秦，衛必折於魏。魏亡西河之外，而弗能復取者，弱也。今并衛於魏，魏必强，魏强之日，西河之外必危矣。且秦王將觀公之事，害秦而利魏，王必怨公。”疾曰：“奈何?”曰：“公釋蒲勿攻，臣請爲公入言之，以德衛君。”曰：“善。”胡衍入蒲，謂其守曰：“樗里子知蒲之病也，其言曰，‘吾必取蒲’。今臣能使釋蒲勿攻。”蒲守再拜，因效金三百鎰，曰：“秦兵誠去，請厚子於衛君，使爲南面。”胡衍既兩得，而疾亦獲得厚賄，且以德衛君也，遂解蒲而去。據《戰國策・衛策》、《史記・樗里子列傳》。 案：《衛策》所重在胡衍之善詐及樗里之受欺，《史記》取之，與“智囊”云云，乃若諷焉。去末兩語，尤與樗里無關合，兹取《衛策》。

疾及楚攻魏皮氏。或爲魏謂楚王曰：“秦、楚勝魏，魏恐亡，必合於秦。王何不背秦與魏。魏喜，必内太子。秦恐失楚，必效城地，王復與之攻魏可也。”楚王曰：“善。”乃背秦而與魏。魏内太子，秦恐，許楚城地。楚欲與之復攻魏，疾怒，欲與魏攻楚，恐魏以太子在楚,不肯也。使使謂楚王曰:"外臣疾使臣謁曰:'敝邑之王欲效城地,而爲魏太子之尚在楚也。王出魏質,臣請效之,而復固秦、楚之交以疾攻魏。'"楚乃出魏太子。因合魏以攻楚。據《戰國策·魏策》。六年,與韓、魏、齊敗楚將唐昧於重丘。據《六國年表》。

明年,疾卒。葬于渭南章臺之東。其室在渭南陰鄉樗里,里有大樗,故俗謂之樗里子云。據《史記·樗里子列傳》及《戰國策》注。

論曰:六國之役,漢賈生《論秦》,尚有宋、衛、中山之衆。史又言,匈奴義渠亦從征,自古出師,未有若此之盛者也。而樗里疾以偏師擣其中堅,韓、趙既土崩,他國亦瓦解,其謀智實有大過人者。晚歲自全於貴强噂沓之朝,卒保榮名以没,其亦智之一端歟。而《太史公書》乃稱其豫知百歲後當有天子之宫夾其墓,此特術數謬悠之説耳,何足以言智?!

秦史卷二十九　三力傳

任鄙　烏獲　孟賁

秦起西垂，多戎患，故其民樸侄堅悍，尚氣概，先勇力。讀《小戎》、《駟鐵》、《無衣》諸詩，其風聲氣俗蓋由來久矣。商君資之更法，以强兵力農，卒立秦大一統之基。悼武王有力，以身率，尚武之風益盛。上有好者，下必有甚焉者矣。秦桓公時有力人杜回，悼武王有力好戲，力士任鄙、烏獲、孟賁皆至大官。據《史記·秦本紀》。　案：孟賁，原作孟説，各書都作賁，今從之。魏晉人稱一有力者曰一力，作《三力傳》。

任鄙多力，據《史記·樗里子列傳》。聞武王好力，叩關自鬻。據《漢書·梅福傳》。　案：據此則鄙非關中人。《韓非子·説林》篇有任妄諫秦康公事，或以爲鄙之父祖行，似非。穰侯與之善。昭王十三年，冉爲相，舉以爲漢中守。據《史記·白起列傳》。十九年卒。據《秦本紀》、《六國年表》。與樗里疾齊名，一以智，一以力也。秦人爲之諺曰："力則任鄙，智則樗里。"據《史記·樗里子列傳》。

烏獲，古力人，而秦烏獲慕以爲名。用《史記志疑》説。能舉千鈞之重。據《戰國策·燕策》。嘗從悼武王至洛陽，舉周鼎，兩目血出。據孫奭《孟子疏》引《帝王世紀》。行年八十而求扶持。據《燕策》。

孟賁一作孟説，一作孟奔。衛人。據《史記·范雎列傳·集解》引許慎説。

能生拔牛角。《孟子·公孫丑》篇疏引《帝王世紀》。水行不避蛟龍,陸行不避兕虎。《史記·爰盎列傳·索隱》引《尸子》。發怒吐氣,聲盪動天。《太平御覽》卷四百三十七引《新序》。嘗過河而先其伍,案:原作五,今依《後漢書·鄭太傳》注引。伍、五古今字。船人怒,以楫虓其頭。中河,賁瞋目而視船人,髮植,目裂,鬢指,舟中之人盡揚播入河。據《吕氏春秋·必己》篇。人謂賁曰:"生乎?勇乎?"曰:"勇。""貴乎?勇乎?"曰:"勇。""富乎?勇乎?"曰:"勇。"據《漢書·東方朔傳》注、《太平御覽》卷四百三十七引《尸子》。然聞軍令則懼。據《論衡·率性》篇。嘗爲官尊顯矣,悼武王與之舉龍文赤鼎,絶臏,死。族誅。據《史記·秦本紀》《趙世家》。　案:《太平御覽》卷四百三十七引《新序》云,孟賁"至其死矣,頭行斷絶"。坐誅事可證孟説即孟賁也。賁雖死於法,而始皇帝時猶象而祀之。據《水經·渭水注》。

論曰:鄙爲守,能久于其任。獲至老壽,必有以自貴其勇者。賁于生死貴富,舉無以易其勇,蓋庶幾有勇德焉。雖以非命死而非其罪。則三子者,豈徒力而已哉!

秦史卷三十　甘茂傳

附向壽　甘羅

甘茂者，下蔡人也。事下蔡史舉，學百家之術。因張儀、樗里疾而見惠王。王説之，使將，而佐魏章略定漢中地。據《史記·甘茂列傳》。張儀欲以漢中與楚，請王曰："有漢中蠹種樹不處者，人必害之，家有不宜之財則傷。今漢中南邊爲楚利，此國累也。"茂謂王曰："地大者固多憂乎？天下有變，王割漢中以和楚，楚必畔天下而與王。王今以漢中與楚，即天下有變，王何以市楚也？"據《戰國策·秦策》。蜀相陳壯殺蜀侯通反，使茂等定蜀。據《華陽國志》。惠王卒，武王即位。張儀、魏章去之魏，以茂爲左丞相。據《史記·樗里子列傳》。

三年，王謂茂曰："寡人欲車通三川，以闚周室，而寡人死不朽矣。欲通道必先伐韓取宜陽。"茂曰："請之魏，約伐韓。"王令向壽輔行。茂至，謂壽曰："子歸告王曰：'魏聽臣矣。然願王勿攻也。'事成，盡以爲子功。"壽歸以告王，王迎茂于息壤。茂至，王問其故，對曰："宜陽，大縣也。上黨、南陽，積之久矣，名曰縣，其實郡也。今王背數險，行千里而攻之，難。臣聞張儀西并巴蜀之地，北取西河之外，南取上庸，天下不以多張儀，而賢先王。魏文侯令樂羊將而攻中山，三年而拔之，反而語功，文侯示之謗書一篋，樂羊再拜稽首曰：'此非臣之功，主君之力也。'今臣，羈旅之臣也，樗里疾、公孫奭二人者，皆秦諸公子，而外家又皆韓也，將挾韓而議，案：公孫奭，原作公孫衍，誤，兹依《史記·甘茂列傳》改。公孫奭即《韓策》之公孫郝，《韓策》曰："公孫郝黨于韓。"《史記·樗里子列傳》：樗里疾母韓女也，亦黨於韓。故曰二人者挾韓而議。奭、郝音近，或作赫，作顯，亦音近或形近而異也。王必聽之。是王欺魏而臣受韓之怨也。昔者曾子處費，費人有與曾子同名族者，而殺人，人告曾母曰：'曾參殺人！'母織自若也。有頃，一人又告之曰：'曾參殺人！'母尚織自若也。頃又一人告之曰：'曾參殺人！'母懼，投杼踰墻而走。夫以曾參之賢，與母信之也，而三人疑之，則慈母不能信也。今臣之賢，不及曾子，而王之信臣，又未若曾子之母也。疑臣者不啻三人，臣恐王之投杼也。"王曰："寡人不聽也，請與子盟。"于是與之盟于息壤。果攻宜陽五月而不能拔也，樗里疾、公孫奭二人讒，争之王，王將聽之，召茂而告之。茂曰："息壤在彼。"王曰："有之。"因悉起兵，復使茂攻之。茂攻宜陽，死傷多，三鼓而卒不上。右將有尉曰："公不論兵，必大困。"茂曰："我以羈旅而得相，今攻宜陽而不拔，公孫奭、樗里疾挫我于内，而韓朋窮我於外，是無伐之日已。請明日鼓之而不可下，因以宜陽之郭爲墓。"于是出私金以益公賞。明日鼓之而宜陽拔。

宜陽既拔，楚畔而合于韓。王懼。茂曰："楚雖合韓，不爲韓氏先戰。韓亦恐戰而楚有變其後。韓、楚必相禦也。"茂乃約魏以攻楚。楚之相秦者屈蓋，爲楚和于秦。秦啓關而聽楚使，茂謂王曰："誘于楚而不使魏制和，楚必曰秦鬻魏，魏不悦則合于楚。楚、魏爲一，國恐傷矣。王不如使魏制和，魏必悦。王不惡於魏，則寄地必多矣。據《戰國策·秦策》、《新序》。韓既與秦平，王竟至周而卒于周。弟昭王立。楚圍韓雍氏。五月，韓使告急于秦，冠蓋相望也。王新立，王母宣太后楚人，不肯救韓。使因茂，據《戰國策·韓策》、《史記·甘茂列傳》。茂入言于王曰："韓朋柄，得秦師，故敢捍楚。今雍氏圍而秦師不下殽，是無韓也。朋且抑首而不朝，以圖南合於楚。楚、韓爲一，魏氏不敢不聽，則伐秦之形成矣。不識坐而待伐，孰與伐人之利?”王曰：“善。”乃下師于殽以救韓。據《戰國策・韓策》。楚兵去。使向壽平宜陽，而使樗里疾與茂伐魏皮氏。

向壽者，宣太后外族也，而與王少相長，故任用。向壽和楚，楚聞秦之貴向壽，而厚事向壽。向壽守宜陽，將以伐韓。據《史記・甘茂列傳》。韓朋使蘇代謂向壽曰：“禽困覆車，公破韓，辱公仲，公仲收國復事秦，自以爲必可以封。今公與楚解口，封小令尹以杜陽，案：“杜”，原作桂，依《史記・甘茂列傳》改。杜陽秦地，封楚小令尹以秦地，是秦、楚相合也。秦、楚合，復攻韓，韓必亡。公仲躬率其私徒以鬥于秦，願公之熟計之也。”向壽曰：“吾合秦、楚，非以當韓也。子爲我謁之公仲曰：‘秦、韓之交可合也。’”對曰：“願有復于公。諺曰：‘貴其所以貴者貴。’今王之愛習公也，不如公孫奭；其智能公也，不如甘茂。今二人者皆不得親於事，而公獨與王主斷于國者，彼有以失之也。公孫奭黨于韓，而甘茂黨于魏，故王不信也。今秦、楚争彊而公黨于楚，是與公孫奭、甘茂同道也。公何以異之？人皆言楚之多變也，而公必亡之，是自爲貴也。公不如與王謀其變也。善韓以備之，若此則無禍矣。韓氏先以國從公孫奭，而復委國于甘茂，是韓，公之讎也。今公言善韓以備楚，是外舉不避讎也。”向壽曰：“吾甚欲韓合。”對曰：“甘茂許公仲以武遂，反宜陽之民，今公徒收之，甚難。”向壽曰：“然則奈何？武遂終不可得已?”對曰：“公何不以秦爲韓求潁川於楚？此乃韓之寄地也。公求而得之，是令行於楚而以其地德韓也。求而勿得，是韓、楚之怨不解而交走秦也。秦、楚争彊，而公過楚以收韓，此利于秦。”向壽曰：“奈何?”對曰：“此善事也。甘茂欲以魏取齊，公孫奭欲以韓取齊，今公取宜陽以爲功，收楚、韓以安之，而誅齊、魏之罪，是以公孫奭、甘茂之無事也。”據《戰國策・韓策》。茂竟言之王，以武遂復歸諸韓。向壽、公孫奭争之，不能得。由此怨，讒茂。茂懼，輟伐魏皮氏。案：“皮氏”，原作“蒲坂”，誤。依上文改正。亡去。

據《史記·甘茂列傳》。

且之齊，遇蘇代，曰："君聞夫江上之處女乎？處女會績，有家貧無燭者，處女欲去之。無燭者曰：'妾以無燭故，常先至，掃室布席，何愛于餘明照四壁者？'處女以爲然而留之。今臣不肖，棄逐于秦，願爲足下掃室布席，幸無我逐也。"蘇代曰："善。請重公于齊。"乃西説秦王曰："甘茂賢人，非恒士也。其居秦累世，重矣。自殽塞谿谷，地形險易，盡知之。彼若以齊約韓、魏，反以謀秦，是非秦之利也。"王曰："然則奈何？"蘇代曰："不如重其贄，厚其禄以迎之。彼來，則置之槐谷，終身勿出。"王曰："善。"與之上卿，以相印迎之齊。茂辭不往。蘇代謂齊王曰："甘茂賢人也，今秦與之上卿，以相印迎之；茂德王之賜，故不往，願爲王臣。今王何以禮之？王若不留，必不德王。以甘茂之賢，得擅用强秦之衆，則難圖也。"齊王曰："善。"賜之上卿命而處之。據《戰國策·秦策》。秦因復茂之家以市於齊。

齊使茂於楚。楚懷王新與秦合婚而歡。而秦聞茂在楚，使謂楚王曰："願送甘茂於秦。"楚王問於范蜎，曰："寡人欲置相於秦，孰可？"對曰："臣不足以識之。"楚王曰："寡人欲相甘茂，可乎？"對曰："不可。夫史舉，下蔡之監門也。大不爲事君，小不爲家室，以苛廉聞於世。案：原作"以苟賤不廉聞於世"，據《楚策》改。大不爲事君，小不爲家室，正謂其苛廉也。甘茂事之順焉。故惠王之明，武王之察，張儀之辯，而甘茂事之，取十官而無罪。茂誠賢者也。然不可相於秦。夫秦之有賢相，非楚國之利也。且王前嘗用召滑於越，而内行章義之難，越國亂，故楚南塞厲門而郡江東。計王之功所以能如此者，越國亂而楚治也。今王知用諸越而忘用諸秦，臣以爲鉅速忘矣。案：原作"臣以爲王鉅過矣"，此從《楚策》。然則王若欲置相於秦，則莫若向壽可。案：《楚策》作公孫郝。據《史記·甘茂列傳》謂向壽，宣太后外族，與王少相長，與下文少與之同衣云不合，則作向壽是。夫向壽之於秦王，親也，少與之同衣，長與之同車，以聽事。王必相向壽於秦，則楚國之利也。”於是使使請秦相向壽，秦卒相之，而茂竟不得復入秦，卒於魏。據《史記・甘茂列傳》。

茂有孫曰甘羅，年十二，事秦相文信侯呂不韋，爲少庶子。據《史記・甘茂列傳》、《戰國策・秦策》。呂不韋欲攻趙以廣河間，使剛成君蔡澤事燕。三年而燕太子丹質於秦。呂不韋因請張唐相燕，張唐辭曰：“臣嘗爲昭王伐趙，趙怨臣，曰：‘得唐者予百里之地。’今之燕，必經趙，臣不可以行。”呂不韋不快，未有以彊也。羅曰：“君侯何不快之甚也？”呂不韋曰：“吾令剛成君事燕，而燕太子已入質矣。今吾自請張卿相燕，而不肯行。”羅曰：“臣請行之。”呂不韋叱曰：“去！我身自請之而不肯，汝安能行之？”羅曰：“夫項橐生七歲而爲孔子師。今臣生十二歲於兹矣，君其試臣，何遽叱也！”羅見張唐曰：“卿之功孰與武安君？”唐曰：“武安君戰勝攻取，不知其數，破城墮邑，不知其數，臣之功不如也。”羅曰：“應侯之用於秦也，孰與文信侯專？”曰：“應侯不如文信侯專。”曰：“卿明知其不如歟？”曰：“知之。”曰：“應侯欲伐趙，武安君難之，去咸陽七里，而立死於杜郵。今文信侯自請卿相燕而不肯行，臣不知卿所死處矣！”唐曰：“請因孺子行。”令裝治行。行有日，羅謂呂不韋曰：“借臣車五乘，請爲張唐先報趙。”呂不韋乃入言於始皇曰：“昔甘茂之孫甘羅，年少耳，然名家之子孫，諸侯皆聞之。今者張唐欲稱疾不肯行，甘羅説而行之。今願先報趙，請許遣之。”始皇召見，使羅於趙。趙襄王郊迎。羅説趙王曰：“王聞燕太子入秦者，燕不欺秦也。張唐相燕者，秦不欺燕也。秦、燕不相欺，則伐趙，危矣。燕、秦不相欺者無異故，欲攻趙而廣河間。王不如齎臣五城以廣河間，秦歸燕太子，趙攻燕，得上谷三十城，令秦有十一。”羅還報秦，乃封羅以爲上卿，復以始甘茂田宅賜之。據《戰國策・秦策》、《史記・甘茂列傳》。

論曰：甘茂豫以誠信感武王，立功名，誠智士哉！其遺澤猶及其孫。然非始皇帝用人不次，又烏能成之邪？向壽何足傳，而《太史公書》取與茂錯綜相比，其傳之也，乃所以加顯於茂，致慨於茂歟？予無以易之。

秦史卷三十一　四貴傳

魏冉、羋戎　公子市　公子悝

悼武王卒，無子，其弟稷立，是爲昭王。昭王母楚人，及昭王即位，號爲宣太后。宣太后非武王母，武王母號爲惠文后。宣太后有二弟：其異父長弟曰穰侯，姓魏氏，名冉。同父弟曰羋戎，爲華陽君。而昭王同母弟曰高陵君公子市、涇陽君公子悝。時號稱“四貴”。而魏冉最賢。

冉自惠王、武王時任職用事，武王既卒，諸弟争立。唯魏冉力爲能立昭王。昭王立，以冉爲將軍，衛咸陽。據《史記·穰侯列傳》及《索隱》。惠文后欲立公子壯，大臣、諸侯公子從而立之，號季君，冉討殺之。惠文后亦不得良死，并逐武王后，出之魏。據《史記·穰侯列傳·索隱》及《秦本紀》。王諸兄弟不善者，盡滅之，於是威震國中。

昭王少，宣太后自治，任冉爲政。昭王七年，使涇陽君質於齊，據《史記·穰侯列傳》。以求相田文。據《史記·孟嘗君列傳》。使華陽君伐楚，初已取新市，至是，攻取襄城，大破之，斬首二萬，殺其將軍景缺。據《史記·楚世家》。既而請相趙人樓緩，趙不利，據《史記·穰侯列傳》。乃使仇郝之秦，請相魏冉。宋突謂仇郝曰：“秦不聽，樓緩必怨公。公不若陰辭樓子曰：‘請爲公無急秦。’秦王見趙請相魏冉之不急，且不聽公，是事而不成，以德樓子；事成，魏冉固德公矣。”據《戰國策·趙策》。於是仇郝從之。十二年,秦果免樓緩而相冉,封穰侯。據《史記·穰侯列傳》《秦本紀》。

十四年,舉白起代向壽將,而攻韓、魏,敗之伊闕,斬首二十四萬,虜魏將公孫喜。明年,又取楚宛。冉謝病免相,以客卿壽燭繼。其明年,燭免,冉復相,益封陶。并封公子市宛、公子悝鄧爲諸侯。據《史記·穰侯列傳》《秦本紀》。冉益封之二歲,自將攻魏,魏獻河東方四十里。據《史記志疑》。十八年,與白起拔魏之河内,取城大小六十餘。明年,王稱"西帝",齊稱"東帝"。已而各復歸帝爲王。冉復相六歲而免,免二歲,復相。四歲,而使白起拔楚之郢,置南郡,封白起爲武安君。白起者,冉之所善者也。

三十二年,冉爲相國,將兵敗魏於華陽,走芒卯,入北宅,遂圍大梁。據《史記·穰侯列傳》。魏大夫須賈説冉曰:"臣聞魏氏大臣父兄謂魏王曰:'秦貪戾之國而毋親,蠶食魏晉,戰勝睪子,案:睪子,《史記》作暴子,説者以爲即暴鳶,然敗暴鳶爲以後事,非。割八縣,地未畢入,而兵復出矣。夫秦何厭之有哉?今又走芒卯,入北宅,此非但攻梁也,且劫王以多割也,王必勿聽也。今王背楚、趙而講,楚、趙怒而争事秦,秦必受之。秦挾楚、趙之兵以復攻,則國求無亡,不可得已。願王之必無講也。王若願講,必少割而有質,不然必見欺!'此臣之所聞於魏也,願君之以是慮事也。臣聞魏氏悉其百縣勝兵,以上戍大梁,臣以爲不下三十萬。以三十萬之衆,守十仞之城,臣以爲湯、武復生,不易攻也。夫輕背楚、趙之兵,陵十仞之城,戰三十萬之衆,而志必舉之,臣以爲自天地始分,以至於今,未嘗有者也。攻而不拔,秦兵必罷,陶必亡,則前功必棄矣。今魏方疑,可以少割收也。願君逮楚、趙之兵未至於梁,亟以少割收魏。魏方疑,而得以少割爲利,必欲之,則君得所欲矣。楚、趙怒于魏之先已講也,必争事秦,從以此散,而君後擇焉。且君之取地,豈必以兵哉!夫兵不用,而魏效絳、安邑。據《戰國策·魏策》、《史記·穰侯列傳》。　案:《魏策》此下有又爲陰啓兩機盡，故宋、衛效尤，憚秦兵已合，而君制之云云，不甚可解，似有舛誤。兹從《史記》。又爲陶開兩道，幾盡故宋，衛必效單父，秦兵可全，而君制之，何索而不得？何爲而不成？願君熟慮之，而毋行危。"冉曰："善。"乃罷梁圍。明年，魏背秦，與齊從親。冉伐魏，斬首四萬，走暴鳶，得三縣，冉益封。於是冉之富富於王室。據《史記・穰侯列傳》。　案：末句原在前"使白起拔楚之郢，白起者，穰侯之所任舉也，相善"下，氣不銜接，移此。或曰似白起之拔郢與冉之富有相聯者，尤不經。

秦拔魏寧邑，魏王令人謂秦王曰："王歸寧邑，吾請先天下講。"冉曰："王無聽！魏見天下之不足恃也，故欲先講。夫亡寧者，宜割二邑以求講，夫得寧者，安能歸寧乎？"據《戰國策・魏策》。明年，冉與白起、客卿胡傷攻趙、魏，破芒卯於華陽下，斬首十五萬，取魏之卷、蔡陽、長社。據《史記・穰侯列傳》及《秦本紀》。趙且與秦伐齊。齊懼，令田章以陽武合於趙，而以公子順子爲質，趙乃案兵告於秦。王使王子他謂趙王曰："齊與大國救魏而背約，大國不義以告敝邑，而賜之二社之地，以奉祭祀。案：《史記・穰侯列傳》謂秦攻趙、魏，取趙觀津而復與之。據此，則趙自與秦地，非秦取而復與也。故不從《史記》。今又案兵而受其地，非使臣之所知也。請益甲四萬，大國裁之。"于是蘇代爲齊獻書於冉曰："臣聞往來者言曰：'秦且益趙甲四萬以伐齊。'臣竊必之敝邑之王曰：'秦王明而熟於計，穰侯智而習於事，必不益趙甲四萬以伐齊。'是何也？夫三晉相結，秦之深讎也。百相背也，百相欺也，不爲不信，不爲無行。今破齊以肥趙；趙，秦之深讎也，不利於秦，一也。秦之謀者必曰：'破齊弊晉而後制晉、楚之勝。'夫齊，罷國也，以天下擊之，譬猶以千鈞之弩潰癰也，秦王安能制晉、楚哉？二也。秦少出兵，則晉、楚不信，多出兵，則晉、楚爲制于秦。齊恐，必不走秦且走晉、楚，三也。齊割以實晉、楚，則晉、楚安，齊舉兵而爲之頓劍，則秦反受兵，四也。是晉、楚以秦伐齊，以齊破秦，何晉、楚之智，而齊、秦之愚，五也。秦得安邑，善齊以安之，亦必無患矣。秦有安邑，則韓氏必無上黨矣。夫取三晉之腸胃，與出兵而懼其不反也，孰利？臣故曰：'秦王明而熟於計，穰侯智而習於事，必不益趙甲四萬以伐齊矣。'"據《戰國策·秦策》。於是冉不行，引兵而歸。

三十六年，據《史記·穰侯列傳》。客卿造謂冉曰：造，《史記》作竈，造、竈古音同。"秦封君於陶，藉君天下數年矣，攻齊之事成，陶爲萬乘，長小國以朝天子，天下必聽，五霸之事也。攻齊不成，陶爲鄰恤，而莫之據也，故攻齊之於陶，存亡之機也。君欲成之，何不使人謂燕相國曰：'聖人不能爲時，時至而弗失。舜不遇堯，不得爲天子。湯、武不當桀、紂，不王。以湯、武、舜之賢，不遭時不得帝王。今攻齊，此君之大時也已。因天下之力，伐讎國之齊，報惠王之恥，成昭王之功，除萬世之害，此燕之長利，君之大名也。詩云：樹德莫如滋，除害莫如盡。吴不亡越，越故亡吴。齊不亡燕，燕故亡齊。此除疾不盡也。非以此時成君之功，除君之害，秦卒有他事而從齊，齊、秦合，其讎君必深矣。挾君之讎，以誅於燕，後雖悔之，不可得已。君悉燕兵而疾攻之，天下之從君也，若報父子之仇。誠能亡齊，封君於河南，爲萬乘，達途於中國，南與陶爲鄰，世世無患，願君之專志而無他慮也。'"據《戰國策·秦策》。三十七年，王命造攻齊，取剛、壽，予冉。據《史記·秦本紀》《六國年表》。

於是魏人范雎自謂張禄先生，譏冉之伐齊，乃越三晉以遠攻也。以此時奸説昭王，王于是用范雎。雎又言宣太后專制，穰侯擅權於諸侯，出使不報；華陽、涇陽等擊斷無諱，高陵進退不清，皆富重於王室。四貴備而國不危者，未之有也。於是昭王悟，乃免冉相國，與涇陽之屬皆出關，就封邑。據《史記·穰侯列傳》《范雎列傳》。涇陽君案：原作葉陽君悝，然悝實封涇陽，兹改。未至而死。據《史記·秦本紀》。冉出關，輜車千乘有餘。卒於陶。而陶復收爲郡縣。據《史記·穰侯列傳》。

初，魏公子牟謂冉曰："君知夫官不與勢期，而勢自至乎？勢不與富期，而富自至乎？富不與貴期，而貴自至乎？貴不與驕期，而驕自至乎？驕不與罪期，而罪自至乎？罪不與死期，而死自至乎？”冉善之據《説苑・敬慎》篇。而不能用。據《戰國策・趙策》。

羋戎初割新城，繼割華陽，始事楚，以罪亡之東周，秦大夫獻則勸大臣公孫消資之以相周，據《戰國策・秦策》。後入秦爲將軍，攻楚取新市，據《史記・秦本紀》。與冉并用事。於是段産謂戎曰：“夫宵行者能無爲奸，而不能令狗無吠己。今臣處郎中，能無議君於王，而不能令人無議臣於君，願君察之也。”案：《魏策》作白圭語。段干越人亦謂戎曰：“王良之弟子駕，云取千里馬，遇造父之弟子，造父之弟子曰：‘馬不千里。’王良弟子曰：‘馬千里之馬也；服，千里之服也，而不能取千里，何也？’曰：‘子纆牽長故。’纆牽於事，萬分之一也，而難千里之行。今臣雖不肖，於秦，亦萬分之一也。而相國見臣不釋塞者，是纆牽長也。”據《戰國策・韓策》。戎亦不能用也。

論曰：冉内定昭王，外破强對，尤以能舉武安君，奠大一統之基，可謂有功社稷矣。然怙勢黷貨，欲以區區之陶，稱霸於天下，竟如魏牟言，卒與禍期，并以禍傾太后與諸貴，貪之爲害烈矣哉！

秦史卷三十二　白起傳

武安君白起者，郿人，據《史記·白起列傳》。或稱公孫起，《戰國策·趙策》。則秦公族也。或曰白乙丙之裔。據《新唐書·宰相世系表》。爲人小頭而鋭面，瞳子白黑分明，而視瞻不轉。據《太平御覽》卷三百六十六引晉孔衍《春秋後語》。趙平原君勝見之曰："小頭面鋭者，敢決也。瞳子分明者，見事明也。視瞻不轉者，執政强也。"據嚴尤《三將序》。善用兵，事昭王。穰侯魏冉與之厚。據《穰侯列傳》。昭王十三年，起爲左庶長，將而攻韓之新城。其明年，爲左更，攻韓、魏於伊闕，斬首二十四萬。又虜魏將公孫喜，拔五城。據《史記·白起列傳》《穰侯傳》。遷爲國尉。涉河，取韓安邑以東到乾河。明年，爲大良造。攻魏垣，拔之。後三年，攻魏，取城大小六十有一。後九年，攻趙，拔代光狼城。明年，攻楚，拔鄢、鄧、西陵三城。據《史記·白起列傳》，参《史記志疑》。其明年，又攻楚，拔郢，燒夷陵，遂東至竟陵。楚王亡，東走，徙陳，秦以郢爲南郡。起遷爲武安君。復取楚，定巫、黔中郡。三十四年，與穰侯救韓攻魏，拔華陽，走芒卯，斬首十三萬。與趙將賈偃戰，沈其卒二萬於河中。據《史記·白起列傳》。四十三年，穰侯魏冉出之陶，據《史記·秦本紀》。范雎相。明年，攻韓陘城，拔之，斬首五萬。明年，攻南陽太行道，絶之。

四十五年，伐韓之野王，野王降，上黨道絶。其守馮亭與民謀曰："鄭道已絶，韓必不可得爲民。秦兵日進，韓不能應。如以上黨歸趙，趙若受我，秦必怒伐趙。趙被兵，必親韓。韓、趙爲一，則可以當秦。”因使人報趙。趙王與平陽君豹、平原君勝計之，平陽君曰：“聖人甚禍無故之利，不如弗受。”平原君曰：“無故得一郡，受之便。”據《史記・白起列傳》《趙世家》。趙王曰：“受之秦兵必至，武安君必將，誰能當之?”對曰：“可與持久，難與争鋒。廉頗勇鷙愛士，知難而忍恥，足以當之。”乃受之。據嚴尤《三將序》。四十七年，左庶長王齕攻韓，取上黨。上黨民走趙。趙軍長平，長平在上黨南，案：此句據《水經・沁水注》。以按據上黨民。四月，齕因攻趙。趙使廉頗將，士卒犯秦斥兵，秦斥兵斬趙裨將茄。六月，陷趙軍，取二鄣四尉。七月，趙軍築壘壁而守之。秦又攻其壘，取二尉，敗其陣，奪西壘壁。廉頗堅壁以待之。秦數挑戰，趙兵不出。趙王數以爲讓。而秦相范雎又使人行千金於趙爲反間，曰：“秦之所畏，獨馬服子趙括將耳。廉頗易與。且降矣。”趙王既怒廉頗軍多失亡、數敗，而又聞秦反間之言，改前計。因使趙括代廉頗將以擊秦。秦聞馬服子將，乃陰使武安君白起爲上將軍，而王齕爲裨將，令軍中有敢泄武安君將者斬。趙括至，則出兵擊秦軍，秦軍佯敗而走，張二奇兵以劫之。趙軍逐勝，追造秦壁。壁堅拒不得入，而秦奇兵二萬五千人絶趙軍後，又一軍五千騎絶趙壁間。趙軍分而爲二，糧道絶。而秦出輕兵擊之，趙戰不利，因築壁堅守以待救至。昭王聞趙食道絶，自至河内，賜民爵各一級，發年十五以上悉詣長平，遮絶趙救及糧食。至九月，趙卒不得食四十六日，皆内陰相殺食。來攻秦壘，欲出，爲四隊，四五復之，不能出。趙括乃出鋭卒自搏戰，秦軍射殺括，趙軍大敗，卒四十萬人皆降。武安君計曰：“前秦已拔上黨，上黨民不樂爲秦而歸趙。趙卒反復，非盡殺之，恐爲亂。乃挾詐而盡坑之。遺其小者二百四十人歸趙，前後斬首虜四十五萬人。趙人大震。據《史記・白起列傳》。秦既坑趙衆，收頭顱築京觀，因山爲臺，崔嵬桀起，人號之曰白起臺。城之左右沿山亘隰，南北五十許里，東西二十餘里，悉秦、趙故壘也。據《水經・沁水注》。

四十八年，秦復定上黨郡。秦分軍爲二：王齕攻皮牢，拔之。司馬梗定太原。韓、趙恐，使蘇代厚幣説秦相范雎曰："武安君禽馬服子乎？"曰："然。""又即圍邯鄲乎？"曰："然。""趙亡則秦王王矣，武安君爲三公。武安君所爲秦戰勝攻取者七十餘城，南定鄢、郢、漢中，北禽趙括之軍，雖周、召、吕望之功，不益於此矣。今趙亡，秦王王，則武安君必爲三公，君能爲之下乎？雖欲無爲之下，固不得已矣。秦嘗攻韓，圍邢丘，困上黨，上黨之民皆反爲趙。天下不樂爲秦民之日久矣。今亡趙，北地入燕，東地入齊，南地入韓、魏，則秦之所得亡幾何。故不如因而割之，無以爲武安君功也。"於是范雎言於昭王曰："秦兵勞，請許韓、趙之割地以和，且休士卒。"王聽之，割韓垣、雍，趙六城以和。正月，皆罷兵。武安君聞之，由是與范雎有隙。據《史記·白起列傳》。

昭王既息民繕兵，復欲伐趙。武安君曰："不可。"王曰："前年國虛民飢，君不量百姓之力，求益軍糧以滅趙。今寡人息民以養士，蓄積糧食，三軍之俸，有倍于前，而曰不可，其説何也？"武安君曰："長平之事，秦軍大尅，趙軍大破。秦人歡喜，趙人畏懼。秦民之死者厚葬，傷者厚養，勞者相饗，飲食餔餽，以靡其財。趙人之死者不得收，傷者不得療，涕泣相哀，戮力同憂，耕田疾作，以生其財。今王發軍，雖倍其前，臣料趙國守備，亦以十倍矣。趙自長平以來，君臣憂懼，早朝晏退，卑辭重幣，四面出嫁，結親燕魏，連好齊楚，積慮并心，備秦爲務，其國內實，其交外成。當今之時，趙未可伐也。"王曰："寡人既已興師矣。"乃使五校大夫王陵將而伐趙。陵戰失利，亡五校。

王欲使武安君，武安君稱疾不行。王乃使范雎往見武安君，責之曰："楚地方五千里，持戟百萬，君前率數萬之衆入楚，拔鄢郢，焚其廟，東至竟陵，楚人震恐，東從而不敢西向。韓、魏相率，興兵甚衆，君所將之卒，不能半之，而與戰於伊闕，大破二國之軍，流血漂鹵,斬首二十四萬。韓、魏以故至今稱東藩。此君之功,天下莫不聞。今趙卒之死於長平者已十七八,其國虚弱,是以寡人案:睢以王命稱,故云。大發軍人,數倍於趙國之衆,願使君將,必欲滅之矣。君嘗以寡擊衆,取勝如神,况以彊擊弱,以衆擊寡乎?”武安君曰:“是時楚王恃其國大,不恤其政,而羣臣相妒以功,諂諛用事,良臣斥疏,百姓心離,城池不修。既無良臣,又無守備,故起所以得引兵深入,多倍城邑,發梁焚舟以專民,掠於郊野,以足軍食。當此之時,秦卒以軍中爲家,將帥爲父母,不約而親,不謀而信,一心同功,死不旋踵。楚人自戰其地,咸顧其家,各有散心,莫有鬥志,是以能有功也。伊闕之戰,韓孤顧魏,不欲先用其衆。魏恃韓之鋭,欲推以爲鋒。二軍争便之力不同,是以臣得設疑兵以待韓陳,專軍并鋭,觸魏之不意。魏軍既敗,韓軍自潰,乘勝逐北,以是之故能立功。皆計利形勢自然之理,何神之有哉!今秦破趙軍於長平,不遂以時乘其振懼而滅之,畏而釋之,使得耕稼以益蓄積,養孤長幼以益其衆,繕治兵甲以益其强,增城濬池以益其固,主折節以下其臣,臣推體以下死士,至於平原君之屬,皆令妻妾補縫於行伍之間,臣人一心,上下同力,猶句踐困於會稽之時也。以今伐之,趙必固守,挑其軍戰,必不肯出,圍其國都,必不可尅,攻其列城,必未可拔,掠其郊野,必無所得,兵出無功,諸侯生心,外救必至。臣見其害,未覩其利。又病未能行。”范睢慚而退,以言於王。王曰:“微白起,吾不滅趙乎!”復益發軍,更使王齕代王陵伐趙,圍邯鄲八、九月,死傷者衆而弗下。趙出輕鋭以寇其後,秦數不利。

武安君曰:“不聽臣計,今果何如?”王聞之怒,因見武安君,强起之。曰:“君雖病,强爲寡人卧而將之。有功,寡人之願,將加重於君;如君不行,寡人恨君。”武安君頓首曰:“臣知行雖無功,得免於罪,雖不行無罪,不免於誅。然惟願大王覽臣愚計,釋趙養民,以諸侯之變,撫其恐懼,伐其憍慢,誅滅無道,以令諸侯,天下可定,何必以趙爲先乎？此所謂爲一臣屈而勝天下也。夫王若不察臣愚計，必欲快心於趙，以致臣罪，此亦所謂勝一臣而爲天下屈者也。夫勝一臣之嚴焉，孰若勝天下之威大耶？臣聞明主愛其國，忠臣愛其民，破國不可復完，死卒不可復生，臣寧伏受重誅而死，不忍爲辱軍之將，願大王察之。"王不答而去。據《戰國策·中山策》。　案：當在《秦策》。

於是免武安君爲士伍，遷之陰密。武安君病未能行。居三月，諸侯攻秦，軍急，秦軍數却，使者日至。昭王乃使人遣白起，不得留咸陽中。武安君既行，出咸陽西門十里，至杜郵。昭王與范雎羣臣議曰："白起之遷，其意尚怏怏，不服，有餘言。"王乃使使者賜之劍自裁。武安君引劍將自剄，曰："我何罪於天？而至此哉！"良久曰："我固當死，長平之戰，趙卒降者數十萬人，我詐而盡阬之，是足以死。"遂自殺。武安君之死也，以昭王五十年十二月。案：原作十一月，據《秦本紀》正。死而非其罪，秦人憐之，鄉邑皆祭祀。據《史記·白起列傳》。以爲神。

論曰：或傳武安君《兵法》，當出假託。其用兵僅略見於史策，大要在知彼知己，故能視大若小，視弱爲强，且以謙自牧，守志不移，故能百戰百勝，而罔蹉跌。君策得遂，秦大一統之業必不待始皇帝之時矣。自古權臣在内，大將尠克成功於外者，於君乃益信。嗚呼！千載下猶有餘恫焉。

秦史卷三十三　范雎傳

附　尉繚

范雎者，案："雎"從隹，且聲。子余反。故《韓非子·外儲説左上》作范且。《秦策》吴注音范雎爲雖，非。蓋誤以爲目旁耳。魏人也。字叔。游説諸侯，欲事魏王，家貧，無以自資，乃先事中大夫須賈。須賈爲魏昭王使於齊，雎從。留數月，未得報。齊襄王聞雎辯有口，乃使人賜雎金十斤及牛酒。雎辭謝，不敢受。須賈知之，大怒，以爲雎持魏國陰事告齊，故得此饋。令雎受牛酒而還其金。既歸，以告魏相。魏相，魏之諸公子曰魏齊。魏齊大怒，使舍人笞擊雎，折脅摺齒，雎佯死，即卷以簀，置厠中。賓客飲者醉，更溺雎，故僇辱以懲後，令無妄言者。雎從簀中謂守者曰："公能出我，我必厚謝公。"守者乃請出棄簀中死人。魏齊醉，曰："可矣。"雎得出。後魏齊悔，復召求之，魏人鄭安平聞之，乃遂操雎亡。伏匿，更名姓曰張禄。

當此時，秦昭王使謁者王稽於魏，鄭安平聞之，詐爲卒，侍王稽。王稽問："魏有賢人可與俱西游者乎？"鄭安平曰："臣里中有張禄先生，欲見君言天下事。其人有仇，不敢晝見。"王稽曰："夜與俱來。"鄭安平夜與張禄見王稽，語未究，王稽知雎賢，謂曰："先生待我於三亭之南。"與私約而去。王稽辭魏去，過載雎入秦。至湖，望見車騎從西來，雎曰："彼來者爲誰？"王稽曰："秦相穰侯，東行縣邑。”雎曰："吾聞穰侯專秦權,惡内諸侯客。此恐辱我,我寧且匿車中。”有頃,穰侯果至,勞王稽,因立車而語曰:"關東有何變?”曰:"無有。”曰:"謁君,得無與諸侯客子俱來乎?無益,徒亂人國耳。”王稽曰:"不敢。”即别去。雎曰:"吾聞穰侯智士也,其見事遲,鄉者疑車中有人,忘索之。”於是雎下車走。曰:"此必悔之。”行十餘里,果使騎還索車中,無客乃已。王稽遂與范雎入咸陽。已報使,因言曰:"魏有張禄先生,天下辯士也。曰:'秦王之國,危於累卵,得臣則安。然不可以書傳也',臣故載來。”王弗信,使舍,食草具,待命歲餘。

當是時,昭王已立三十六年,南拔楚之鄢、郢,楚懷王幽死於秦;東破齊湣王,嘗稱帝,後去之。數困三晉,厭天下辯士,無所信。穰侯、華陽君,王母宣太后之弟也,而涇陽君、高陵君皆王同母弟也。穰侯相,三人者更將有封邑。以太后故,私家富重於王室。及穰侯爲將,且欲越韓、魏而伐齊剛、壽,以廣其陶封。雎乃上書曰:
據《史記・范雎列傳》。

臣聞明主莅政,有功者不得不賞,有能者不得不官,勞大者其禄厚,功多者其爵尊,能治衆者其官大,故不能者不敢當其職焉,有能者亦不得隱蔽。使以臣之言爲可,則行而益利其道;若將弗行,則久留臣無爲也。語曰:'庸主賞所愛,而罰所惡;明主則不然,賞必加於有功,刑必斷於有罪。'今臣之胸不足以當椹質,要不足以待斧鉞,豈敢以疑事嘗試於王乎?雖以臣爲賤而輕辱臣,獨不重任臣者,後無反覆於前者耶?臣聞周有砥戹,宋有結緑,梁有懸黎,楚有和璞,此四寶者,工之所失也,而爲天下名器。然則聖王之所棄者,獨不足以厚國家乎?臣聞善厚家者,取之於國,善厚國者,取之於諸侯,天下有明主,則諸侯不得擅厚者,何也?爲其凋榮也。良醫知病人之死

> 生，聖主明於成敗之事，利則行之，害則舍之，疑則少嘗之，雖堯、舜、禹、湯復生，弗能改已。
>
> 語之至者，臣不敢載之於書；其淺者，又不足聽也。意者臣愚而不闔於王心耶？抑其言臣者，將賤而不足聽耶？據《戰國策·秦策》。自非然者，臣願得少賜游觀之間，望見顏色。一語無效，請伏斧質。

於是昭王大悦，乃謝王稽，使以傳車召睢。於是睢乃得見於離宮，佯爲不知永巷而入其中，王來而宦者怒，逐之，曰："王至。"睢繆爲曰："秦安得王？秦獨有太后、穰侯耳！"欲以盛怒王。王至，聞其與宦者争言，遂延迎，謝曰："寡人宜以身受命久矣，會義渠之事急，寡人旦暮自請太后。今義渠之事已，寡人乃得受命。竊閔然不敏，敬執賓主之禮。"睢辭讓。是日羣臣觀睢之見者，莫不洒然變色易容者。秦王屏左右，宫中虚無人，據《史記·范睢列傳》。王跽而請曰："先生何以幸教寡人？"睢曰："唯唯。"有間，王復請，睢曰："唯唯。"若是者三，王跽曰："先生卒不幸教寡人耶？"睢謝曰："非敢然也。臣聞昔者吕尚之遇文王也，身爲漁父，而釣於渭濱耳，若是者，交疏也。已一説而立爲太師，載與俱歸者，其言深也。故文王果收功於吕尚，而卒王天下。鄉使文王疏吕尚而不與深言，是周無天子之德，而文、武無與成其王業也。今臣羈旅之臣也。交疏於王，而所願陳者，皆匡君之事，處人骨肉之間，願效愚忠，而未知王之心也，此所以王三問而不敢對者也。臣非有畏而不敢言也，臣知今日言之於前，而明日伏誅於後，然臣弗敢避也。大王信行臣之言，死不足以爲臣患，亡不足以爲臣憂，漆身而爲厲，被髮而爲狂，不足以爲臣耻。五帝之聖焉而死，三王之仁焉而死，五伯之賢焉而死，烏獲之力焉而死，奔育之雄也而死，死者，人之所必不免也。處必然之勢，可以少有補於秦，此臣之所大願也，臣何患乎？伍子胥橐載而出昭關，夜行而晝伏，至於陵水，無以餌其口，坐行蒲服，乞食於吴市。卒興吴國，闔廬爲霸。使臣得盡謀如伍子胥，加之以幽囚，終身不復見，是臣之説行也，臣何憂乎？箕子、接輿，漆身而爲厲，被髮而爲狂，無益於殷、楚，使臣得同行於箕子、接輿，可以有補所賢之主，是臣之大榮也，臣又何恥乎？臣之所恐者，獨恐臣死之後，天下見臣盡忠而身蹶也，因以杜口裹足，莫肯鄉秦耳。足下上畏太后之嚴，下惑奸臣之態，居深宫之中，不離保傅之手，終身闇惑，無與照奸，大者宗廟滅覆，小者身以孤危，此臣之所恐耳。若夫窮辱之事，死亡之患，臣弗敢畏也，臣死而秦治，則死賢於生矣。"王跽曰："先生是何言也？夫秦國僻遠，寡人愚不肖，先生乃幸辱至於此，此天以寡人慁先生，而存先王之宗廟也。寡人得受命於先生，此天所以幸先王而不棄其孤也，先生奈何而言若此？事無大小，上及太后，下至大臣，願先生悉以教寡人，無疑寡人也。"據《戰國策·秦策》、《史記·范雎列傳》。雎再拜，王亦再拜。雎曰："大王之國，四塞以爲固，北有甘泉、谷口，南帶涇、渭，右隴、蜀，左關、阪，奮擊百萬，戰車千乘，利則出攻，不利則入守，此王者之地也。民怯於私鬬，而勇於公戰，此王者之民也。王并此二者而有之。夫以秦卒之勇，車騎之衆，以治諸侯，譬若施韓盧而搏蹇兔也，霸王之業可致也。今反閉關而不敢窺兵於山東者，案：《史記·范雎列傳》原作"至今閉關十五年，不敢窺兵於山東者"，乃縱家之妄説以張蘇秦者。自此上溯十五年，幾無年不東伐，其尤著，如昭王二十七年，司馬錯因蜀攻楚，拔黔中；二十八年，白起攻楚，取鄢、鄧；二十九年，又攻楚，取郢；三十年，又取巫郡爲黔中郡；三十三年，魏冉自將伐魏，斬首四萬，拔四城；三十四年，冉又與白起攻趙、魏，斬首十三萬。此後亦攻齊、攻趙、伐魏，特無大舉耳，具見《秦世紀》，安在其十五年不敢闚兵山東哉！《史記》屢言之，故爲辯之如此。改從《國策》，然《國策》亦過甚其辭，非書實也。是穰侯爲國謀不忠，而大王之計有所失也。"王跽曰："願聞所失計。"然左右多竊聽者。雎恐，未敢言内，先言外事，以觀王之俯仰。因進曰："夫穰侯越韓、魏而攻齊剛、壽，非計也。少出師，則不足以傷齊；多出師，則害於秦。臣意王之計，欲少出師而悉韓、魏之兵也，則不義矣。今見與國之不親也，越人之國而攻，可乎？其於計疏矣。據《史記・范雎列傳》。昔者齊人伐楚戰勝，破軍殺將，再辟千里，膚寸之地無得者，豈齊不欲地哉？形弗能有也。諸侯見齊之罷露，君臣之不親，舉兵而伐之，主辱軍破，爲天下笑。所以然者，以其伐楚而肥韓、魏也。此所謂籍賊兵而齎盜糧者也。《史記・范雎列傳》雖據《戰國策》而中增文子爲此計"大臣作亂，文子出走，故齊以大亂"云云，蓋隱以田文射穰侯，其辭雖巧，然非史實。齊之敗，田文歸老久矣。此司馬遷之文，非范雎之説也，不取。王不如遠交而近攻。得寸，則王之寸也。得尺，亦王之尺也。今舍此而遠攻，不亦繆乎！且昔中山之地，方五百里，趙獨擅之，功成名立而利附，天下莫之能害也。今夫韓、魏，中國之處，而天下之樞也。王其欲霸，必親中國，以爲天下樞，以威楚、趙。趙彊則楚附，楚彊則趙附，楚、趙附，則齊必懼，懼必卑辭重幣以事秦。齊附而韓、魏可虜也。"王曰："寡人欲親魏，魏多變之國也，寡人不能親，請問親魏奈何？"雎曰："卑辭重幣以事之；不可，削地以賂之；不可，因舉兵而伐之。"據《戰國策・秦策》。王曰："寡人敬聞命矣。"乃拜雎爲客卿，謀兵事。卒聽其謀，使五大夫綰伐魏，拔懷。後二歲，拔邢丘，據《史記・范雎列傳》。邢丘拔而魏請附。

雎復説王曰："秦、韓之地形，相錯如繡，秦之有韓，譬如木之有蠹，人之病心腹也。天下無變則已，天下有變，其爲秦患者，孰大於韓乎？王不如收韓。"王曰："寡人固欲收韓，韓不聽，爲之奈何？"雎曰："舉兵而攻滎陽，則成皋之路不通；北斷太行之道，則上黨之師不下。一舉而攻滎陽，則其國斷而爲三。韓見必亡，焉得不聽。韓聽而霸事可成也。"王曰："善。"據《戰國策・秦策》、《史記・范雎列傳》。且欲發使於韓。

雎日益親，復説用數年矣，因請問説曰："臣居山東時，聞齊之有田文，不聞其有王也。聞秦之有太后、穰侯、華陽、高陵、涇陽，不聞其有王也。夫擅國之謂王，能利害之謂王，制生殺之威之謂王。今太后擅行不顧，'四貴'專横，而國不危者，未之有也。爲此'四貴'者下，乃所謂無王也。然則權安得而不傾？令安得從王出乎？臣聞善治國者，乃内固其威，而外重其權。穰侯使者操王之重，決制於諸侯，剖符於天下，征敵伐國，莫敢不聽。戰勝攻取，則利歸於陶國，幣御於諸侯；戰敗，則結怨於百姓，而禍歸於社稷。詩曰：'木實繁者披其枝，披其枝者傷其心，大其都者危其國，尊其臣者卑其主。'淖齒管齊，擢閔王之筋，懸諸廟梁，宿昔而死。李兑用趙，囚主父於沙丘，百日而餓死。今臣聞太后、穰侯用事，高陵、涇陽佐之，卒無秦王，此亦淖齒、李兑之類也。且夫三代所以亡國者，君專授政，縱酒，馳騁弋獵，不聽政事。其所授者，妒賢嫉能，御下蔽上，以成其私。不爲主計，而主不覺悟，故失其國。今自有秩以上，至諸大吏，下及王左右，無非相國之人者。國無争則已，有則臣必見王獨立於廟朝矣。臣竊爲王恐，恐萬世之後，有秦國者，非王子孫也。"王大懼，曰："善。"據《史記·范雎列傳》及《戰國策·秦策》。於是收穰侯相印，奪太后權，出穰侯、高陵、華陽、涇陽君於關外。乃拜雎爲相，封以應，號爲應侯。時昭王之四十一年也。據《史記·范雎列傳》、吕祖謙《大事記》。　案：《戰國策》及《史記》皆云廢太后，不確。説在《世紀三》注。

雎既相秦，秦號曰張禄，而魏不知，以爲范雎死已久矣。魏聞秦且東伐韓、魏，魏使須賈於秦。雎聞之，爲微行，敝衣閒步之其邸。須賈見之而驚曰："范叔固無恙乎？"雎曰："然。"須賈笑曰："范叔有説於秦邪？"曰："不也。雎前日得過於魏相，故亡逃至此，安敢説乎？"曰："今叔何事？"雎曰："臣爲人傭賃。"須賈意哀之，留與坐飲食，曰："范叔一寒如此哉！"乃取一綈袍贈之。因問曰："秦相張君，公知之乎？吾聞幸於王，天下之事皆決於相君。今吾事之去留在張君，孺子豈有客習於相君者哉？"雎曰："主人翁習知之。唯雎亦得謁,睢請爲君見於張君。”須賈曰:“吾馬病,車軸折,奈何?”睢曰:“願爲君借大車駟馬。”遂爲須賈御而至相府。府中望見,有識者,皆避匿。須賈怪之。睢謂須賈曰:“待我。我爲君先入通於相君。”須賈待良久,問門下曰:“范叔不出,何也?”門下曰:“無范叔。”曰:“鄉者與我載而入者。”曰:“乃吾相張君也。”須賈大驚,自知見賣,乃肉袒膝行,因門下人謝罪。於是睢盛帷帳侍衛見之。須賈頓首言死罪,曰:“賈不意君能自致於青雲之上,賈不敢復讀天下之書,不敢復與天下之事。賈有湯鑊之罪,請自屏於胡貉之地,唯君死生之。”睢曰:“汝罪有幾?”曰:“擢賈之髮,以贖賈之罪,尚未足。”睢曰:“汝罪有三耳:昔者楚昭王時,而申包胥爲楚却吴軍,楚王封之以荆五千户,包胥辭不受,爲丘墓之寄於荆也。今睢之先人丘墓亦在魏,公前以睢爲有外心於齊,而惡睢於魏齊,公之罪一也;當魏齊辱我於厠中,公不止,罪二也;更醉而溺我,公其何忍乎?罪三矣。然公之所以得無死者,以綈袍戀戀有故人之意,故釋公。”乃謝罷,入言之昭王,罷歸須賈。須賈辭於睢,睢大供具,盡請諸侯使,與坐堂上,食飲甚設。而坐須賈於堂下,置莝豆其前,令兩黥徒夾而馬食之。數曰:“爲我告魏王,急持魏齊頭來!不然者,我且屠大梁。”須賈歸,以告魏齊,魏齊恐,亡走趙,匿平原君勝所。

睢既相,言於王曰:“非王稽之忠,莫能内臣於函谷關。非大王之賢聖,莫能貴臣。今臣官至於相,爵在列侯,而王稽之官尚止於謁者,非其内臣之意也。”王召王稽,拜爲河東守。案:《史記·范雎列傳》范雎既相之下,有王稽謂范雎一段。睢一飯之德必報,而失王稽内秦之大德乎?疑非其實,删之。又任鄭安平,王以爲將軍。睢於是散家財物,盡以報所嘗困厄者,一飯之德必償,睚眦之怨必報。

王聞魏齊在平原君所,欲爲睢必報其仇。乃詳爲好書遺平原君曰:“寡人聞君之高義,願與君爲布衣之友。君幸過寡人,寡人願與君爲十日之飲。”平原君畏秦，而入秦見王。王與飲數日，謂之曰：“昔周文王得吕尚，以爲太公；齊桓公得夷吾，以爲仲父。今范君亦寡人之叔父也。范君之仇在君之家，願使人取其頭來，不然，吾不出君。”平原君曰：“夫魏齊者，勝之友也。在，固不出也；今又不在臣所。”王乃遺趙王書曰：“王之季父案：原作“弟”，依《史記考異》改。在秦，范君之仇魏齊在平原君之家。王使人疾持其頭來。不然，吾舉兵而伐趙，又不出王季父於關。”趙孝成王乃發卒圍平原君家，急，魏齊夜亡，出見趙相虞卿，虞卿度趙王終不可説，乃解其相印，與魏齊亡。間行，念諸侯莫可以急抵者，乃復走大梁，欲因信陵君以走楚。信陵君畏秦，猶豫未肯見，魏齊怒而自剄。趙王聞之，卒取其頭予秦。乃出平原君。

昭王四十三年，秦攻韓汾陘，拔之，因城河上廣武。後四年，王用雎謀，縱反間賣趙。趙以其故，令馬服子代廉頗將。秦大破趙於長平，遂圍邯鄲。據《史記·范雎列傳》。天下之士，合縱相聚於趙，而欲攻秦。雎謂王曰：“王勿憂也！請令廢之。秦於天下之士，非有怨也，相聚而攻秦者，以己欲富貴耳。王見大王之狗，卧者卧，起者起，行者行，止者止，毋相與鬬者。投之一骨，而輕起相牙，何則？有争意也。”於是使唐雎載音樂，予之五千金，居武安，高會，相與飲，謂邯鄲人：“誰來取者？”於是其謀者，固未可得予也，其可得予者，與之昆弟矣。“公與秦計功者，不問金之所之，金盡者，功多矣，今令人復載五千金，隨公。”唐雎行，至武安，散不能三千金，而天下之士，大相與鬬，而縱廢矣。據《戰國策·秦策》。

已而與武安君白起有隙，言而殺之。武安君，穰侯素所存者也。五十年，任鄭安平將而擊趙，爲趙所圍，急，以兵二萬人降趙。秦法：“任人而所任不善者，各以其罪罪之。”於是雎罪當收三族。雎席稾請罪。王恐傷其意，乃下令國中：“有敢言鄭安平事者，以其罪罪之。”而加賜雎食物日益厚，以順適其意。據《史記·范雎列傳》《穰侯列傳》及《六國年表》。後二歲,使王稽攻邯鄲,十七月不下,軍吏惡王稽以反。王大怒,誅王稽,欲兼及睢。睢曰:"王舉臣羈旅之中,臣願請藥賜死,而恩以葬臣,王不失臣之罪,而無過舉之名。"王又善遇之。據《戰國策·秦策》。睢日益不懌。一日,王臨朝歎息。睢進曰:"臣聞'主憂臣辱,主辱臣死。'今大王中朝而憂,臣敢請其罪。"王曰:"吾聞楚之鐵劍利而倡優拙。夫鐵劍利則士勇,倡優拙則思慮遠。夫以遠思慮而御勇士,吾恐楚之圖秦也。夫物不素具,不可以應卒。今武安君既死,而鄭安平等畔,内無良將,而外多敵國,吾是以憂。"欲以激勵睢。睢懼,不知所出。

燕人蔡澤聞之,往入秦。據《史記·范睢列傳》。見睢曰:"夫四時之序,成功者去。君獨不見夫秦之商君、楚之吴起、越之大夫種,何足願與?君之主惇厚舊故,不倍功臣,孰與孝公、楚王、越王?君身不退,患恐甚於三子矣。今君之怨已讎而德已報,意欲至矣,而無變計,竊爲君危之!"睢乃延以爲上客,因薦於王。睢因謝病,請歸相印。王强起之,遂稱篤,因免相。據《史記·蔡澤列傳》、《資治通鑑》及《戰國策·秦策》。語具在《蔡澤傳》中。

後二十餘年,有尉繚者,案顔師古《漢書注》:"尉,姓,繚,名。"亦魏大梁人,亦以智謀輔秦并諸侯,得高位。據《史記·秦始皇本紀》。爲商君學。劉向《别録》。秦王政十年,來説王曰:"以秦之彊,譬如郡縣之君,臣但恐諸侯合縱,翕而出不意,此乃智伯、夫差、湣王之所以亡也。願大王毋愛財物,賂其豪臣,以亂其謀。不過亡三十萬金,則諸侯可盡。"王從其計。見繚亢禮,衣服食飲與之同。繚曰:"秦王少恩,居約易出人下,得志亦輕食人。我布衣也,然見我常身自下我,誠使王得志於天下,天下皆爲虜矣。不可與久游。"乃亡去。王覺,固止以爲國尉。卒用其計策。據《史記·秦始皇本紀》、《論衡·骨相篇》。其後李斯齎持金玉,離六國君臣之計,即繚謀之續也。據《史記·李斯列傳》。有書二十九篇。案:用近人顧氏説。《七略》在諸子雜家,已佚。今所傳,蓋與魏惠王時兵形勢家尉繚書混而爲一矣。

論曰:范雎誠智士哉!“不知有王”而“四貴”傾,“遠交近攻”而六王畢矣。然以魏冉妒賢而攘其位,奈何躬蹈之,讒殺武安君,卒以是幾亦不免。其害人也,適以自害也,豈智於人而愚於己邪?尉繚行賂之謀,即近交之術,其能自葆於富貴功名之外,似過雎矣。

秦史卷三十四　蔡澤傳

蔡澤者，燕人也。游學，干諸侯小大甚衆，不遇。而從唐舉相。曰："吾聞先生相李兑曰'百日之内持國秉'，有之乎？"曰："有之。"曰："若臣者何如？"唐舉熟視而笑曰："先生曷鼻，巨肩，魋顔，蹙齃，膝攣，吾聞聖人不相，殆先生乎？"澤知唐舉戲之，乃曰："富貴吾所自有"，吾所不知者壽也。願聞之。"唐舉曰："先生之壽，從今以往者四十三歲。"澤笑謝而去。案：哲人非相，此特取笑其爲人，而唐舉謂"聖人不相"，蔡澤謂"富貴我所自有"，亦達論。原不沉溺其術也，存之。謂其御者曰："吾持粱齧肥，躍馬疾馳，懷黄金之印，結紫綬於要，揖讓人主之前，食肉富貴，四十三年足矣。"去之趙，見逐。入韓、魏，遇奪釜鬲於塗。據《史記·蔡澤列傳》。

聞秦應侯任鄭安平、王稽，皆負重罪，内慚。乃西入秦。將見昭王，使人宣言以感怒應侯曰："燕客蔡澤，天下駿雄弘辯之士也。彼一見秦王，秦王必相之而奪君位。"應侯聞之，曰："五帝三代之事，百家之説，吾既知之。衆口之辯，吾皆摧之。是惡能困我而奪我位乎？"使人召澤。澤入則長揖，應侯固不快，及見之，又倨。因讓之曰："子嘗宣言代我相秦，寧有此乎？"對曰："然。"應侯曰："請聞其説。"澤曰："吁！何君見之晚也？夫四時之序，成功者去。夫人生百體堅强，手足便利，耳目聰明，而心聖智，豈非士之願與？"應侯曰："然。"澤曰："質仁秉義，行道施德於天下，天下懷樂敬愛，願以爲君王，豈不辯智之期與？"應侯曰："然。"澤復曰："富貴顯榮，成理萬物，萬物各得其所，性命壽良，終其天年而不夭傷，天下繼其統，守其業，傳之無窮，名實純粹，澤流千世，世世稱之而無絶，與天地終始，豈非道之符而聖人所謂吉祥善事者與?"應侯曰："然。"澤曰："若夫秦之商君，楚之吴起，越之大夫種，其卒亦可願與?"應侯知蔡澤之欲困己以説，謬曰："何爲不可！夫公孫鞅之事孝公也，極身無貳慮，盡公不顧私，信賞罰以致治，竭智能，示情素，蒙怨咎，欺舊交，奪魏公子卬，卒爲秦禽將破敵，攘地千里。吴起之事悼王也，使私不得害公，讒不得蔽忠，言不取苟合，行不取苟容，不爲危易行，行義不辟難。然爲霸主彊國，不辭禍凶。大夫種之事越王也，主雖困辱，悉忠而不解，主雖亡絶，盡能而弗離。多功而不矜，富貴不驕怠。若此三子者，義之至，忠之節也。是故君子以義死難，視死如歸。生而辱，不如死而榮。士固有殺身以成名，惟義之所在，雖死無所恨，何爲不可哉!"澤曰："主聖臣賢，天下之福也；君明臣直，國之福也；父慈子孝，夫信妻貞，家之福也。故比干忠而不能存殷，子胥智而不能完吴，申生孝而晉國亂，是皆有忠臣孝子，而國家滅亂者，何也？無明君賢父以聽之，故天下以其君父爲僇辱而憐其臣子。今商君、吴起、大夫種之爲人臣是也，其君非也，故世稱三子致功而不見德，豈慕不遇世死乎？夫待死而後可以立忠成名，是微子不足仁，孔子不足聖，管子不足大也。夫人之立功，豈不期成全邪？身與名俱全者，上也；名可法而身死者，其次也；名在僇辱而身全者，下也。"於是應侯稱善。

澤得少間，因曰："夫商君、吴起、大夫種，其爲人臣盡忠致功，則所願矣。閎夭事文王，周公輔成王也，豈不亦忠聖乎？以君臣論之，商君、吴起、大夫種，其可願孰與閎夭、周公哉?"應侯曰："商君、吴起、大夫種不若也。"澤曰："然則君之主，慈仁任忠，不欺舊故，孰與秦孝公、楚悼王、越王乎?"應侯曰："未知何如也。"澤曰："今主親忠臣，不過秦孝、越王、楚悼，君之爲主正亂，批患折難，廣地殖穀，富國足家彊主，威蓋海内，功章萬里之外，不過商君、吴起、大夫種，而君之禄位貴盛，私家之富，過於三子，而身不退，竊爲君危之！語曰：‘日中則移，月滿則虧，物盛則衰，天之常數也。’進退盈縮，與時變化，聖人之常道也。昔者齊桓公九合諸侯，一匡天下，至葵丘之會，有驕矜之色，畔者九國。吴王夫差，無敵於天下，輕諸侯，凌齊晉，遂以殺身亡國。夏育、太史啓，叱呼駭三軍，然而身死於庸夫。此皆乘至盛而不反道理也。夫商君爲孝公平權衡，正度量，調輕重，決裂阡陌，教民耕戰。是以兵動而地廣，兵休而國富。故秦無敵於天下，立威諸侯。功已成，遂以車裂。楚地方數千里，持戟百萬。白起率數萬之師，以與楚戰，一戰舉鄢郢，再戰燒夷陵，又越韓、魏而攻强趙，北阬馬服，誅屠四十餘萬之衆，流血成川，沸聲若雷，使秦業帝。自是之後，趙、楚懾服，不敢攻秦者，白起之勢也，身所服者七十餘城，功已成矣，賜死於杜郵。吴起爲楚悼立法，卑減大臣之威重，罷無能，廢無用，損不急之官，塞私門之請，壹楚國之俗。南攻楊越，北并陳蔡，破横散縱，使馳説之士，無所開其口，兵震天下，威服諸侯。功已成矣，而卒支解。大夫種爲越深謀遠慮，以亡爲存，因辱爲榮，墾草入邑，辟地殖穀，率四方之士，專上下之力，以禽勁吴，成霸功。勾踐終倍而殺之。此四子者，成功而不去，禍至於此。此所謂伸而不能詘，往而不能返者也。范蠡知之，超然避世，長爲陶朱公。君獨不觀夫博者乎？或欲大投，或欲分功，此皆君之所明知也。今君相秦，計不下席，謀不出廊廟，坐制諸侯。利施三川，以實宜陽，決羊腸之險，塞太行之口，又斬范中行之塗，棧道千里，通於蜀、漢，使天下皆畏秦。秦之欲得矣，君之功極矣，此亦秦之分功之時也。如是不退，則商君、白公、吴起、大夫種是也。君何不以此時歸相印，讓賢者授之，必有伯夷之廉，長爲應侯，世世稱孤，而有喬松之壽，孰與以禍終哉！此則君何居焉？”應侯曰：“善。吾聞‘欲而不知足，失其所以欲；有而不知止，失其所以有’。”乃延入坐，爲上客。

後數日，入朝，言於昭王曰：“客新有從山東來者蔡澤，其人辯士，臣之見人衆矣，莫有及者，臣不如也。”王召見與語，大悦之，拜爲客卿。應侯謝病移相印，王新悦澤計畫，遂以爲相。

數月，人或惡之，懼誅，乃謝病免。號爲剛成君。《太平寰宇記》許州許昌縣有剛城，蔡澤封此。《水經・濦水注》：濦水東逕剛城南，蔡澤號剛成君，疑即其邑。然此時秦未并燕，誤。居秦二十餘年，事昭王、孝文王、莊襄王，卒事始皇帝。使於燕，三年，而燕使太子丹入質於秦。

論曰：蔡澤徒以口舌得卿相，而無術以勝其任，不數月而罷，爲天下笑。然能知難而退，猶勝戀棧覆餗、誤國誤己者多矣。

秦史卷三十五　呂不韋傳

附嫪毐　司空馬

呂不韋者，濮陽人也。案：《史記・呂不韋列傳》作陽翟人。賈於邯鄲，見秦質子異人，歸而謂父曰："耕田之利幾倍？"曰："十倍。""珠玉之贏幾倍？"曰："百倍。""立國家之主贏幾倍？"曰："無數。"曰："今力田疾作，不能煖衣餘食；今建國立君，澤可以遺世。秦子異人質於趙，處於𨙸城，此奇貨也。願往事之。"乃往説之曰："子異母兄據高誘注增。子傒有承國之業，又有母在中。今子無母於中，案：異人有母夏而曰無母者，《史記》所謂其母不得幸，故有如無也。外託於不可知之國，一日倍約，身爲糞土。今子聽吾計事求歸，可以有秦國，吾爲子使秦，必來請子！"據《戰國策・秦策》、《史記・呂不韋列傳》。異人頓首曰："必如君計，請得分國，與君共之。"據《史記・呂不韋列傳》。

不韋乃説秦王后弟陽泉君曰："君之罪至死，君知之乎？君之門下無不居高官尊位，太子門下無貴者；案：太子謂子傒，然時實未真爲太子也，特竦言之。君之府藏珍珠寶玉，君之駿馬盈外廄，美女盈後庭。王之春秋高，一日山陵崩，太子用事，君危於累卵，而不壽於朝生；説有可以一切而使君富貴千萬歲，其寧於太山四維，必無危亡之患矣。"陽泉君避席請聞其説。不韋曰："王年高矣，王后無子，子傒有承國之業，士倉又輔之。王一日山陵崩，子傒立，士倉用事，王后之門,必生蓬蒿。子異人,賢材也,棄在於趙,無母於内,引領西望,而願一得歸。王后誠請而立之,是子異人無國而有國,王后無子而有子也。”陽泉君曰:“然。”入説王后,王后乃爲請趙而歸之。趙未之遣,不韋説趙曰:“子異人,秦之寵子也。無母於中,王后欲取而子之。使秦而欲屠趙,不顧一子以留計,是抱空質也。若使子異人歸而得立,趙厚送遣之,是不敢倍德畔施,是自爲德講。秦王老矣,一日晏駕,雖有子異人,不足以結秦。”趙乃遣之。案:《史記》與《秦策》有絶異者數事:其一,《秦策》謂不韋爲異人使秦,當孝文王時;而《史記》謂不韋西游,當昭王時,孝文王尚爲太子。其二,《秦策》不韋所説爲文王后弟陽泉君,而《史記》則謂不韋説華陽夫人姊。其三,《秦策》謂異人之歸,乃王后請之趙,而《史記》乃謂異人於邯鄲之圍脱亡赴秦軍。其四,《秦策》不言不韋獻姬事,而《史記》乃言獻姬匿有身以鈎奇。如《史記》言,安國君與華陽夫人已許異人爲適嗣矣,奈何不速其歸,濡滯至數年之久,使遭長平之戰,邯鄲之圍,是棄若敝屣,置之死地,適嗣云何哉!且獻姬一事,既曰取諸姬之善舞者與居,遂獻其姬,子楚立以爲夫人。而下文曰子楚夫人豪家女,亦自爲矛盾也。如《秦策》不韋使秦爲孝文王時,據《史記·秦始皇本紀》,始皇生於昭王四十八年正月,則始皇此時年且十歲,安有獻姬生子之事?疑皆不韋賓客顛倒毒誣之辭,何可信也。别詳《始皇帝本紀》。司馬遷去《秦策》而取此,可謂好奇之過矣。此關秦始皇最大事,故詳論之。

異人至,不韋使楚服而見,王后悦其狀,高其知,曰:“吾楚人也。”而自子之,乃變其名曰楚。王使子誦,子曰:“少棄捐在外,嘗無師傅所教學,不習於誦。”王罷之,乃留止。間曰:“陛下嘗軔車於趙矣,趙之豪傑得知名者不少,今大王反國,皆西面而望,大王無一介之使以存之,臣恐其皆有怨心,使邊境早閉晚開。”案:以“使楚服見”推之,當亦不韋之教也。王以爲然,奇其計。王后勸立之,王乃召相令之曰:“寡人子莫若楚,立以爲太子。”據《秦策》。王立一年薨,謚爲孝文王。太子代立,是爲莊襄王。

元年,以不韋爲丞相,封爲文信侯,食河南洛陽十萬户,家僮萬人。據《史記·吕不韋列傳》。案:河南秦名三川郡,漢高時始改河南。史略誤。《秦策》作食藍田十二縣。所母后爲華陽太后，諸侯皆致奉邑。據《秦本紀》。東周君與諸侯謀秦，王使不韋誅之，盡入其國。據《秦本紀》。莊襄王即位三年薨，太子正立。尊不韋爲相國，號稱仲父。

當是時，魏有信陵君，楚有春申君，趙有平原君，齊有孟嘗君，皆下士喜賓客以相傾。不韋以秦之强，羞不如，亦招致士，厚遇之，至食客三千人。是時諸侯多辯士，如荀卿之徒著書布天下，不韋乃使其客人人著所聞，集論以爲八覽、六論、十二紀，二十餘萬言。以爲備天地萬物古今之事，號曰《吕氏春秋》。布咸陽市上，懸千金其上，延諸侯游士賓客，有能增損一字者予千金。據《史記・吕不韋列傳》。案：《太平御覽》卷一百九十一引《史》作吕不韋撰《春秋》成，牓於秦市，曰："有人能改一字者，賜金三十斤。"與此不同。無敢易者。馬總《意林》。其書數秦先王之過，無所憚；詆訾時君爲俗主，譏彈其開邊，謂欲東至開梧，南撫多顯，西服壽靡，北懷闐耳，爲何以得？案：語見《任數篇》。原作儋耳，儋耳在南。據《山海經・大荒西經》改。何以得，原作"若之何"，此從《意林》。至其《序意篇》，稱維秦八年，歲在涒灘，不以時君紀年，據姚文田説。尤怏怏非少主臣也。意不韋與賓客或有晉三家、齊田和非常之謀，事秘不可知矣。

九年，太后嬖人嫪毐變作，下吏治，辭連不韋。四月，案：《吕不韋列傳》作九月，此從《秦始皇本紀》。嫪毐伏誅。王欲誅不韋，爲其奉先王功大，及賓客辯士爲游説者衆，王不忍致法。十年十月，不韋免出就國。歲餘，諸侯賓客使者相望於道，請文信侯。王恐其爲變，乃賜不韋書曰："君何功於秦？秦封君河南，食十萬户。君何親於秦，號稱仲父。其與家屬徙處蜀！"據《史記・吕不韋列傳》。不韋遂出走，與其尚書司空馬之趙，據《戰國策・秦策》。馬，三晉人也。據金氏《國策補釋》。秦下甲而攻趙。據《戰國策・秦策》。不韋恐誅，十二年，飲酖死。據《史記・吕不韋列傳》。賓客數千人竊葬於洛陽北芒山，據《史記・秦始皇本紀・索隱》。事發，以臨、不臨及秦人、非秦人分别遷斥：其臨者，晉人也，逐出之;秦人六百石以上,奪爵,遷;五百石以下,不臨,遷,勿奪爵。秋,復嫪毐舍人遷蜀者,據《秦始皇本紀》。而不韋賓客終不復。或傳曰:南越王相吕嘉,不韋後也,據程餘慶《史記集説》。歷相三世,漢取南越,嘉拒漢死。據《史記·南越列傳》。

嫪毐者,邯鄲人。據《史記·秦始皇本紀·索隱》。與太后鄉同里,詐爲宦者,遂得侍太后。太后絶嬖之。據《史記·吕不韋列傳》。　案:《史記》謂吕不韋私求大陰人嫪毐以自代,皆吕氏客毐誣之辭,不可信。封爲長信侯,予之山陽地,宫室、車馬、衣服、苑囿、馳獵恣毐。事無大小皆決於毐。又以河西太原郡更爲毐國。據《史記·秦始皇本紀》。家僮數千人,諸客求宦爲毐舍人千餘人。《史記·吕不韋列傳》。勢與吕氏埒。秦自四境之内,執法以下,至於長輓者畢曰:"與嫪氏乎? 與吕氏乎?"據《戰國策·魏策》。毐浸益驕。九年,毐與侍中貴臣博飲酒醉,争言而鬬,瞋目大叱曰:"吾乃王假父也! 窶人子何敢與我亢?"與鬬者走白王。據劉向《説苑·正諫》篇。嫪毐實非宦者,私侍太后生二子,與太后謀曰:"王即薨,以子爲後。"王驗左右未發,據《史記·吕不韋列傳》。毐懼誅,因作亂。據《説苑·正諫》篇。矯王御璽及太后璽,以發縣卒及尉卒、官騎、戎翟君公、舍人,將欲攻雍蘄年宫。時王在雍,知之,據《史記·秦始皇本紀》。發吏攻毐,據《史記·吕不韋列傳》。戰咸陽,毐等敗走。四月,盡得毐等衛尉竭、内史肆、佐弋竭、中大夫令官名。齊等二十人於好畤,皆梟首,車裂以徇,滅其宗及其舍人。輕者爲鬼薪,及奪爵遷蜀四千餘家,家房陵。《史記·秦始皇本紀》。殺太后所生兩子,而遂遷太后於雍。《史記·吕不韋列傳》。

司空馬,吕不韋吏也。據《戰國策·秦策》注。事之爲尚書。不韋既免相遷蜀,馬與之出走。案:《國策》原文爲"文信侯出走,與司空馬之趙"。或以爲與爲黨與之與,似未必然。至趙,趙以爲守相。秦下甲攻趙,馬説趙王曰:"文信侯相秦,臣事之,習秦事。今大王使守小官,習趙事。請爲大王設秦、趙之戰,而親觀其孰勝。趙孰與秦大?”曰:“不如。”“民孰與之衆?”曰:“不如。”“金錢粟孰與之富?”曰:“不如。”“國孰與之治?”曰:“不如。”“相孰與之賢?”曰:“不如。”“將孰與之武?”曰:“不如。”“律令孰與之明?”曰:“不如。”馬曰:“然則大王之國,百舉而無及秦者,大王之國亡。”趙王曰:“卿不遠趙,而悉教以國事,馬曰:“大王裂趙之半以賂秦,秦不接刃而得趙悦。内惡趙之守,外恐諸侯之救,秦必受之。秦受地而却兵,趙守半國以自存,秦銜賂以自强,山東必恐亡趙自危,諸侯必懼。懼而相救,則從事可成。臣請大王約從。從事成,則是大王名亡趙之半,實得山東以敵秦,秦不足亡。”趙王曰:“前日秦下甲攻趙,趙賂以河間十二縣,地削兵弱,卒不免秦患;今又割趙之半以强秦,力不能自存,因以亡矣。願卿之更計。”馬曰:“臣少爲秦刀筆,以官長而守小官,未嘗爲兵首。請爲大王悉趙兵以遇。”趙王不能將。馬曰:“臣效愚計,大王不用,是臣無以事大王,願自請去趙。”渡平原,平原津令郭遺勞而問:“秦兵下趙,上客從趙來,趙事何如?”馬言其爲趙王計而弗用,趙必亡。平原令曰:“以上客料之,趙何時亡?”馬曰:“趙將武安君,期年而亡;若殺武安君,不過半年。趙王之臣有韓倉者,以曲合於趙王,其交甚親,其爲人疾賢妒功臣。今國危亡,王必用其言,武安君必死。”韓倉果惡李牧而讒死之,五月而趙亡。案:吕不韋亡趙自酖,在秦王正十二年,而趙之亡在十九年,其事不相接,姑存之。平原令見諸公,必爲之言曰:“嗟嗞乎司空馬!”又以爲“司空馬逐於秦,非不知也,去趙,非不肖也。趙去司空馬而國亡。國亡者,非無賢人,不能用也。”司空馬之策趙事,如燭照數計,亦知士。其人蓋始終於吕氏者,故附之。

論曰:吕不韋豈只釣奇逐利之人哉!其將見異人,即謂欲建國立君,澤遺後世。夫秦建久矣,何待於建?澤遺後世,正其本謀。故其爲人謀太子、謀立君,皆自謀也。其後攬英茂,布著書,名爲效四君，實欲暴秦先王與時君之過，亦自謀也。區區洛陽十萬户，號爲仲父，豈能饜其大欲哉！其陰謀雖不可知，或在昭襄即世、少主未立之時邪？孝文立三日而卒，昭襄立三年而卒，豈其偶然？昭襄早立，則國已得其半；昭襄早卒，則其謀可遂矣。少主得立而特英武，則非其始料所及歟，故其書譏少主特甚，而其謀少主乃日急。嫪毐之亂，當在其術中，故曰辭連。夫嫪毐罪大惡極，而其賓客猶可復，而不韋之賓客卒不可復，罪浮於嫪毐而猶曲全之，誰謂秦之少恩哉！

秦史卷三十六　王翦蒙恬傳

附　屠睢

王翦者，頻陽東鄉人也。據《史記·王翦列傳》。相傳爲周太子晉之後，蓋十五傳而至翦云。據《通志·氏族略》、《新唐書·宰相世系表》。少而好兵，事秦始皇。據《史記·王翦列傳》。始皇爲王十一年，翦與桓齮、楊端和攻鄴，翦攻閼與、橑陽，并爲一軍。翦將十八日，軍歸斗食以下，什推二人從軍。拔九城。據《史記·秦始皇本紀》及《王翦列傳》。　案：此乃裁冗員，補軍餉，簡真材之法，正見翦之善將，應入翦傳。《本紀》舉大綱，故删彼而入此。十八年，攻趙，翦將上地，下井陘。十九年，翦拔趙，虜其王遷，盡定趙地爲郡。據《史記·秦始皇本紀》《六國年表》《王翦列傳》。明年，燕太子丹令荆軻爲賊於秦，王使翦攻燕，破之易水西。二十一年，益發卒詣翦軍，燕王亡保遼，斬丹以獻，遂定燕薊而還。據《史記·秦始皇本紀》及《燕世家》。王使翦子賁擊楚，楚兵敗。還擊魏，據《史記·王翦列傳》。斷故渠，引水東南出，以灌大梁。據《水經·渠水注》。魏王假降。

王既滅三晉，走燕王，而數破楚師。將軍李信者，年少壯勇，嘗以兵數千逐燕太子丹，至於衍水中，卒迫殺丹，王以爲賢勇。於是問李信："吾欲攻取荆，案：荆即楚，説在《始皇帝本紀》。於將軍度用幾何人而足？"李信曰："不過用二十萬人。"王問翦，翦曰："非六十萬人不可。"王曰："王將軍老矣，何怯也！李將軍固勢壯勇，其言是也。”遂使李信及蒙武案：原作蒙恬，據《太平御覽》卷一百五十九改。《楚世家》云秦將王翦、蒙武遂破楚國，尤可證此時將兵爲蒙武非蒙恬。將二十萬，南伐楚。翦言不用，因謝病，歸老於頻陽。李信攻平輿，蒙武攻寢，大破楚軍。於是李信引兵而西，與蒙武會城父。楚人因隨之，三日三夜不頓舍，大破李信軍，入兩壁，殺七都尉，信軍走。王聞之，大怒，自馳至頻陽，謝王翦曰：“寡人不用將軍謀，李信果辱我軍。今聞荆兵日進而西，將軍雖病，獨忍棄寡人乎？”翦謝曰：“老臣罷病悖亂，唯大王更擇賢將。”王謝曰：“已矣！將軍弗復言！”翦曰：“大王必不得已用臣，非六十萬人不可。”王曰：“爲聽將軍計耳。”於是翦將六十萬人行。

王自送至灞上。翦請美田宅園池甚衆。王曰：“將軍行矣！何憂貧乎？”翦曰：“爲大王將，有功終不得封侯，故及大王之向臣，臣亦及時以請園池田宅爲子孫業耳。”王大笑。翦既行，至關，使使還請善田者五輩。或曰：“將軍之乞貸，亦已甚矣！”翦曰：“不然。夫王怚中而不信人，今空國甲士而專委於我，我不多請田宅爲子孫業以自堅，顧令王坐而疑我邪？”

翦既代李信，楚聞王翦益軍而來，乃悉國中兵以拒秦。翦至平輿，堅壁而守之，不肯戰。楚兵數出挑戰，終不出。翦日休士洗沐，而善飲食撫循之，親與士卒同食。久之，翦使人問軍中戲乎？對曰：“方投石超距。”於是翦曰：“士卒可用矣。”楚既不得戰，乃引而東。翦因舉兵追之，令壯士擊，大破楚軍。至蘄南，殺其將軍項燕。楚兵遂敗走。據《史記·王翦列傳》。翦與蒙武因乘勝略定城邑。歲餘，又與蒙武破楚，虜楚王負芻，竟平楚地爲郡縣。因南征百越之君，而子賁與李信破定燕、齊地。

始皇二十六年，盡并天下。王氏、蒙氏功爲多，名施於後世。二世之時，翦及賁皆已前卒，而又滅蒙氏。陳勝之起，二世使翦孫離擊趙，圍趙王及張耳鉅鹿城。居無何，楚將項羽救趙擊秦，據《史記・王翦列傳》。王離軍食多，蘇角戰死，涉間自燒殺，而離被虜。其軍隨降楚，辱其父與祖矣。

蒙氏，其先齊人也。至蒙驁，自齊事昭王，官至上卿。莊襄王元年，爲將伐韓，取成皋、滎陽，作置三川郡。據《史記・蒙恬列傳》。二年，攻魏高都、汲，拔之。據《史記・秦本紀》。攻趙榆次、新城、狼孟，取三十七城。始皇帝爲王之三年，驁攻韓，取十三城。攻魏，取酸棗二十城。作置東郡。據《史記・蒙恬列傳》《六國年表》。七年，驁卒。

驁子曰武。二十三年，武爲裨將軍，與王翦攻楚，大破之，殺項燕。二十四年，又與王翦攻楚，虜其王。

武子曰恬、曰毅。恬嘗書獄，典文學，因家世得爲將軍。攻齊，大破之，拜爲内史。秦已并天下，乃使恬將三十萬衆，北逐戎、狄，收河南。築長城，因地形，用險制塞，起臨洮，至遼東，延袤萬餘里。於是渡河，據陽山，逶迤而北。暴師於外十餘年，居上郡。是時恬威震匈奴。始皇帝甚尊寵蒙氏，信任賢之，而親近毅，位至上卿。出則參乘，入則御前。恬任外事，而毅常爲内謀，名爲忠信，故雖諸將相，莫敢與之争焉。

趙高者，生於隱宫，始皇聞其强力通獄法，以爲中書府令。高即私事公子胡亥。嘗有大罪，始皇帝使毅法治之。罪當死，除其宦籍。始皇帝以高之敦於事也，赦之，復其官爵。

始皇欲游天下，道九原，直抵甘泉。乃使恬通道，塹山堙谷，千八百里。道未就。三十七年冬，始皇帝行出游，由會稽并海上，北走琅邪。道病，使毅還禱山川，未反。始皇至沙丘崩。是時公子胡亥、丞相李斯及趙高實從。秘之。高雅得幸於胡亥，欲立之。又怨毅法治之而不爲己也，因有賊心。乃與李斯、胡亥陰謀立胡亥爲太子。太子已立，遣使者以罪賜子扶蘇、蒙恬死。扶蘇已死，恬疑而復請之。使者以恬屬吏。更置，以李斯舍人爲護軍。《通鑑》作更置李斯舍人爲護軍，據方氏《補正》。使者還報，胡亥已聞扶蘇死，即欲釋恬。趙高恐蒙氏復貴而用事，及毅還，趙高因陽爲胡亥忠計，欲以滅蒙氏。乃言曰："臣聞先帝欲舉賢立太子久矣，而毅諫曰'不可'。若知賢而愈不立，則是不忠而惑主也。以臣愚意，不若誅之。"胡亥聽而繫毅於代。前已囚恬於陽周，喪至咸陽，已葬，太子立爲二世皇帝。而趙高親近，日夜毀惡蒙氏，求其罪過，舉劾之。王子嬰進諫曰："蒙氏，秦之大臣謀士也，而主欲一旦棄去之，臣竊以爲不可。誅殺忠臣，而立無節行之人，是内使羣臣不相信，而外使鬭士之意離也。"後來章邯、司馬欣之畔，即由此也。

二世不聽，而遣御史曲宫之代，令毅曰："先主欲立太子，而卿難之。今丞相以卿爲不忠，罪及其宗，朕不忍，乃賜卿死，亦甚幸矣，卿其圖之！"毅對曰："以臣不能得先主之意，則臣少宦，順幸没世，可謂知意矣。以臣不知太子之能，則太子獨從周旋天下，去諸子絶遠，臣無所疑矣。夫先主之舉用太子，數年之積也。臣乃何言之敢諫？何慮之敢謀？非敢飾辭以避死也，爲羞累先主之名，願大夫爲慮焉，大夫，指曲宫。使臣得死情實。且夫順成全者，道之所貴也，刑殺者，道之所卒也。昔者繆公殺三良而死，罪百里奚而非其罪也，故立號曰繆。昭襄王殺武安君白起，楚平王殺伍奢，吴王夫差殺伍子胥，此四君者皆爲大失，而天下非之。以其君爲不明，以是籍於諸侯。故曰：'用道治者，不殺無罪，而罰不及於無辜。'唯大夫留心！"使者知二世之意，不聽毅言，遂殺之。

二世又遣使者至陽周，令蒙恬曰："君之過多矣，而卿弟毅有大罪，法及内史。"恬曰："自我先人，及至子孫，積功信於秦三世矣。今臣將兵三十餘萬，身雖囚繫，其勢足以倍畔。自知必死而守義者，不敢辱先人之教，以不忘先主也。昔周成王初立，未離繈褓，周公旦負王以朝，卒定天下。及成王有病，甚殆，公旦自揃其爪，以沈於河，曰：'王未有識，是旦執事，有罪殃，旦受其不祥。'乃書而藏之記府,可謂信矣。及王能治國,有賊臣言:‘周公旦欲爲亂久矣,王若不備,必有大事。’王乃大怒,周公旦走之楚。成王觀於記府,得周公旦沈書,乃流涕曰:‘孰謂周公旦欲爲亂乎?’殺言者而反周公旦。故《周書》曰:‘必參而伍之。’今恬之宗,世無二心,而事卒如此,是必孽臣逆亂,内陵之道也。夫成王失而復振,則卒昌;桀殺關龍逢,紂殺王子比干,而不悔,則身死國亡。臣故曰:過可振而諫可覺也。察於參伍,上聖之法也。凡臣之言,非以求免於咎也,將以諫而死,願陛下爲萬民思從道也。”使者曰:“臣受詔行法於將軍,不敢以將軍言聞於上也。”恬乃喟然太息曰:“我何罪於天,無過而死乎?”良久,徐曰:“恬罪固當死矣。起臨洮,屬之遼東,城塹萬餘里,此其中不能無絶地脈哉?此乃恬之罪也。”乃遂仰藥自殺。據《史記·蒙恬列傳》。

蒙恬征胡之明年,屠睢復南討。屠睢者,官國尉,案《淮南子·人間訓》云:尉屠睢。秦官名尉,有太尉、廷尉、國尉、衛尉、都尉等。太尉秩同丞相,廷尉掌刑辟,衛尉都尉秩與睢官皆不類。《史記·白起列傳》云遷爲國尉。睢統五軍,或同白起邪?姑定爲國尉。始皇使發諸嘗逋亡人、贅壻、賈人五十萬略取陸梁地,爲五軍:一軍塞鐔城之領,一軍守九疑之塞,一軍處番禺之都,一軍守南野之界,一軍結餘干之水。三年不解甲弛弩。據《淮南子·人間訓》。使監禄以卒鑿渠而通糧道,語在《水工傳》中。與越人戰,殺西甌君譯吁宋。案:“西甌”,原作“西嘔”,據《史記·南越列傳》及《趙世家·正義》引《輿地志》改。卒先後定其地,以爲桂林、象郡、南海諸郡。而越人皆入叢薄中,與禽獸處,莫肯爲秦虜,相與置桀駿以爲將,夜攻睢軍,睢殉焉。乃以適徙民戍五嶺,與越雜處,始漸安。據《淮南子·人間訓》、《史記·秦始皇本紀》、《通鑑》。

論曰:王翦定内而蒙恬攘外,於秦皆功最高。而恬將大軍爲屏翰，毅侍帷幄爲謀主，尤繫國家之重。然當始皇帝病，太子未立，而奸閹在側，奈何毅輕於一去？恬自知將兵三十餘萬，其勢足以畔；而猶守區區之義，而不知變。在毅爲不知，在恬爲不勇，惜哉！後人徒以秦法重爲解，非所以語社稷臣也，豈爲知言乎！

秦史卷三十七　内史騰傳

内史騰者，佚其姓，案：《通鑑》作勝，誤。事始皇帝爲内史，治京師。據《史記·秦始皇本紀》、《漢書·百官公卿表》。十四年，韓王請爲臣。十六年，韓獻南陽地。九月，發卒受地於韓，命騰爲假守，以規韓。十七年，攻韓，得韓王安，遷於山死，盡入其地爲潁川郡。據《史記·秦始皇本紀》《韓世家》、雲夢秦墓《竹書大事記》。

九年，南郡有警，據雲夢秦墓《竹書大事記》。郡爲白起攻楚拔郢後所置，據《史記·秦本紀》《六國年表》。其勢足以拊楚之背。時方有事於楚，遂移騰備之。據近人雲夢《秦簡札記》。明年四月，騰告縣道嗇夫曰：

> 古者，民各有鄉俗，其所利及好惡不同。或不便於民，害於邦。是以聖王作爲法度，以矯端民心，去其邪僻，除其惡俗。法律未足，民多詐巧；今法律令已具矣，而吏民莫用，鄉俗淫佚之民不止，是即廢主之明法也。故騰爲是而修法律令；田令及爲間私方而下之，令吏明布，令吏民皆明知之，毋歫於罪。今法律令已布，聞吏民犯法爲間私者不止，私好鄉俗之心不變。自從令、丞以下，知而弗舉論，是明避主之明法也，而養匿邪僻之民。如此，則爲人臣亦不忠矣。若弗知，是即不勝任，不智也；知而弗敢論，是即不廉也，此皆大罪也。而令、丞弗明智甚不便。今且令人案行之，舉劾不從令者，致以律，論及令、丞。又且課縣官，獨多犯令，而令、丞弗得者，以令丞聞。以次傳。

凡良吏明法律令，事無不能也；又廉絜敦慤而好佐上，以一曹事不足獨治也，故有公心，又能自端也，而惡與人辨治，是以不争書。惡吏不明法律令，不知事，不廉絜，無以佐上，偷惰疾事，易口舌，不羞辱，輕惡言而易病人，無公端之心而有冒柢之治，是以善斥事，喜争書。争書，因佯瞋目扼腕以示力，訏詢疾言以示治，誈訒醜言麃斫以示險，阬閬强肮以示强，而上猶智之也。故如此者不可不爲罰。

發書移書曹，曹莫受以告府，府令曹畫之，其畫最多者，當居曹奏令、丞，令、丞以爲不直，志千里使有籍書之，以爲惡吏。

又申前旨作爲吏之道，曰：

凡爲吏之道，必精絜正直，慎謹堅固，審悉毋私，微密韱察，安静毋苛，審當賞罰。嚴剛毋暴，廉而毋刖，毋復期勝，毋以忿怒史。寬裕忠信，和平毋怨，悔過勿重，慈下勿陵，敬上弗犯，聽諫勿塞。審知民能，善度民力，勞以率之，正以矯之，反赦其身，止欲去願。中不方，名不章，外不員。尊賢養孼，原野如廷。斷割不刖。怒能喜，樂能哀，智能愚，壯能衰，勇能屈，剛能柔，仁能忍，强良不得。審耳目口，十耳當一目。安樂必戒，毋行可悔。君子不病也，以其病病也。以忠爲榦，慎前慮後，同能而異。毋窮窮，毋岑岑，毋衰衰，臨財見利，不取苟富；臨難見死，不取苟免。欲富大甚，貧不可得；欲貴大甚，賤不可得。毋喜富，毋惡貧，正行修身，禍去福存。

吏有五善：一曰忠信敬上，二曰清廉毋謗，三曰舉事審當，四曰喜爲善行，五曰恭敬多讓。五者畢至，必有大賞。

吏有五失：一曰夸以迣，二曰貴以泰，三曰擅裚割，四曰犯上弗知害，五曰賤士而貴貨貝。一曰見民倨傲，二曰不安其朝,三曰居官善取,四曰受令不僂,五曰安家室忘官府。一曰不察所親,不察所親則怨數至;二曰不知所使,不知所使則以權衡求利;三曰興事不當,興事不當則民易指;四曰善言惰行,則士無所比;五曰非上,身及於死。

戒之!戒之!財不可歸;謹之!謹之!謀不可遺;慎之!慎之!言不可追;綦之!綦之!食不可償。怵惕之心,不可不長。以此爲人君則懷,爲人臣則忠,爲人父則慈,爲人子則孝,爲人上則明,爲人下則聖。能審行此,無官不治,無志不徹。君懷臣忠,父慈子孝,政之本也;志徹官治,上明下聖,治之紀也。

此其大較也。而其目則詳及於倉庫禾粟、兵甲工用、樓椑矢閱、槍藺環殳、比藏封印、水火盜賊、金錢羽旄、息子多少、徒隸攻使、作務員程、老弱癃病、衣食飢寒、苑囿園池、畜産肥胔云云。屬吏竭誠奉之,至有以從葬者。案:此兩文發見於雲夢秦陸安令喜墓中,置於頭腹間。喜當爲騰屬吏也。其至死不渝如此。

後三年滅楚。又三年,秦遂一天下。據《史記·秦始皇本紀》。騰以内史終。案:騰號内史,則是以内史終也。

論曰:郡太守者吏民之本,久於其位則民得其情,而吏不敢罔,服從其教化。秦最得其道,故張若爲蜀守至三十年,任鄙爲漢中守終其身。而騰有大功,卒不變其守。其下竭誠奉其教,至死不渝。漢宣重二千石,其得秦之治道乎?是可爲後世法矣!

秦史卷三十八　章邯傳

章邯者，相傳爲鄣人。據胡三省《通鑑》注。二世時官少府。元年七月，戍卒陳勝等起故楚地，爲張楚。山東郡縣少年苦秦吏，多殺其守尉令丞以應張楚，相立爲侯王，合從西鄉。二年冬，張楚所遣周章等將西至戲，兵數十萬。二世大驚，與羣臣謀曰："奈何?"邯曰："盜已至，衆强，今發近縣不及矣。酈山徒多，請赦之，授兵以擊之。"二世乃大赦天下，免酈山徒人、奴産子，使邯爲將軍，據陳餘《與章邯書》。以擊周章軍，大破之。周章走，出關，次曹陽，邯追敗之；復走澠池，又大破之，遂殺周章。二世益遣長史司馬欣、董翳佐邯進擊。臘月，殺張楚王陳勝城父。據《史記・秦始皇本紀》《陳涉世家》。六月，破殺魏王咎、齊王田儋於臨濟。七月至九月連雨，時楚武信君項梁屢破秦軍，有驕色。邯夜銜枚擊梁於定陶，大破之，殺梁。據《漢書・高帝紀》。

邯既屢勝，以爲楚地兵不足憂，乃渡河北擊趙，復大破之。引兵至邯鄲，皆徙其民河内，夷其城郭。趙相張耳與趙王歇走保鉅鹿城。邯令王離、涉間圍之。邯軍其南，築甬道屬河，輸之粟。趙將陳餘軍其北。楚將項籍救趙，遣當陽君等絶甬道。王離乏食。陳餘復請兵，項籍乃悉引兵渡河，皆沉船，破釜甑，燒廬舍，持三日糧，以示士卒必死，無一還心。於是與秦軍九戰，秦軍大敗，王離被虜，蘇角、涉間皆死。邯引兵却軍棘原。項籍軍漳南，相持未戰。

秦軍數却，二世使人讓章邯，章邯恐，使長史欣請事。至咸陽，留司馬門三日，趙高不見，有不信之心。欣恐，還走其軍。不敢出故道，趙高果使人追之，不及。欣至軍，報曰：“趙高用事於中，下無可爲者。今戰能勝，高必疾妒吾功；戰不能勝，不免於死。願將軍熟計之！”陳餘亦遺邯書曰：

白起爲秦將，南征鄢、郢，北阬馬服，攻城略地，不可勝計，而竟賜死。蒙恬爲秦將，北逐戎人，開榆中地數千地，竟斬陽周。何者？功多，秦不能盡封，因以法誅之。今將軍爲秦將三歲矣。所亡失以十萬數，而諸侯並起滋益多。彼趙高素諛日久，今事急，亦恐二世誅之，故欲以法誅將軍以塞責，使人更代將軍以脱其禍。夫將軍居外久，多内郤，有功亦誅，無功亦誅。且天之亡秦，無愚智皆知之。今將軍内不能直諫，外爲亡國將，孤特獨立而欲常存，豈不哀哉！將軍何不還兵與諸侯爲從，約共攻秦，分王其地，南面稱孤，此孰與身伏鈇質，妻子爲僇乎？

邯狐疑，董翳勸之，乃陰使候始成使項籍欲約，約未成，項籍、蒲將軍日夜引兵度三户，軍漳南，與秦戰，再破之。項籍悉引兵擊秦軍汙水上，大破之。邯使人見項籍，欲約，項籍召軍吏謀曰：“糧少，欲聽其約。”軍吏皆曰：“善。”籍乃與期洹水南殷虚上，時二世三年七月也。已盟，邯見項籍而流涕，爲言趙高。項籍乃立邯爲雍王，置楚軍中。使長史欣爲上將軍，將秦軍爲前行。

到新安。諸侯吏卒異時故繇使屯戍過秦中，秦中吏卒遇之多無狀。及秦軍降諸侯，諸侯吏卒乘勝多奴虜使之，輕折辱秦吏卒。秦吏卒多竊言曰：“章將軍等詐吾屬降諸侯，今能入關破秦大善；即不能，諸侯虜吾屬而東，秦必盡誅吾父母妻子，奈何？”諸將微聞其計，以告項籍，項籍乃召英布、蒲將軍計曰：“秦吏尚衆，其心不服，至關中不聽，事必危。不如擊殺之，而獨與章邯、長史欣、都尉翳入秦。”於是楚軍夜擊阬秦軍二十餘萬人新安城南。

既滅秦，定天下，項籍乃封沛公劉邦爲漢王，王巴、蜀、漢中。而三分關中，王秦降將，立邯爲雍王，王咸陽以西，都廢丘；與司馬欣、董翳距塞漢道。據《史記・項羽本紀》、《漢書・項籍傳》、《通鑑》。

漢元年八月，漢王用韓信計，從故道出襲雍。邯迎擊漢陳倉兵，敗還走，止戰好畤，又復敗，走廢丘。漢王遂定雍地。東至咸陽，引兵圍廢丘。二年六月，引水灌廢丘，廢丘降，邯自殺。據《史記・高祖本紀》及《漢書・高帝紀》。

論曰：章邯當分崩離析之際，提酈山烏合之衆，以抗關東日滋之師，然猶屢摧强對。雖終以敗降，則趙高害之。爲秦延垂絶之命於數年之久，其功又何可没也！作《章邯傳》。

秦史卷三十九　李斯傳

丞相李斯者，楚上蔡人也。據《史記·李斯列傳》。吾丘衍《學古編》云："或傳其字爲通古。"年少時爲鄉小吏，見吏舍廁中鼠食不絜，近人犬，數驚恐之。又入倉，觀倉中鼠食積粟，居大廡之下，無人犬之憂。於是乃嘆曰："人之賢不肖，譬如鼠矣，在所自處耳。"乃從荀卿學帝王之術。據《史記·李斯列傳》。嘗謂荀卿曰："秦四世有勝，兵强海内，威行諸侯，非以仁義爲之也，以便從事而已。"《荀子·議兵》篇。學既成，度楚王不足事，而六國皆弱，無可爲建功者，欲西入秦。辭於卿曰："斯聞得時無怠，今萬乘方争時，游者主事。今秦王欲吞天下，稱帝而治，此布衣馳騖之時，而游説者之秋也。處卑賤之位，而計不爲者，此禽鹿視肉，人面而能强行者耳。故詬莫大於卑賤，而悲莫甚於窮困，久處卑賤之位，困苦之地，非世而惡利，自托於無爲，此非士之情也。故斯將西説秦王矣。"

至秦，會莊襄王卒，斯乃求爲秦相吕不韋舍人。不韋賢之，任以爲郎，斯因以得説。説秦王曰："胥人者，失其幾也。成大功者，在因其瑕釁而遂忍之。昔者秦穆公之霸，終不能東并六國者，何也？諸侯尚衆，周德未衰，故五霸迭興，更尊周室。自孝公以來，周室卑微，諸侯相兼，關東爲六國，秦之乘勝役諸侯，蓋六世矣。今諸侯服秦，譬若郡縣。夫以秦之强，大王之賢，猶老嫗竈上埽除，足以滅諸侯，成帝業，爲天下一統，此萬世之一時也。今怠而不急就，諸侯復强，相聚約從，雖有黄帝之賢，不能并也。"王以爲長史，聽其計。陰遣謀士齎持金玉，以游説諸侯。諸侯名士可下以財者，厚遺結之。不肯者，利劍刺之。離其君臣之計，使良將隨其後。王拜斯爲客卿。據《史記·李斯列傳》。

會吕不韋坐嫪毐免相，出就國，宗室大臣請一切逐客。據《史記·秦始皇本紀》、《通鑑大事記》。　案：《史記·李斯列傳》以逐客因韓人鄭國間秦事，《本紀》則繫於吕不韋免相後。鄭國間秦在始皇初年。《大事記》云："時吕正專政，吕亦客也，孰敢言逐客乎？"《本紀》説是，故不從《傳》。斯議亦在逐中。斯乃上書曰：

臣聞吏議逐客，竊以爲過矣。

昔穆公求士，西取由余於戎，東得百里奚於宛，迎蹇叔於宋，求丕豹、公孫枝於晉。此五子者，不産於秦，而穆公用之，并國二十，遂霸西戎。孝公用商鞅之法，移風易俗，民以殷盛，國以富强，百姓樂用，諸侯親服，獲楚、魏之師，舉地千里，至今治彊。惠王用張儀之計，拔三川之地，西并巴蜀，北收上郡，南取漢中，包九夷，制鄢、郢，東據成皋之險，割膏腴之壤，遂散六國之從，使之西面事秦，功施到今。昭王得范睢，廢穰侯，逐華陽，强公室，杜私門，蠶食諸侯，使秦成帝業。此四君者，皆以客之功。由此觀之，客何負於秦哉？向使四君却客而不内，疏士而不用，是使國無富利之實，而秦無强大之名也。

今陛下致昆山之玉，有隨和之寶，垂明之珠，服太阿之劍，乘纖離之馬，建翠鳳之旗，樹靈鼉之鼓，此數寶者，秦不生一焉，而陛下説之何也？必秦國之所生然後可，則是夜光之璧，不飾朝廷，犀象之器，不爲玩好，鄭、衛之女，不充後宫，而駿良駃騠，不實外廐，江南金錫不爲用，西蜀丹青不爲采，所以飾後宫、充下陳，娱心意、悦耳目者，必生於秦然後可，則是宛珠之簪，傅璣之珥，阿縞之衣，錦繡之飾，不進於前，而隨俗雅化，佳冶窈窕，趙女不立於側也。夫擊甕叩缶，彈箏搏髀，而歌呼嗚嗚，快耳目者，真秦之聲也。鄭衛桑間，昭虞武象者，異國之樂也。今棄擊甕叩缶而就鄭衛，退彈箏而取昭虞，若是者何也？快意當前，適觀而已矣。今取人則不然，不問可否，不論曲直，非秦則去，爲客者逐，然則是所重者在乎色樂珠玉，而所輕者在乎人民也。此非所以跨海内、制諸侯之術也。

臣聞地廣者粟多，國大者人衆，兵强者士勇，是以太山不讓土壤，故能成其大，河海不擇細流，故能就其深，王者不却衆庶，故能明其德。是以地無四方，民無異國，四時充美，鬼神降福，此五帝三王之所以無敵也。今乃棄黔首以資敵國，却賓客以業諸侯，使天下之士，退而不敢西向，裹足不入秦，此所謂藉寇兵而齎盗糧者也。

夫物不産於秦，可寶者多，士不産於秦，而願忠者衆。今逐客以資敵國，損兵以益讎，内自虚而外樹怨於諸侯，求國無危，不可得也。

王乃除逐客之令，復斯官。據《史記·李斯列傳》。

王將伐韓，韓使公子非使秦。公子非者，曾與斯同事荀卿者也。非欲存韓，上書於王，語在《韓非傳》中。王以書下斯，斯對："臣斯甚以爲不然！秦之有韓，若人之有腹心之病也。虚處則㤥然，若居濕地，著而不去，以極走則發矣。夫韓雖臣於秦，未嘗不爲秦病，今若有卒報之事，韓不可信也。秦與趙爲難，荆蘇使齊，以臣觀之，齊、趙之交，未必以荆蘇絶也。若不絶，是悉秦而應二萬乘也。夫韓不服秦之義，而服於强也。今專於齊、趙，則韓必爲腹心之病而發矣。韓與荆有謀，諸侯應之，則秦必復見崤塞之患。非之來也，未必不以其能存韓也，爲重於韓也。辯説屬辭，飾非詐謀，以釣利於秦，而以韓利闚陛下。夫秦、韓之交親，則非重矣，此自便之計也。臣視非之言，文其淫説，靡辯才甚。臣恐陛下淫非之辯，而聽其盜心，因不詳察事情。今以臣愚議，秦發兵而未名所伐，則韓之用事者，以事秦爲計矣。臣斯請往見韓王，使來入見，因内其身而勿遣，稍召其社稷之臣，以與韓人爲市，則韓可深割也。因令蒙武發東郡之卒，闚兵於境上，而未名所之，則齊人懼而從蘇之計，是我兵未出而勁韓以威禽，强齊以義從矣。聞於諸侯也，趙氏破膽，荆人狐疑，必有忠計。荆人不動，魏不足患也，則諸侯可蠶食而盡矣。願陛下幸察無忽！"於是王使斯往詔韓王，未得見，因上書曰：

昔秦、韓戮力，一意以不相侵，天下莫敢犯，如此者數世矣。前時五諸侯嘗相與共伐韓，秦發兵以救之。韓居中國，地不能千里，而所以得與諸侯班位於天下，君臣相保者，以世世相教，事秦之力也。先時五諸侯共伐秦，韓反與諸侯先爲雁行，以向秦軍於關下矣。諸侯兵困力極，乃罷去。杜倉相秦，起兵發將以報天下之怨，而先攻荆。荆令尹患之，曰："夫韓以秦爲不義，而與秦兄弟，共苦天下。已又背秦，先爲雁行以攻關。韓則居中國，展轉不可知。"天下共割韓上地十城以謝秦，解其兵。夫韓嘗一背秦，而國迫地侵，兵弱至今；所以然者，聽姦臣之浮説，不權事實，故雖殺姦臣，不能使韓復强。

今趙欲聚兵卒，以秦爲事，使人來借道，言欲伐秦，其勢必先韓而後秦。且臣聞之，脣亡則齒寒。夫秦、韓不得無同憂，其形可見。魏欲發兵以攻韓，秦使人將使者於韓。今秦王使臣斯來而不得見，恐左右襲曩姦臣之計，使韓復有亡地之患。臣斯不得見，請歸報，秦、韓之交必絶矣。斯爲來使，以奉秦王之歡心，願效便計，豈陛下所以逆賤臣者邪？臣斯願得一見，前進道愚計，退就葅戮，願陛下有意焉。今殺臣於韓，則大王不足以强，若不聽臣之計，則禍必搆矣。秦發兵不留行，而韓之社稷憂矣。臣斯暴身於韓之市，則雖欲察賤臣愚忠之計，不可得已。邊鄙殘，國固守，鼓鐸之聲聞於耳，而乃用臣斯之計，晚矣。

且夫韓之兵於天下可知也，今又背强秦，夫棄城而敗軍，則反掖之寇必襲城矣。城盡則聚散，聚散則無軍矣。使城固守，則秦必興兵而圍王一都，道不通，則難必謀，其勢不救，左右計之者不周，願陛下熟圖之。若臣斯之所言有不應事實者，願大王幸使得畢辭於前，乃就吏誅，不晚也。秦王飲食不甘，遊歡不樂，意專在圖趙，使臣斯來言，願得身見，因急與陛下有計也。今使臣不通，則韓之信未可知也。夫秦必釋趙之患，而移兵於韓，願陛下幸復察圖之。據《韓非子·存韓》篇。

於是韓王請爲臣。據《史記·秦始皇本紀》。其後秦滅諸侯而韓爲先，五國次之，猶斯蠶食之議也。

斯輔王十有七年，案：自諫逐客至并天下凡十有七年，史言二十餘年，非其實也。自長史至廷尉，竟并天下，尊王爲皇帝。帝以斯爲卿，爲丞相，據《史記·李斯列傳》。　案：《史記·秦始皇本紀》二十八年稱卿李斯，至三十四年始稱丞相李斯，則并天下以後，李斯不即爲丞相也。據《本紀》增"爲卿"二字。用其議分天下爲三十六郡。《水經·河水注》：《漢官》曰秦用李斯議，分天下爲三十六郡。使秦無尺寸之封，不立子弟爲王、功臣爲諸侯，使後無戰攻之患，據《史記·李斯列傳》。此公天下之端也。據柳宗元《封建論》。

始皇三十二年，始皇使蒙恬北擊匈奴。斯諫曰："不可。夫匈奴無城郭之居，委積之守，遷徙鳥舉，難得而制。輕兵深入，糧食必絶；踵糧以行，重不及事。得其地不足以爲利，得其民不可役而守也。勝必殺之，非民父母，靡弊中國，甘心匈奴，非長策也。"始皇不聽。《史記·主父偃列傳》、《漢書·主父偃傳》。

三十四年，始皇帝置酒咸陽宫，博士僕射周青臣等頌稱皇帝威德。齊人淳于越進諫曰:“陛下有海内而子弟爲匹夫,卒有田常六卿之患,何以相救? 事不師古而能長久者,非所聞也。”始皇帝下其議於李斯。李斯謬其説,絀其辭。乃上書曰:“古者天下散亂,莫能相一,是以諸侯並作,語皆道古以害今,飾虚言以亂實,人善其所私學,以非上所建立。今陛下并有天下,辯黑白而定一尊,而私學乃相與非法教之制,聞令下,即各以其私學議之。入則心非,出則巷議,非主以爲名,異趣以爲高,率羣下以造謗,如此弗禁,則主勢降乎上,黨與成乎下;禁之便。臣請諸有文學詩書百家語者,蠲除去之。令到三十日弗去,黥爲城旦。所不去者,醫藥卜筮種樹之書。若有欲學者,以吏爲師。”始皇可其議,收去詩書百家之語,使天下無以古非今,明法度,定律令,同文書,皆以始皇起。斯獄中書云“治馳道,興遊觀”,則治離宫別館,周徧天下之事實也,此可删。又云“明年又巡狩”,三十五年無巡狩事,誤也。不取。内理羣物,外攘四夷,斯皆有力焉。

斯長男由爲三川守,諸男皆尚秦公主,女悉嫁秦諸公子。三川守李由告歸咸陽,斯置酒於家,百官長皆前爲壽,門廷車騎以千數,斯喟然而歎曰:“嗟乎! 吾聞之荀卿曰:‘物禁太盛’。夫斯乃上蔡布衣,閭巷之黔首,上不知其駑下,遂擢至此。當今人臣之位,無居臣上者,可謂富貴極矣。物極則衰,吾未知所税駕也。”

始皇三十七年,十月,行,出游會稽,並海上,北抵琅邪。斯與中車府令趙高兼行符璽令事,皆從。始皇有二十餘子,長子扶蘇以數直諫上,上使監蒙恬兵上郡;少子胡亥愛,請從,上許之,餘子莫從。其年七月,至沙丘,始皇病甚,令趙高爲書,賜公子扶蘇曰:“以兵屬蒙恬,與喪會咸陽而葬。”未授使者,而始皇崩,獨胡亥、斯、高及幸宦者數人知之。斯以爲上崩在外,無真太子,乃秘不發喪。趙高因留所賜扶蘇璽書。謂胡亥:“方今天下之權,存亡在子與高及丞相耳,願子圖之。”胡亥既然高言,高乃謂斯曰:“今上崩,未有知者也,所賜長子書及符璽,皆在胡亥所。定太子,在君侯與高之口耳,事將何如?”斯驚曰:“安得亡國之言!此非人臣所當議也。”高曰:“長子信蒙恬,即位,必用蒙恬爲丞相,君侯終不懷通侯之印歸於鄉里,明矣。高受詔教習胡亥,未嘗見過失,秦之諸子未有及之者,可以爲嗣。君計而定之。”斯曰:“斯奉王之詔,聽天之命,何慮之可定也?斯,上蔡閭巷布衣也,上幸擢爲丞相,封爲通侯,子孫皆至尊位,故將以存亡安危屬臣也,豈可負哉!君其弗復言。吾聞晉易太子,三世不安;齊桓兄弟争位,身死爲戮;紂殺親戚,不聽諫者,國爲丘墟。三者逆天,宗廟不血食,斯其猶人哉,安足爲謀?”高曰:“方今天下之權命懸於胡亥,高能得志焉。君聽臣之計,即長有封侯,世世稱孤,必有喬、松之壽。今釋此而不從,禍及子孫,足爲寒心,善者因禍爲福,君何處焉?”斯乃仰天而歎,垂淚太息曰:“嗟乎,獨遭亂世,既以不能死,安託命哉?”於是斯乃聽高。高乃報胡亥。於是乃相與謀,詐爲受始皇詔丞相,立子胡亥爲太子;更爲書責長子扶蘇、將軍蒙恬不孝不忠,皆賜死。扶蘇自殺,蒙恬不肯死,使者以屬吏。使者還報,胡亥、斯、高皆大喜。至咸陽發喪,胡亥立爲二世皇帝。以趙高爲郎中令,常侍中用事。

於是二世聲色漸恣,斯進諫曰:“放棄詩書,極意聲色,祖伊所以懼也。案:李斯前主禁詩書百家,此又以放棄詩書爲懼,蓋所禁者在民間,在官者固無恙也。輕積細過,恣心長夜,紂所以亡也。”二世默然。趙高曰:“五帝三王,樂各殊名,示不相襲。上自朝廷,下至人民,得以接歡喜,合殷勤,非此和説不通,解澤不流,亦各一世之化,度時之樂,何必華山之騄耳而後行遠乎?”二世然之。據《史記·樂書》。於是趙高日親而斯日疏。二世從趙高更爲法律,誅罰日益刻深。又作阿房之宫,治直馳道,賦斂愈重,徭戍無已,於是楚戍卒陳勝、吴廣等乃起於山東,天下豪俊遂並起而畔秦矣。據《史記·李斯列傳》。時二世又從趙高言,深居禁中,獨與高決事,公卿希得朝見。斯數欲請間諫,二世不許,而責問之曰:“夫所爲貴有天下者,得肆意竭欲,主重明法,下不敢爲非，專用天下適己而已。夫堯、禹之主，貴爲天子，親處窮苦之實，以徇百姓，尚何於法？夫所謂賢人者，必能安天下而治萬民，今身且不能利，將何以治天下哉！吾願肆志廣欲，長享天下而無害，爲之奈何？”據《史記·秦始皇本紀》。　案：《秦始皇本紀》以爲二世語責右丞相去疾等三人之辭，而《李斯列傳》則以爲獨問李斯者。詳語氣則《傳》是。故語雖取《紀》以避複，仍從《傳》説。《史記·李斯列傳》二世之説詳，應入《二世紀》。《史記·秦始皇本紀》《二世紀》語概括，則入《李斯列傳》爲當。權衡輕重，文各有宜。他亦視此。

斯子由爲三川守，吴廣等西略地，過去弗能禁。章邯已破逐廣等兵，使者覆案三川相屬，誚讓斯居三公位，如何令盜如此。斯恐懼，重爵禄，不知所出。乃阿二世意，欲求容，以書對曰：

夫賢主者，必且能全道而行督責之術者也。督責之，則臣不敢不竭能以徇其主矣。此臣主之分定，上下之義明，則天下賢不肖莫敢不盡力竭任以徇其君矣。是故主獨制於天下而無所制也。能窮樂之極矣，賢明之主也，可不察焉。

故《申子》曰“有天下而不恣睢，命之曰以天下爲桎梏”者，無他焉，不能督責，而顧以其身勞於天下之民，若堯、禹然，故謂之桎梏也。夫不能修申韓之明術，行督責之道，專以天下自適也，而徒務苦形勞神，以身徇百姓，則是黔首之役，非畜天下者也，何足貴哉！夫以人徇己，則己貴而人賤；以己徇人，則己賤而人貴。故徇人者賤，而人所徇者貴，自古及今，未有不然者也。凡古人所爲尊賢者，爲其貴也；而所爲惡不肖者，爲其賤也。而堯、禹以身徇天下者也，因隨而尊之，則亦失所爲尊賢之心矣，夫可謂大繆矣。謂之爲桎梏，不亦宜乎？不能督責之過也。

故《韓子》曰“慈母有敗子，而嚴家無格虜”者，何也？則能罰之加焉必也。故商君之法，刑棄灰於道者。夫棄灰，薄罪也，而被刑，重罰也。彼唯明主爲能深督輕罪，夫罪輕且督深，而況有重罪乎？故民不敢犯也。是故《韓子》曰："布帛尋常，庸人不釋，鑠金百鎰，盜跖不搏"者，非庸人之心重，尋常之利深，而盜跖之欲淺也，又不以盜跖之行，爲輕百鎰之重也，搏必隨手刑，則盜跖不搏百鎰；而罰不必行也，則庸人不釋尋常。是故城高五丈，而樓季不輕犯也，泰山之高百仞，而跛牂牧其上。夫樓季也，而難五丈之限，豈跛牂也而易百仞之高哉？峭塹之勢異也。明主聖王之所以能久處尊位，長執重勢，而獨擅天下之利者，非有異道也，能獨斷而審督責，必深罰，故天下不敢犯也。今不務所以不犯，而事慈母之所以敗子也，則亦不察於聖人之論矣。夫不能行聖人之術，則舍爲天下役何事哉？可不哀歟！

且夫儉節仁義之人立於朝，則荒肆之樂輟矣。諫説論理之臣開一作間於側，則流漫之志詘矣。烈士死節之行顯於世，則淫康之虞廢矣。案：此書雖阿二世意，然盡有誠意於言外，如此所云荒肆之樂、流漫之志、淫康之虞云云，尤可見也。故明主能外此三者，而獨操主術以制聽從之臣，而修其明法，故身尊而勢重也。凡賢主者，必將能拂世摩俗，而廢其所惡，立其所欲，故生則有尊重之勢，死則有賢明之謚也。是以明君獨斷，故權不在臣也，然後能滅仁義之塗，掩馳説之口，困烈士之行，塞聰掩明，内獨視聽，故外不可傾以仁義烈士之行，而内不可奪以諫説忿争之辯，故能犖然獨行恣睢之心，而莫之敢逆。若此，然後可謂能明申、韓之術，而修商君之法。法修術明，而天下亂者，未之聞也。故曰："王道約而易操也，唯明主爲能行之。"若此，則謂督責之誠，則臣無邪，臣無邪則天下安，天下安則主嚴尊，主嚴尊則督責必，督責必則所求得，所求得則國家富，國家富則君樂豐。故督責之術設，則所欲無不得矣。羣臣百姓救過不給，何變之敢圖？若此則帝道備而可謂能明君臣之術矣。雖申、韓復生，不能加也。

書奏，二世悦。於是行督責益嚴。

二世既從趙高議，不坐朝廷見大臣，高聞斯以爲言，乃謂斯曰："君誠能諫，請爲君候上。"於是趙高待二世方燕樂，使人告斯，可奏事。斯上謁，如此者三。二世大怒曰："吾方燕私，丞相輒來請事，丞相豈少我哉？"高因傾斯："陛下立爲帝，丞相貴不益，此其意不能無患。楚盜陳勝等皆丞相傍縣子，過三川，丞相長男爲守，不肯擊，聞其文書相往來。且丞相居外，權重於陛下。"二世然之，欲案斯。恐其不審，乃使人案驗三川守與盜通狀。斯聞之欲辯，不得見，因上書言趙高之短曰："臣聞之，臣疑其君，無不危國，妾疑其夫，無不危家。今有大臣於陛下擅利擅害，與陛下無異，此甚不便。昔者司城子罕相宋，身行刑罰，以威行之，朞年遂劫其君。田常爲簡公丞，爵列無敵於國，私家之富與公家均，布惠施德，下得百姓，上得羣臣，陰取齊國。殺宰予於庭，即弑簡公於朝，遂有齊國。此天下所明知也。今高有邪佚之志，危反之行，如子罕相宋也；私家之富，若田氏之於齊也；兼行田常、子罕之逆道，而劫陛下之威信，其志若韓玘爲韓安相也。陛下不圖，臣恐其爲變也。"二世曰："何哉？夫高，故宦人也。然不爲安肆志，不以危易心，潔行修善，自使至此，以忠得進，以信守位，朕實賢之，而君疑之，何也？且朕少失先人，無所識知，不習治民，而君又老，恐與天下絶矣。朕非屬趙君，當誰任哉？且趙君爲人精廉强力，下知人情，上能適朕，君其弗疑！"斯曰："不然。夫高故賤人也，無識於理，求利不止，列勢次主，求欲無窮，臣故曰殆。"二世已前信趙高，恐李斯殺之，乃私告趙高。高曰："丞相所患者獨高。高已死，丞相即欲爲田常所爲。"於是二世曰："其以李斯屬郎中令。"案：《史記·秦始皇本紀》作斯與右丞相馮去疾、將軍馮劫進諫，請止阿房宫作者，減省四邊轉戍。二世下諸吏，與此不同。此下有“作爲阿房之宫，賦斂天下，我非不諫也”云云，與《本紀》有相同處，姑兩存之。

趙高案治斯。斯拘執束縛，居囹圄中，仰天而歎曰：“嗟乎，悲夫！不道之君，何可爲計哉？昔者桀殺關龍逢，紂殺王子比干，吴王夫差殺伍子胥，此三臣者，豈不忠哉，然而不免於死。身死而所忠者非也。今吾智不及三子，而二世之無道過於桀、紂、夫差，吾以忠死宜矣。且二世之治，豈不亂哉！日者夷其兄弟而自立也，殺忠臣而貴賤人，作爲阿房之宫，賦斂天下，吾非不諫也，而不吾聽也。凡古聖王，飲食有節，車器有數，宫室有度，出令造事，加費而無益於民利者禁，故能長久治安。今行逆於昆弟，不顧其咎；侵殺忠臣，不思其殃；大爲宫室，厚賦天下，不愛其費，三者已行，天下不聽。今反者已有天下之半矣，而心尚未寤也，而以趙高爲佐，吾必見寇至咸陽，麋鹿游於朝也。”於是二世乃使趙高案丞相獄，治罪。責斯與子由謀反狀，皆收捕宗族賓客。趙高治斯，榜掠千餘，不勝痛，自誣服。斯所以不死者，自負其辯，有功，實無反心，幸得上書自陳，幸二世之寤而赦之。斯乃從獄中上書曰：“臣爲丞相，治民三十餘年矣。逮秦地之狹隘，先王之時，秦地不過千里，兵數十萬。臣盡薄材，謹奉法令，陰行謀臣，資之金玉，使游説諸侯。陰修甲兵，飾政教，官鬭士，尊功臣，盛其爵禄，故終以脅韓弱魏，破燕、趙，夷齊、楚，卒兼六國，虜其王，立秦爲天子，罪一矣。地非不廣，又北逐胡貉，南定百越，以見秦之强，罪二矣。尊大臣，盛其爵位，以固其親，罪三矣。立社稷，修宗廟，以明主之賢，罪四矣。更剋畫，平斗斛度量文章，布之天下，以樹秦之名，罪五矣。治馳道，興游觀，以見主之得意，罪六矣。緩刑罰，薄賦斂，以遂主得衆之心，萬民戴主，死而不忘，罪七矣。若斯之爲臣者，罪足以死固久矣，上幸盡其能力，乃得至今，願陛下察之。”書上，趙高使吏棄去不奏，曰：“囚安得上書！”趙高使其客十餘輩詐爲御史、謁者、侍中，更往覆訊斯。斯更以其實對，輒使人復榜之。後二世使人驗斯，斯以爲如前，終不敢更言，辭服，奏當上。二世喜曰："微趙君，幾爲丞相所賣。"及二世所使案三川守至，則項梁已擊殺之。使者來，會丞相下吏，趙高皆妄爲反辭。據《史記·李斯列傳》。七月，論斯就五刑。案：説見《二世本紀》注。三年冬十月，趙高爲丞相，竟案斯殺之。據《史記·秦始皇本紀》。腰斬咸陽市。斯出獄，與其中子俱執，顧謂之曰："吾欲與若復牽黄犬俱出上蔡東門逐狡兔，豈可得乎?"遂父子相哭，而夷三族。據《史記·李斯列傳》。年蓋七十餘矣。據近人《李斯韓非考》。

遇害後九月，趙高殺二世，子嬰計誅趙高，亦三族其家以徇，又四十六日而秦亡矣。據《史記·秦始皇本紀》。相傳斯墓在上蔡城西二里。據《太平寰宇記》。

秦史卷四十　韓非傳

韓子名非，韓之諸公子也。喜刑名法術之學。爲人口吃，不能道説，而善著書。與李斯俱事荀卿，斯自以爲不如非。

非見韓之削弱，數以書諫韓王，王不能用。於是非疾治國不務修明其法制，執勢以御其臣下，富國强兵，而以求人任賢；反舉浮淫之蠹而加之於功實之上，悲廉直不容於邪枉之臣，觀往者得失之變，故作《孤憤》《五蠹》《内外儲》《説林》《説難》十萬餘言。據《史記·韓非列傳》。《五蠹》者，蓋申言商君變法之旨，據吕思勉《經史解題》。論世爲備，語尤切至者也，曰：

> 上古之世，人民少而禽獸衆。有聖人作，構木爲巢，以避羣害，而民悦之。民食果蓏蜯蛤，腥臊惡臭而傷害腹胃。有聖人作，鑽燧取火，以化腥臊，而民悦之。中古之世，天下大水，而鯀、禹決瀆。近古之世，桀紂暴亂，而湯武征伐。今有構木鑽燧於夏后氏之世者，必爲鯀、禹笑矣。有決瀆於殷、周之世者，必爲湯、武笑矣。然則今有美堯、舜、湯、武、禹之道於當今之世者，必爲新聖笑矣。是以聖人不期修古，不法常可，論世之事，因爲之備。
>
> 夫古今異俗，新故異備，如欲以寬緩之政，治急世之民，猶無轡策而御馯馬，此不知之患也。今儒墨皆稱先王兼愛天下，則民視之如父母；司寇行刑，君爲之不舉樂，聞死刑之報，君爲

流涕，此所舉先王也。夫以君臣爲如父子則必治，推是言之，是無亂父子也。人之情性，莫先於父母，皆見愛而未必治也。雖厚愛矣，奚遽不亂？今先王之愛民，不過父母之愛子，子未必不亂也，則民奚遽治哉！且夫以法行刑，而君爲之流涕，此以效仁，非以爲治也。夫垂泣不欲刑者仁也，然而不可不刑者法也，先王勝其法，不聽其泣，則仁之不可以爲治亦明矣。且民者固服於勢，寡能懷於義。今有不才之子，父母怒之弗爲改，鄉人譙之弗爲動，師長教之弗爲變。州部之吏，操官兵，推公法，而求索姦人，然後恐懼，變其節，易其行矣。故父母之愛，不足以教子，必待州部之嚴刑者，民固驕於愛，聽於威矣。是以賞莫如厚而信，使民利之；罰莫如重而必，使民畏之；法莫如一而固，使民知之。故主施賞不遷，行誅無赦。譽輔其賞，毁隨其罰，則賢不肖俱盡其力矣。

今則不然。以其有功也爵之，而卑其士官也；以其耕作也賞之，而少其家業也；以其不收也還之，而高其輕世也；以其犯禁也罪之，而多其有勇也。毁譽、賞罰之所加者，相與悖繆也，故法禁壞而民愈亂。今兄弟被侵必攻者廉也，知友被辱隨仇者貞也，廉貞之行成，而君上之法犯矣。人主尊貞廉之行，而忘犯禁之罪，故民程於勇，而吏不能勝也。不事力而衣食則謂之能，不戰功而尊則謂之賢，賢能之行成，而兵弱地荒矣。人主悦賢能之行，而忘兵弱地荒之禍，則私行立而公利滅矣。儒以文亂法，俠以武犯禁，而人主兼禮之，此所以亂也。夫離法者罪，而諸先王以文學取；犯禁者誅，而羣俠以私劍養。故法之所非，君之所取；吏之所誅，上之所養也。法取上下，四相反也，而無所定，雖有十黄帝，不能治也。故行仁義者非所譽，譽之則害功；習文學者非所用，用之則亂法。楚人有直躬，其父竊羊而謁之吏。令尹曰："殺之！"以爲直於君而曲於父，報而罪之。以是觀之,夫君之直臣,父之暴子也。魯人從君戰,三戰三北。仲尼聞其故,對曰:“吾有老父,身死莫之養也。”仲尼以爲孝,舉而上之。以是觀之,夫父之孝子,君之背臣也。故令尹誅而楚姦不上聞,仲尼賞而魯民易降北。上下之利,若是其異也。而人主兼舉匹夫之行,而求致社稷之福,必不幾矣。

故不相容之事,不兩立也。斬敵者受賞,而高慈惠之行;拔城者受爵禄,而信廉愛之説;堅甲厲兵以備難,而美薦紳之飾;富國以農,距敵恃卒,而貴文學之士;廢敬上畏法之民,而養游俠私劍之屬。舉行如此,治强不可得也。國平養儒俠,難至用介士,所利非所用,所用非所利。是故服事者簡其業,而游學者日衆,是世之所以亂也。

且世之所謂賢者,貞信之行也。所謂智者,微妙之言也。微妙之言,上智所難知也,今爲衆人法,而以上智之所難知,則民無從識之矣。故糟糠不飽者,不務粱肉,短褐不完者,不待文繡。夫治世之事,急者不得,則緩者非所務也。今所治之政,民間之事,夫婦所明知者不用,而慕上知之論,則其於治反矣。故微妙之言,非民務也。若夫賢貞信之行者,必將貴不欺之士。貴不欺之士者,亦無不〔可〕欺之術也。布衣相與交,無富厚以相利,無威勢以相懼也,故求不欺之士。今人主處制人之勢,有一國之厚,重賞嚴誅,得操其柄,以修明術之所燭,雖有田常、子罕之臣,不敢欺也,奚待於不欺之士?今貞信之士不盈於十,而境内之官以百數,必任貞信之士,則人不足官,人不足官則治者寡而亂者衆矣。故明主之道,一法而不求智,固術而不慕信,故法不敗,而羣官無姦詐矣。

今主之於言也,説其辯而不求其當焉,其用於行也,美其聲而不責其功焉。是以天下之衆,其談言者務爲辯而不周於用,故舉先王言仁義者盈廷,而政不免於亂。行身者競於爲高而不合於功，故智士退處巖穴，歸禄不受，而兵不免於弱，政不免於亂。此其故何也？民之所譽，上之所禮，亂國之術也。故明主用其力，不聽其言，賞其功，必禁無用。故民盡死力以從其上。夫耕之用力也勞，而民爲之者，曰：可得以富也。戰之爲事也危，而民爲之者，曰：可得以貴也。今修文學，習言談，則無耕之勞，而有富之實，無戰之危，而有貴之尊，則人孰不爲也。是以百人事智而一人用力，事智者衆則法敗，用力者寡則國貧，此世之所以亂也。

故明主之國，無書簡之文，以法爲教。無先王之語，以吏爲師。無私劍之捍，以斬首爲勇。是以境内之民，其言談者必軌於法，動作者歸之於功，爲勇者盡之於軍。是故無事則國富，有事則兵强，此之謂王資。既畜王資而承敵國之釁，超五帝，侔三王者，必此法也。今則不然，士民縱恣於内，言談者爲勢於外，外内稱惡，以待强敵，不亦殆乎！故羣臣之言外事者，非有分於從衡之黨，則有仇讎之忠，而借力於國也，皆非所以持國也。今人臣之言衡者皆曰："不事大則遇敵受禍矣。"事大未必有實，則舉圖而委，效璽而請兵矣，獻圖則地削，效璽則名卑，地削則國削，名卑則政亂矣。事大爲衡，未見其利也，而亡地亂政矣。人臣之言從者皆曰："不救小而伐大，則失天下，失天下則國危，國危則主卑。"救小未必有實，則起兵而敵大矣。救小未必能存，而交大未必不有疏，有疏則爲强國制矣。出兵則軍敗，退守則城拔，救小爲從，未見其利，而亡地敗軍矣。是故事强則以外權士一作市官於内，救小則以内重求利於外，國利未立，封土厚禄至矣。主上雖卑，人臣尊矣。國地雖削，私家富矣。事成則以權長重，事敗則以富退處。人主之聽説於其臣，盧文弨説。事未成則爵禄已尊矣。事敗而弗誅，則游説之士，孰不爲用矰繳之説而徼倖其後。故破國亡主以聽言談者之浮說，此其故何也？是人君不明乎公私之利，不察當否之言，而誅罰不必其後也。皆曰："外事大可以王，小可以安。"夫王者，能攻人者也，而安，則不可攻也。强，則能攻人者也，治，則不可攻也。治强不可責於外，内政之有也。今不行法術於内，而事智於外，則不至於治强矣。鄙諺曰："長袖善舞，多錢善賈。"此言多資之易爲工也。故治强易爲謀，弱亂難爲計。故用於秦者，十變而謀希失，用於燕者，一變而計希得。非用於秦者必智，用於燕者必愚也，蓋治亂之資異也。故周去秦爲從，期年而舉；衛離魏爲衡，半歲而亡。案：衛絶祀於秦二世二年，見《二世本紀》，爲列國諸侯之後亡者；而此云半歲而亡，蓋謂衛元君從濮陽徙野王後，喪其主權，與亡同也。《韓子·孤憤》篇曰："人所謂齊亡者，非地與城亡也，吕氏弗制而田氏用之"，即此義。或反謂韓氏爲誤，疏矣。王先慎《韓非子集解》云："衛故屬魏，秦拔魏朝歌，衛或因衡而不救，此韓子當時事，當不謬。"是也。是周滅於從，衛亡於衡也。使周、衛緩其從衡之計，而嚴其境内之治，明其法禁，必其賞罰，盡其地力，以多其積，致其民死，以堅其城守，天下得其地則其利少，攻其國則其傷大，萬乘之國，莫敢自頓於堅城之下，而使强敵裁其弊也，此必不亡之術也。舍必不亡之術，而道必滅之事，治國者之過也。智困於内而政亂於外，則亡不可振也。

民之故計，皆就安利而辟危窮，今爲之攻戰，進則死於敵，退則死於誅，則危矣。棄私家之事，而必汗馬之勞，家困而上弗論，則窮矣。窮危之所在也，民安得勿避。故事私門而完解舍，解舍完則遠戰，遠戰則安。行貨賂而襲當塗者則求得，求得則私安，私安則利之所在，安得勿就？是以公民少而私人衆矣。夫明王治國之政，使其商工游食之民少而名卑，以寡舍本務而趨末作，今世近習之請行，則官爵可買，官爵可買，則商工不卑也矣；姦財貨賈得用於市，則商人不少矣；聚斂倍農而致尊過耕戰之士，則耿介之士寡，而高賈之民多矣。是故亂國之俗，其學者則稱先王之道，以籍仁義，盛容服而飾辯説，以疑當世之法，而貳人主之心。其言談者，爲設詐稱，借於外力，以成其私，而遺社稷之利。其帶劍者，聚徒屬，立節操，以顯其名而犯五官之禁。其患御者，積於私門，盡貨賂而用重人之謁，退汗馬之勞。其商工之民，修治苦窳之器，聚弗靡之財，蓄積待時，而牟農夫之利。此五者，邦之蠹也。人主不除此五蠹之民，不養耿介之士，則海内雖有破亡之國，削滅之朝，亦勿怪矣。據《韓非子·五蠹》篇。

人或傳其書至秦，秦王見《孤憤》《五蠹》之書，曰："嗟乎！寡人得見此人與之游，死不恨矣。"李斯曰："此韓非之所著書也。"秦因急攻韓。韓王始不用非，及急，乃遣非使秦。秦王悦之，未信用。《史記·韓非列傳》。

會燕、趙、齊、楚四國爲一，據《戰國策·秦策》及姚宏注。　案：姚注原作燕、趙、吴、楚四國，然是時吴亡已久，兹從李錯《尚史》改吴作齊。將以攻秦。王召羣臣問曰："爲之奈何？"羣臣莫對。姚賈對曰："賈願出使四國，必絶其謀而安其兵。"姚賈辭行，絶其謀，止其兵，與之爲交以報秦。王大悦，封千户，以爲上卿。非知之，曰："賈以珍珠重寶，南使荆楚，北使燕代之間，三年，四國之交未必合而珍珠重寶盡於内，是賈以王權外自交於諸侯，願王察之。且梁監門子嘗盗於梁，臣於趙而逐，而與同知社稷之計，非所以厲羣臣也。"王召姚賈而問曰："吾聞子以寡人財交於諸侯，有諸？"對曰："有。"曰："有何面目見寡人！"對曰："曾參孝其親，天下願以爲子；子胥忠於君，天下願以爲臣。使賈不忠於君，四國之王尚焉用賈之身？桀聽讒而誅良將，紂聽讒而殺其忠臣。今王聽讒，則無忠臣矣。"王曰："子監門子，梁之大盗，趙之逐臣。"姚賈曰："太公望，齊之逐夫，朝歌之廢屠，子良之逐臣，棘津之讎不庸，文王用之而王。管仲，齊鄙之賈人也，南陽之敝幽，魯之免囚，桓公用之而霸。百里奚，虞之乞人，傳賣以五羊之皮，穆公相之而朝西戎。文公用中山盜而勝於城濮。此四士者，皆有詬醜大誹於天下，明主用之，知其可與立功也。使若卞隨、務光、申屠狄，人主豈得其用哉！”王曰：“然。”乃復使姚賈。據《戰國策·秦策》。

非聞秦將舉兵伐韓，上書曰：“韓事秦三十餘年，出則爲扞蔽，入則爲蓆薦，秦特出鋭師取地，而韓隨之，怨縣於天下，功歸於强秦。且夫韓入貢職，與郡縣無異也。今臣竊聞貴臣之計，舉兵將伐韓。夫趙氏舉士卒，養從徒，欲贅天下之兵，明秦不弱，則諸侯必滅宗廟，欲西面行其意，非一日之計也。今釋趙之患，而攘内臣之韓，則天下明趙氏之計矣。夫韓，小國也，而以應天下四擊，主辱臣苦，上下相與同憂久矣。修守備，戒强敵，有蓄積，築城池以守固。今伐韓未可一年而滅，拔一城而退，則權輕於天下，天下摧我兵矣。韓叛則魏應之，趙據齊以爲援，如此，則以韓、魏資趙假齊，以固其從，而以與争强，趙之福而秦之禍也。夫進而擊趙不能取，退而攻韓弗能拔，則陷鋭之卒，懃於野戰，負任之旅，罷於内供，則合羣苦弱以敵二萬乘，非所以亡韓之心也。洵如貴臣之計，則秦必爲天下兵質矣。陛下雖與金石相弊，兼天下未有日也。今賤臣之愚計，使人使荆，重幣用事之臣，明趙之所以期秦者；與魏質以安其心，從韓而伐趙，趙雖與齊爲一，不足患也。二國事畢，則韓可以移書定也。是我一舉，二國有亡形，則荆、魏又必自服矣。故曰：‘兵者，凶器也，不可不審用也。’以秦與趙敵，衡加於齊，今又背韓，而未有以堅荆、魏之心。夫一戰而不勝，則禍搆矣。計者，所以定事也，不可不察也。趙、秦强弱在今年耳。且趙與諸侯陰謀久矣，夫一動而弱於諸侯，危事也；爲計而使諸侯有意我之心，至殆也；見二疎，非所以强於諸侯也。臣竊願陛下之幸熟圖之。夫攻伐而使從者閒焉，不可悔也。”據《韓非子·存韓》篇。

於是李斯、姚賈害非，毁之曰：“韓非，韓之諸公子也。今王欲并諸侯，非終爲韓不爲秦，此人之情也。今王不用，久留而歸之，此自遺患也。不如以過法誅之。”王以爲然，下吏治非。李斯使人遺非藥，使自殺。非欲自陳，不得見，據《史記·韓非列傳》。死雲陽。據《史記·秦始皇本紀》。王後悔，使人赦之，已不及矣。

論曰：法家有尚法如商鞅，有尚術如申不害，有尚勢如慎到，而非集其成。旨在法術交用，歸重則在峭法斥私，重必、重嚴、重一以尊公功，崇主威，於商君爲近。非雖未信用於秦，然爲始皇帝所心醉。二世雖無道，然亦知重非，言必稱韓子。李斯雖惎非，然其治秦，多陰用其説。如焚書則取《問辯》，以吏爲師則取《五蠹》，論督責所取尤顯著，則非雖未信用而已信用矣。其人實大有關於秦，安可以無傳也。作《韓子傳》。

秦史卷四十一　水工傳

李冰　鄭國　史禄

李冰者，昭襄王時爲蜀守，據《風俗通》。　案：《華陽國志》以爲孝文王時。孝文即位僅三日而卒，任官或不及，自以昭襄爲是。能知天文、地理，謂汶山爲“天彭門”，乃至湔及縣，見兩山對如闕，因號“天彭闕”。乃雍江作堋，穿郫江、檢江，别支流，雙過郡下，以行舟船。岷山多梓柏大竹，頹隨水流，坐致材木，功省用饒。又溉灌三郡，開稻田，於是蜀沃野千里，號爲“陸海”。旱則引水浸潤，雨則杜塞水門。故記曰：“水旱從人，不知飢饉。”時無荒年，天下謂之“天府”也。外作石犀五以厭水精，穿石犀溪於江南，命曰犀牛里。後爲耕牛二：一在府市市橋門，二在淵中。乃在湔堰上分穿羊摩江、灌江，西於玉女房下自涉郵作三石人，立三水中，以驗水之漲落：水竭不至足，盛不没肩。據《華陽國志・蜀志》。又於鬬雞崖以尺晝水，凡十有一，水及其九則民喜，過則憂，没則困。又書“深淘灘，低作堰”六字其身，爲治水之法，皆冰所爲也。據《元史・河渠志》。

其南爲沫水，水自岷山下，南流衝蒙山，觸山脅溷崖，水脈漂疾，破害舟船，歷代患之。冰發卒開蒙山，鑿溷崖，通正水道，會江於南安。據《水經・沫水注》、《華陽國志》。僰道亦有大灘江中，其崖嶃峻不可鑿，乃積薪燒之，故其處懸崖皆成五色。冰又通笮，通汶井江，經臨邛，與蒙溪分水白木江，會武陽天社山下，合江。又導洛通山洛水，或出瀑口，經什邡、郫别江，會新都大渡。又識齊水脈，穿廣都鹽井諸陂地，蜀於是盛有養生之饒焉。據《華陽國志》。當冰穿郫、檢二江成都中，利舟楫溉灌無論已；至於它所過，往往引其水，益用溉田疇之渠，以萬億計，其利爲尤溥也。據《史記·河渠書》、《漢書·溝洫志》。

鄭國者，韓水工也。韓聞秦之好興事，欲疲之毋令東伐，使國間説秦，令鑿涇水，自中山西抵瓠口爲渠，並北山東注洛，欲以溉田。據《史記·河渠書》。河渠東出，中逕宜秋北，中山南，捨車宫南，絶冶谷水；又經巀嶭山南，池陽北，絶清水；又逕北原下，曲梁北，南原下，與沮水合，即洛水也。據《水經·沮水注》。首尾三百餘里。中作而覺，欲殺之。國曰："始臣爲間，然渠成，亦秦之利也。臣爲韓延數歲之命，爲秦建萬世之功。"乃使卒爲之。渠成，用注填閼之水，溉澤鹵之地四萬餘頃，收皆畝一鍾。於是關中爲沃野，無凶年，秦以富强，卒并諸侯。因名曰鄭國渠。據《史記·河渠書》、《漢書·溝洫志》。

宋皇甫選、何亮嘗周覽其遺制，以爲鑿斷岡阜，連亘山足，用功最大云。據《宋史·河渠志》。《老學庵筆記》云：秦所作鄭、白二渠，在今京兆府之涇陽，皆以涇水爲源。白渠灌涇陽、高陵、櫟陽及耀州、雲陽、三原、富平，凡六縣。斗門百七十餘所，今尚存，然多廢不治。鄭渠所灌尤廣袤，數倍於白渠。涇水乃絶深，不能復入渠口，渠岸尤多摧圮填淤，比之白渠，尤不可措手矣。

史禄者，史其姓，禄其名，監郡御史也。據張晏《漢書·嚴助傳》注。故漢人稱監禄。案：如《淮南子·人間訓》，《漢書》嚴助、吾丘壽王等《傳》皆是。始皇帝三十三年，使尉屠睢伐越，發卒五十萬，使禄主餉，三年不解甲弛弩，困於轉輸。禄乃以卒鑿渠，通湘、離之水，而利餽送，卒誅其君。據《淮南子·人間訓》及高誘注。

渠始桂之興安，湘水源於海陽山，至此下離江。離江爲牂牁下流，二水高下本遠不相謀，禄始派湘之流而注之離，使北水南合，北舟踰嶺。其法於湘流沙磕中，壘石爲鏵嘴，鋭其前，逆分湘流爲二，激之六十里，立渠中，以入離，江與俱南，渠繞興安界，深不數尺，廣丈餘。六十里間，置斗門三十六，土人但謂之斗。舟入一斗，則復開斗，使水積漸進，故能循巖而上，建瓴而下離。千斛之舟，亦可往來自如。自古治水之巧，無如此渠者矣。世謂之靈渠。據范成大《石湖集・桂海虞衡志》。又曰秦鑿渠。據《宋史・河渠志》。

自漢馬援，唐李渤、魚孟威，宋李師中、邊詡皆因其故瀆續有興造。至明初，嚴震直撤鏵石，增石埭，至水泛則冲塘決岸，人民始苦水患。及永樂中，即如禄制加石函，乃洩水，既利舟行，又溉田至數千頃。新故相結，而其用益弘矣。據沈欽韓《漢書疏證》、《宋史・河渠志》。

秦史卷四十二　諫輔傳

繞朝　任妄　趙良　中期　茅焦
頓弱　鮑白令之　侯生

繞朝者，繞地名，蓋以地爲氏也。事康公。初，晉士會用於秦，晉人患之。康公七年，晉使魏壽餘僞以魏叛者，以誘士會。壽餘請以私邑自歸於秦，公許之。履士會之足於朝。公師於河西，將受魏邑，魏人在東。壽餘曰："請東人之能與夫二三有司言者，吾與之先。"據《左氏》文公十三年《傳》及《尚史》。繞朝諫，弗聽。據盧文弨《羣書拾補》。士會將行，繞朝贈之以策曰："子無謂秦無人，吾謀適不用也。"據《左氏》文公十三年《傳》。士會卒歸晉。後公竟以繞朝言戮之。據《韓非子·説難》篇及馬王堆三號墓出土帛書《春秋事語》。韓子曰："繞朝之言當矣，其爲聖人於晉，而爲戮於秦，則非知之難，處知則難也。"據《韓非子·説難》篇。

任妄者，亦事康公。康公築臺三年，楚人起兵，將以攻齊。任妄曰："飢召兵，疾召兵，勞召兵，亂召兵。君築臺三年，今楚人起兵，將攻齊。臣恐其攻齊爲聲而以襲秦爲實也。不如備之。"戍東邊，荆人輟行。據《韓非子·説林上》。後昭襄王時爲漢中守任鄙者，以勇力稱，據《史記·秦本紀》。或其子姓歟？

趙良者，從孟蘭皋得見商君。商君願交，良曰："孔丘有言，曰：'推賢而戴者進，聚不肖而王者退。'僕不肖，故不敢受命。僕聞之曰：'非其位而居之曰貪位，非其名而有之曰貪名。'僕聽君之義，則恐僕貪位貪名也，故不敢聞命也。"商君曰："子不説吾治秦與？"良曰："反聽之謂聰，内視之謂明，自勝之謂强。虞舜有言曰：'自卑也尚矣。'君不若道虞舜之道，無爲問僕矣。"商君曰："始秦戎翟之教，父子無别，同室而居。今我更制其教而爲其男女之别，大築冀闕，營如魯、衛矣。子觀我治秦也，孰與五羖大夫賢？"良曰："千羊之皮，不如一狐之腋，千人之諾諾，不如一士之諤諤。武王諤諤以昌，殷紂墨墨以亡。君若不非武王乎，則僕請終日正言而無誅，可乎？"商君曰："語有之矣：'貌言華也，至言實也，苦言藥也，甘言疾也。'夫子果肯終日正言，鞅之藥也。鞅將事子，子又何辭焉。"良曰："夫五羖大夫，荆之鄙人也，聞秦穆公之賢，而願望見，行而無資，自鬻於秦客，被褐食牛期年。穆公知之，舉之牛口之下，而加之百姓之上，秦國莫敢望焉。相秦六七年，而東伐鄭，三置晉國之君，謂惠公、懷公、文公也。一救荆國之禍。發教封内，而巴人致貢，施德諸侯，而八戎來服。由余聞之，款關請見。五羖大夫之相秦也，勞不坐乘，暑不張蓋，行於國中，不從車騎，不操干戈，功名藏於府庫，德行施於後世。五羖大夫死，秦國男女流涕，童子不歌謡，舂者不相杵，此五羖大夫之德也。今君之見秦王也，因嬖人景監以爲主，非所以爲名也。相秦不以百姓爲事，而大築冀闕，非所以爲功也。刑黥太子之師傅，殘傷民以峻刑，是積怨畜禍也。教之化民也深於命，民之效上也捷於令。今君又左建外易，非所以爲教也。君又南面而稱寡人，日繩秦之貴公子。《詩》曰：'相鼠有體，人而無禮，人而無禮，何不遄死！'以詩觀之，非所以爲壽也。公子虔杜門不出已八年矣，君又殺祝懽而黥公孫賈，《詩》曰：'得人者興，失人者崩。'此數事者，非所以得人也。君之出也，後車十數，從車載甲，多力而駢脅者爲驂乘,旁屈盧之勁矛、干將之雄戟者,案:原作"持矛而操闟戟者",此從徐廣。本文前後多駢句,則徐廣本爲是。李善《文選·吴都賦》注引《史記》,與徐同。旁車而趨,此一物不具,君固不出。《書》曰:'恃德者昌,恃力者亡。'君之危若朝露,尚將欲延年益壽乎?則何不歸十五都,灌園於鄙。勸秦王顯巖穴之士,養老存孤,敬父兄,序有功,尊有德,可以少安。君尚將貪商於之富,寵秦國之教,畜百姓之怨,秦王一旦捐賓客而不立朝,秦國之所以收君者,豈其微哉!亡可翹足而待!"商君弗從。據《史記·商君列傳》。於是商君相秦,十有四年矣。案《秦本紀》,武王二年初置丞相,前無相名,其稱者皆以後擬前也。趙良説商君曰相秦不以百姓爲事,而大築冀闕。築冀闕在商君爲大良造後二年,則大良造即秦相也。商君於孝公十年爲大良造,二十四年孝公卒。而趙良之説,據《商君傳》在孝公卒前五月,則其時爲相蓋十四年矣。《戰國策》作十八年,《史記》作十年,皆誤。

中期,辯士。據《戰國策·秦策》注。初事武王。武王與其争論,不勝,王大怒。期徐行而去。或爲期説王曰:"中期悍人也,適遇明君故也,向者遇桀、紂,必殺之矣。"王因不罪,繼事。昭王嘗謂左右曰:"今日韓、魏,孰與始强?"對曰:"弗如也。"王曰:"今之如耳、魏齊孰與孟嘗、芒卯賢?"對曰:"弗如也。"王曰:"以孟嘗、芒卯之賢,帥强韓、魏之兵以伐秦,猶無奈寡人何也,今以無能之如耳、魏齊,帥弱韓、魏以攻秦,其無奈寡人何亦明矣。"據《戰國策·秦策》。中期推瑟而對曰:據《史記·魏世家·索隱》。推瑟,《太平御覽》引《韓非子》作"伏瑟"。案:《秦策》作"推琴",《史記·魏世家》作"憑琴"。推瑟、伏瑟、憑琴、推琴雖不同,然皆謂中期將對之動作甚明。而李鍇《尚史》乃改推爲堆,改琴爲翏,以爲人之姓名,而以中期爲官名。可謂謬甚。恐其誤人,故不厭其瑣屑而詳論之。"王之料天下過矣!昔者六晉之時,智氏最强,威破范、中行,而從韓、魏之兵以伐趙。決晉水以灌晉陽,城之未沉者三板。智伯出行水,韓康子御,魏桓子驂乘。智伯曰:'始吾不知水之可以亡人之國也,乃今知之!汾水可以灌安邑,絳水可以灌平陽。'魏桓子肘韓康子,韓康子履魏桓子。肘足接於車上，而智氏分矣。身死國亡，爲天下笑。今秦之强，不能過智伯，韓、魏雖弱，尚賢其在晉陽之下也，此乃方其用肘足時也，願王之勿易也！”據《戰國策・秦策》、《韓非子・難三》。

茅焦者，齊人也。秦王正太后不謹，幸宦者嫪毐，有二子。事覺，毐作亂。夷其三族，殺二子，遂遷太后於雍。據《説苑・正諫》篇、《史記・秦始皇本紀》。下令曰：“以太后事諫者，戮而殺之，蒺藜其脊。”諫而死者二十七人矣。焦自稱齊客，往上謁願諫。王怒，召之入，欲烹之。焦至前，再拜起曰：“臣聞之，夫有生者不諱死，有國者不諱亡。諱死者不可以得生，諱亡者不可以得存。死生存亡，聖人所欲急聞也，陛下欲聞之否？”王曰：“何謂也？”焦曰：“陛下有狂悖之行而不自知：陛下車裂假父，有嫉妒之心；囊撲兩弟，有不慈之名；遷母萯陽宫，有不孝之行；從蒺藜於諫士，有桀、紂之治；令天下聞之盡瓦解無向秦者。臣竊恐秦亡，爲陛下危之。所言畢，乞行就質。”乃解衣伏質。王下殿，手接之曰：“先生就衣，今願受事。”乃立焦爲傅。爵之上卿。立駕千乘萬騎，虚左自迎太后，歸於咸陽。太后大喜曰：“抗枉令直，使敗更成，安秦社稷，使我母子得復相見者，盡茅君之力也。”據《説苑・正諫》篇、《史記・秦始皇本紀》裴駰《集解》引《説苑》。　案：《集解》引《説苑》“乃立焦爲傅”，是以其能匡正事也。今本《説苑》作“立焦爲仲父”，則誇大其實矣。

頓弱者，當秦王正時。王欲見弱，弱曰：“臣之義不參拜。王能使臣無拜則可矣，不則不見也。”王許之。於是弱曰：“天下有有其實而無其名者，有無其實而有其名者，有無其名又無其實者，王知之乎？”王曰：“弗知。”弱曰：“有其實而無其名者，商人是也。無把銚掛耨之勞，案：“勞”原作“勢”，當是勞之誤。今正。而有積粟之實，此有其實而無其名者也。無其實而有其名者，農夫是也。解凍而耕，暴背而耨，無積粟之實，此無其實而有其名者也。無其名又無其實者，王乃是也。立爲萬乘，無孝之名；以千里養，無孝之實。”王勃然而怒，弱曰：“山東戰國有六，威不掩於山東，而掩於母。臣竊爲大王不取也。”王曰：“山東之戰國可兼與？”弱曰：“韓，天下之咽喉；魏，天下之胸腹。王資臣萬金而遊，聽之韓、魏，入其社稷之臣於秦，則韓、魏從，而天下可圖也。”王曰：“寡人之國貧，恐不能給也。”弱曰：“天下未嘗無事也，非從即横，横成則秦帝，從成則楚王。秦帝，即以天下恭養；楚王，雖有萬金，弗得私也。”王曰：“善。”乃資萬金，使東遊韓、魏，入其將相；北游燕、趙，而殺李牧；齊人朝。四國畢從，頓弱之説也。據《戰國策・秦策》。

鮑白令之仕秦。案：鮑白令之，近人章炳麟、王國維、柳詒徵皆以爲秦博士。然《説苑》云：“博士七十人未對，鮑白令之對曰”，則鮑白令之非博士也，故不入博士而入此。始皇帝既并天下，乃召羣臣而議曰：“古者五帝禪賢，三王世繼，孰是？將爲之。”博士七十人未對，鮑白令之對曰：“天下官，則讓賢是也；天下家，則世繼是也。故五帝以天下爲官，三王以天下爲家。”始皇仰天而嘆曰：“吾德出於五帝，吾將官天下，誰可使代我後者？”令之對曰：“陛下行桀、紂之道，欲爲五帝之禪，非陛下所能行也。”始皇大怒，曰：“令之前！若何以言我行桀、紂之道也？趣説之，不解則死。”令之對曰：“臣請説之：陛下築臺干雲，宫殿五里，建千石之鍾，萬石之簴。婦女連百，倡優累千。興作酈山宫室至雍，相繼不絶。所以自奉者殫天下，竭民力，偏駁自私，不能以及人。陛下所謂自營之主也，何暇比德五帝，欲官天下哉？”始皇闇然無以應之，面有慙色。久之，曰：“令之之言，乃令衆醜我。”遂罷謀，無禪意也。據《説苑・至公》篇。

侯生，亦稱侯公，韓人，爲秦客。嘗與韓終石生爲始皇求仙人不死之藥。據《史記·秦始皇本紀》。始皇既兼天下,大侈靡,即位三十五年猶不息。生與齊客盧相與謀曰:據《説苑·反質》篇。“上天性剛戾自用,專任獄吏,獄吏得親幸。博士雖七十人,特備員弗用。丞相諸大臣皆受成事,倚辨於上。上樂以刑殺爲威,天下畏罪持禄,莫敢盡忠。上不聞過而日驕,下懾服謾欺以取容。秦法:不得兼方,不驗,輒死。然候星氣者至三百人,皆良士。畏忌諱,諛,不敢端言其過。據《史記·秦始皇本紀》。諫者不用而失道滋甚,吾黨久居,且爲所害。”乃相與亡去。始皇聞之大怒,曰:“吾異日厚盧生等,案“等”字據《史記》增。尊爵而事之,今乃誹謗我。吾聞諸生多爲妖言以亂黔首。”乃使御史悉上諸生。諸生傳相告犯法者四百六十餘人,皆坑之。盧生不得,而侯生後得。始皇召見之,升阿東之臺,臨四通之街,將數而車裂之。望見侯生,大怒曰:“老虜不良,誹謗而主,乃敢復見我。”侯生至,仰臺而言曰:“臣聞知死必勇,陛下肯聽臣一言乎?”始皇曰:“若欲何言?言之!”侯生曰:“臣聞禹立誹謗之木,欲以知過也。今陛下奢侈失本,淫泆趨末,宫室臺闕,連屬增累;珠玉重寶,積襲成山;錦繡文采,滿府有餘;婦女倡優,數巨萬人;鍾鼓之樂,流漫無窮;酒食珍味,盤錯於前;衣服輕煖,輿馬文飾,所以自奉,麗靡爛漫,不可勝極。黔首遺竭,民力單盡,尚不自知,又急誹謗,嚴威克下,下喑上聾,臣等故去。臣等不惜臣之身,惜陛下國之亡耳。聞古之明王,食足以飽,衣足以煖,宫室足以處,輿馬足以行。故上不見棄於天,下不見棄於黔首。堯茅茨不剪,采椽不斲,土階三等,而樂終身者,以其文采之少而質素之多也。丹朱傲虐,好慢淫,不修理化,遂以不升。今陛下之淫,萬丹朱而十昆吾桀紂。臣恐陛下之十亡也,而曾不一存也。”始皇默然良久曰:“汝何不早言?”侯生曰:“陛下之意,方乘青雲,飄摇於文章之觀。自賢自健,上侮五帝,下凌三王,棄素樸,就末技。陛下亡徵見久矣。臣等恐言之無益也,而自取死,故逃而不敢言。今臣必死,故爲陛下陳之,雖不能使陛下不亡，欲使陛下自知也。”始皇曰：“吾可以變乎？”侯生曰：“形已成矣。陛下坐而待亡耳。陛下欲更之，能齊堯與禹乎？不然無異也。陛下之佐又非也，臣恐變之不能存也。”始皇喟然而嘆，遂釋不誅。據《説苑·反質》篇。

秦史卷四十三　博士傳

周青臣　淳于越　盧生　羊子　黄疵
正先　桂貞　沈遂　園公　伏生　叔孫通

博士，秦官，掌通古今。雖名承宋、魏，而其制實不相牟。秩不甚高，案：漢承秦制，其初僅四百石。而其職甚尊，與丞相同議政議禮。定員亦多至七十人，類别亦備。有諸子，如黄疵之爲名家，羊子之爲儒家。陳涉起山東，二世召博士議，有引《公羊》“人臣無將”之對，則亦儒家也。有文學，如叔孫通，以文學徵待詔博士。如黄疵，又作歌詩，如有爲始皇作《仙真人詩》。又有雜賦，或亦出博士中。有術數方技，如盧生之録圖書，又有爲二世占夢者。傳授亦廣，如張楚起，二世問博士諸儒生，諸儒生有三十餘人，叔孫通之從儒生弟子至百餘人，廣攬羣材，欲興太平，可謂盛矣。可知始皇帝非不好士。亦未惡書，讀李斯《諫逐客書》則即收初令，讀韓非子《説難》則渴欲與遊，尤可見其下士好文之風，案：此略取張燧《千百年眼》。後之焚書坑儒，特有激而然耳。及漢，雖承秦制，然其學漸狹。至武帝，罷斥百家，僅立五經，其員數亦大減。初只五人，至宣帝始增至十二人。於是有秦一代學術之宏軌，遂邈不可見。後人工於謗秦，反謂秦無學無文，可勝慨哉！可勝慨哉！即博士姓名，亦多翳如。可徵者僅周青臣、淳于越、盧生、羊子、黄疵、正先、桂貞、沈遂、園公、伏生、叔孫通十一人而已。案：近人章炳麟《秦獻記》、王國維《漢魏博士考》、柳詒徵《中國文化史》皆以《説苑・正諫》篇之鮑白令之爲秦博士，然《説苑》明云“始皇召羣臣議，博士七十人未對，鮑白令之對曰”，則鮑白令之原不在七十人之列也，不從。所徵雖不多，然秦北擊胡，築長城，焚書坑儒諸大役，皆發機於此諸人中。正先曾揭趙高之惡，尤可傳者也。作《博士傳》。

周青臣爲博士僕射。始皇帝三十四年，置酒咸陽宫，博士七十人前爲壽，青臣進頌曰：“他時秦地不過千里，賴陛下神靈明聖，平定海内，放逐蠻夷，日月所照，莫不賓服。以諸侯爲郡縣，人人自安樂，無戰争之患，傳之萬世。自上古不及陛下威德。”始皇帝悦。

淳于越者，齊人，事王建，建信用后勝，越諫不聽。論者謂建虜於秦，不知賢也。據《淮南子・泰族訓》及高誘注。入秦，官博士。進曰：“臣聞殷、周之王千餘歲，封子弟功臣，自爲枝輔。今陛下有海内，而子弟爲匹夫，卒有田常六卿之臣，無輔弼何以相救哉？事不師古而能長久者，非所聞也。今青臣又面諛，以重陛下之過，非忠臣。”帝下其議。丞相李斯曰：“陛下創大業，建萬世之功，固非愚儒所知。今天下已定，法令出一，諸生不師今，而學古以非當世，惑亂黔首，禁之便。臣請史官非《秦紀》皆燒之，非博士官所職，天下敢有藏《詩》、《書》、百家語者，悉詣守尉雜燒之。”制曰：“可。”據《史記・秦始皇本紀》。

盧生，見《方士傳》盧敖。

羊子者，佚其名，或曰名千，相傳爲晉羊舌氏之後，習儒。著書顯名。據《廣韻》、鄭樵《氏族略》及邵思《姓解》。官博士。秦亂，徙居泰山中。有書四篇，凡百章。據《漢書・藝文志》及原注、鄭樵《氏族略》。久佚。

黄疵者,案:《廣韻》作黄公疵,以黄公爲族姓,姑備一説。爲名家學,官博士。工歌詩,據《漢書・藝文志》。始皇三十六年,使博士爲《仙真人詩》,及行所游天下,傳令樂人歌弦之。據《史記・秦始皇本紀》。

正先,博士。據《漢書・京房傳》孟康注。趙高既用事,所殺及報私怨衆多,據《史記・李斯列傳》。正先非刺之,亦被殺。

桂貞者,亦爲博士。始皇三十六年,坑儒事起,桂貞改姓香,以避禍。據《集韻》引《炅氏譜》、宋濂《桂氏家乘序》。 案:此取柳詒徵説。在漢有炅横,得罪,其子避難改姓,或爲香,或爲桂,或爲炔,字雖異,聲同也。據《廣韻》。其貞之後歟!

沈遂,博士。見《新唐書・宰相世系表》。

園公,或曰庚姓,據《史記索隱》。官博士。秦亂避地南山。漢興,惠帝以爲司徒。據圈稱《陳留耆舊傳自序》。世傳有圈公神公神机。據洪氏《隸釋》。此即四皓之東園公也。據錢大昕《十駕齋養新録》。所謂用里先生、綺里季、夏黄公,高帝時嘗與公共定太子者也。

伏生名勝,字子賤,據《後漢書・伏湛傳》。濟南人也。據《史記・儒林列傳》。以明經爲秦博士。據《水經・漯水注》。始皇三十五年,焚書,生壁藏之。其後兵大起,流亡。漢定,生求其書,亡數十篇,獨得二十九篇,即以教於齊、魯之間。據《史記・儒林列傳》。撰《尚書大傳》,據《水經注》。由是學者盡能言《尚書》矣。據《史記・儒林列傳》。文帝安車徵之,年老不行,乃使掌故歐陽生等往受焉,號曰伏生者也。據《水經・漯水注》。年至九十餘。據《史記・儒林列傳》。墓在濟南東朝陽縣故城南漯水上。據《水經・漯水注》。

叔孫通，字何，據晉灼引《楚漢春秋》。　案：《楚漢春秋》作"名何"，依王先謙《漢書補注》改。薛人也。秦以文學徵，待詔博士。陳勝起，二世詔博士諸儒生問曰："楚戍卒攻蘄入陳，於公如何？"博士諸生三十餘人前曰："人臣無將，將即反，罪死無赦。願陛下急發兵擊之。"二世怒，作色。通前曰："諸生言皆非也，夫天下合爲一家，毀郡縣城，鑠其兵，示天下不復用。且明主在其上，法令具於下，使人人奉職，四方輻輳，安敢有反者！此特羣盜鼠竊狗偷耳，何足置之齒牙間？郡守尉今捕論，何足憂？"二世喜，盡問諸生，諸生或言反，或言盜。於是二世令御史按言反者下吏，非所宜言。言盜者，皆罷之。乃賜通衣帛，拜爲博士。通出，諸生曰："生何言之諛也？"通曰："公不知，我幾不免虎口！"乃亡去。

之薛，薛已降楚矣。通遂從項梁，既從懷王、項籍。漢二年，漢王伐楚入彭城，通降漢。變儒服爲楚製短衣，漢王喜，拜通爲博士，號稷嗣君。

漢王并天下，諸侯共尊爲皇帝於定陶。通就其儀號。漢高帝悉去秦儀法，爲簡易，羣臣飲酒爭功，醉或妄呼，拔劍擊柱。通知上厭之，説曰："夫儒者難與進取，可與守成。臣願徵魯諸生，與臣弟子共起朝儀。"帝曰："得無難乎？"通曰："五帝異樂，三王不同禮。禮者，因時世人情爲之節文者也。臣願采古禮與秦儀雜就之。"帝曰："可試爲之。度吾所能行者。"於是通使徵魯諸生及上左右爲學者與其弟子百餘人，爲綿蕞野外。習之月餘。通曰："上可試觀。"上既觀，曰："吾能爲此。"乃令羣臣習肄。漢七年，諸侯羣臣皆朝十月。儀：先平明，謁者治禮，引以次入殿門，廷中陳車騎步卒衛宫，設兵張旗幟。傳言："趨。"殿下郎中俠陛，陛數百人。功臣、列侯、諸將軍、軍吏以次陳西方，東鄉；文官丞相以下陳東方，西鄉。大行設九賓，臚傳。於是皇帝輦出房，百官執幟，傳警，引諸侯王以下至吏六百石以次奉賀。自諸侯王以下，莫不振恐肅敬。至禮畢，置法酒，諸侍坐殿上皆伏，抑首，以尊卑次，起上壽。觴九行，謁者言："罷酒。"御史執法，舉不如儀者輒引去。竟朝置酒，無敢讙譁失禮者。於是帝曰："吾乃今日知爲皇帝之貴也。"乃拜通爲太常。據《史記》、《漢書·叔孫通傳》。通又因秦樂人制宗廟樂，大祝迎神於廟門，奏《嘉至》；皇帝入廟門，奏《永至》，以爲行步之節。乾豆上，奏《登歌》，《登歌》再終，下奏《休成》之樂，美神明既饗也。皇帝就酒東廂，奏《永安》之樂，美禮已成也。據《漢書·禮樂志》。通爲漢制禮樂，通未繼作，多因於秦，故備畧之。通後官至太子太傅，終仍奉常。據《漢書·叔孫通傳》。

秦史卷四十四　方技傳

卜徒父　伯樂　九方皋　醫緩　醫和　醫竘　夏無且
程邈　王次仲　優旃　召平　射虎人　（廖仲藥、
何射虎、秦精）　卓氏　程鄭　宛孔氏

卜徒父者，穆公時掌龜卜者也。據《左氏》僖公十五年《傳》杜預注。故書稱：穆公十五年，公將伐晉。卜徒父筮之，吉。涉河，侯車敗，詰之，對曰："乃大吉也，三敗必獲晉君。"其卦遇《蠱》，曰："千乘三去，三去之餘，獲其雄狐。夫狐蠱，必其君也。蠱之貞，風也；其悔，山也。歲云秋矣，我落其實而取其材，所以克也。實落材亡，不敗可待。"及戰，晉三敗及韓。獲晉侯以歸。據《左氏》僖公十五年《傳》。

伯樂，秦人。據《吕氏春秋·觀表》篇。姓孫氏，名陽。以善相馬事穆公。據成玄英《莊子·馬蹄》篇疏、《戰國策·楚策》注。有老驥服鹽車而上大行，蹄申膝折，尾湛胕潰，中阪遷延，負轅不能上。伯樂見之，下車攀轅而哭，解紵衣冪之。驥於是俯而噴，仰而鳴，聲達於天，若出金石。彼蓋見伯樂之知己也。據《戰國策·楚策》。

穆公嘗謂之曰："子之年長矣，子姓有可使求馬者乎？"伯樂對曰："良馬可形容筋骨相也。天下之馬者，若滅若没，若亡若失，若此者，絶塵弭轍。臣之子皆下材也，可告以良馬，不可告以天下之馬。臣有所與共儋纏采薪者九方皋,案:《莊子·徐無鬼》篇作九方歅,《吕氏春秋·觀表》篇、《淮南子·道應訓》作九方堙。《列子》作九方皋。此其於馬,非臣之下也。"

公見之,使求馬。三月而反,報曰:"得之矣,在沙邱。"公曰:"何馬也?"對曰:"牝而黄。"使人往取之,則牡而驪。公不説,召伯樂而謂之曰:"子所使求馬者,色物牝牡之不知,又烏能知馬?"伯樂喟然太息曰:"若皋之所觀,天機也。得其精而忘其麤,在其内而忘其外。見其所見,而不見其所不見。若皋之所相,乃有貴乎馬者也。"馬至,果天下之馬。據《淮南子·道應訓》、《列子·説符》篇。 案:今《列子》非原書,或即取《淮南子》。

古之善相馬者:韓風相口齒,案:從《淮南子·齊俗訓》。麻朝相頰,子女厲相目,衛忌相髭,許鄙相尻,投伐褐相胸脅,管青相膹肳,陳悲相股脚,秦牙相前,贊君相後,皆天下之良工也。然特見馬之一徵,而於節之高卑,足之滑易,材之堅脆,能之長短,能知馬之全者,則無有過於伯樂、九方皋者矣。説者謂其術且可徵之事與國,非獨相馬然也。據《吕氏春秋·觀表篇》。有缺誤,依李善《文選注》補正。趙亦有伯樂,爲簡子時人。見《韓非子·説林》篇。或有慕於秦伯樂,猶秦越人之慕古扁鵲而自命與?秦之趙父、非子皆善馬,則伯樂、九方皋之善相馬,蓋非偶然也。

醫緩、醫和,皆以醫名,而佚其姓氏。緩當桓公時,晉景公疾病,求醫於秦。公使緩爲之,曰:"疾不可爲也! 居肓之下,案:原作"居肓之上,膏之下",據賈逵、許慎説改,下同。膏之上,攻之不可,達之不及,藥不至焉,不可爲也。"故書神其説曰:緩未至,景公夢疾爲二豎子,曰:"彼良醫也,懼傷我,焉逃之?"其一曰:"居肓之下,膏之上,若我何!"既至云云,景公曰:"良醫也!"厚爲之禮而歸之。其夏景公卒。據《左氏》成公十年《傳》。

和當景公、哀公時，晉平公有疾，公使和視之。據《國語·晉語八》。曰："疾不可爲也。是謂近女室，疾如蠱。非鬼非食，惑以喪志。良臣將死，天命不祐。"平公曰："女不可近乎？"對曰："節之。先王之樂，所以節百事也，故有五節；遲速本末以相及，中聲以降。五降之後，不容彈矣。于是有煩手淫聲，慆堙心耳，乃忘平和，君子弗聽也。物亦如之。至于煩，乃舍也已，無以生疾。君子之近琴瑟，以儀節也，非以慆心也。天有六氣，降生五味，發爲五色，徵爲五聲，淫生六疾。六氣曰陰、陽、風、雨、晦、明也，分爲四時，序爲五節，過則爲菑：陰淫寒疾，陽淫熱疾，風淫末疾，雨淫腹疾，晦淫惑疾，明淫心疾。女，陽物而晦時，淫則生内熱惑蠱之疾。今君不節、不時，能無及此乎？"出告趙武。武曰："誰當良臣？"對曰："主是謂矣。主相晉國，於今八年，晉國無亂，諸侯無闕，可謂良矣。和聞之，國之大臣，榮其寵禄，任其大節。有菑禍興，而無改焉，必受其咎。今君至于淫以生疾，將不能圖恤社稷，禍孰大焉？主不能御，吾是以云也。"據《左氏》昭公元年《傳》。曰："醫及國家乎？"對曰："上醫醫國，其次疾人固醫官也。"《國語·晉語八》。曰："何謂蠱？"對曰："淫溺惑亂之所生也。于文，皿蟲爲蠱。穀之飛亦爲蠱。在《周易》，女惑男、風落山謂之蠱。皆同物也。"《左氏》昭公元年《傳》。是歲，趙武卒。據《晉語八》。相傳太素脈自和始。據《太素脈考》引《南濱楉語》。脈之大候，要在陽明寸口。能專是者，其唯和乎？據鄭玄《周禮·疾醫注》。緩與和之論病，皆經理識本，非徒胗病而已。據皇甫謐《甲乙經自序》。

其後有醫竘者，亦秦人，爲宣王割痤，案，秦無宣王，當誤。爲惠王治痔，惠王當即惠文王。皆瘉。張儀之背瘇，案：原作張子，當即張儀，《戰國策》屢稱之。命竘治之。謂竘曰："背非吾背也，任子制焉。"治之遂愈。尸佼聞之，曰："竘誠善治疾也，張子委制焉。夫身與國亦猶此也，必有所委制，然後治矣。"據《太平御覽》卷三百七十一、七百二十四、七百四十三引《尸子》。

夏無且者，始皇帝侍醫也。二十年，攻燕急，燕使荆軻獻督亢地圖，謀刺王以緩禍。既見，圖窮而匕首見，軻因左手把王袖，而右手持匕首揕之。未及，王驚起，袖絶。軻逐王，王環柱而走。羣臣盡失其度。而秦法：侍殿上者不得持尺寸兵，乃以手共搏之。當是時，無且以其所奉藥囊提軻，軻始傷。左右乃曰："王負劍。"負劍，遂拔以擊軻，軻廢，體解之以徇。已而論功賞，賜無且黄金二百鎰，曰："無且愛我，乃以藥囊提荆軻也。"無且於術無所聞，而其所以全王者大矣。漢公孫季功、董仲舒皆與無且游，以語司馬遷，遷紀其書如此。據《史記・刺客列傳》、《秦本紀》。或言荆軻傷秦王，此徇故讎秦者，姑爲快心之論，非其實也，因備敍之。

世傳秦既并六國，李斯爲廷尉，乃具罷不合秦文者，作小篆。於是天下行之，畫若鐵石，字若飛動，爲楷隸之祖。據張懷瓘《書斷》。然或謂始皇帝使下杜人程邈作小篆。據王莽改定六書。世皆言程邈作隸書，然或謂李斯省改大篆作小篆，又有隸書以趨約易，則李斯又作隸書矣。據許慎《説文解字自敍》，趙翼《陔餘叢考》。或又傳：同時王次仲亦作隸書。據《水經・涿水注》。蓋人事日進，則文字之用日繁，不得不求省易以赴急。初則人自爲之，後則或相仿傚，積習既久，遂成體勢，必非一二人所可爲力也。或傳臨淄發古冢，已見古篆雜今隸，《水經・穀水注》。其成久矣，但其用不廣，及秦統一以後，始畫一行篆，猶無以應劇務，乃兼用隸。據《水經・穀水注》。李相特總其成，而程邈輩則整齊損益之者也。故篆隸之作，或曰李斯，或曰程邈歟。

程邈者，下邽人。或曰下杜人。字元岑，爲縣吏。以罪下雲陽獄。覃思十年，損益小篆方圓，而得隸書三千字奏之。始皇善之，用爲御史。時以篆字難成，乃用隸字，以爲隸人佐書，務使便捷，故曰隸書。據《書斷》。

王次仲者，相傳爲上谷人，據《書斷》引《廬山記》。少有異志，年及弱冠，亦變蒼頡舊文爲今隸書。以爲世之篆文功多用寡，難以速就。四海多事，筆札爲先，乃變之。據《仙傳拾遺》。始皇帝時，官務繁多，見次仲所易文，便於事要，奇而召之。三徵不至。據《水經・灅水注》。其人頗多異説，擇雅馴者箸之云爾。

優旃者，秦倡侏儒也。善爲笑言，然合於大道。始皇帝時，嘗置酒而天雨，陛楯者皆沾寒，優旃見而哀之。謂之曰："汝欲休乎？"陛楯者皆曰："幸甚。"優旃曰："我即呼汝，汝疾應曰'諾。'"居有頃，殿上上壽呼萬歲，優旃臨檻大呼曰："陛楯郎！"郎曰："諾！"優旃曰："汝雖長，何益？乃雨立；今本《史記》作"幸雨立"，文不成義。《初學記》、《太平御覽》引作"雨中立"，或古本如此。今改幸爲乃，雖妄，然合語氣。我雖短也，幸休居。"於是始皇使陛楯者得半相代。始皇嘗議欲大苑囿，東至函谷關，西至雍、陳倉。優旃曰："善。多縱禽獸於其中，寇從東方來，令麋鹿觸之足矣。"始皇以故輟止。二世立，又欲漆其城。優旃曰："善。主上雖無言，臣固將請之。漆城雖於百姓愁費，然佳哉！漆城蕩蕩，寇來不能上。即欲就之，易爲漆耳；顧難爲蔭室。"于是二世笑之而止。居無何，二世遇害，優旃歸漢，數年而卒。據《史記・滑稽列傳》。

召平者，秦東陵侯。秦破，爲布衣，貧，種瓜於長安城東，瓜美，故世俗謂之東陵瓜，從召平以爲名也。入漢，爲蕭何客。蕭何爲相國，益封置尉。諸君皆賀，平獨弔，以爲禍自此始矣，"願君讓封勿受，悉以家財佐軍"。漢高祖果悦。據《史記・蕭相國世家》。

廖仲藥、何射虎、秦精者，朐忍人。當昭襄王時，白虎嘗從羣虎爲害，自秦、蜀、巴、漢患之。王乃重募國中有能殺虎者，賞邑萬家，金帛稱之。於是廖仲藥、何射虎、秦精等乃作白竹弩，於高樓上射虎，中頭三節。白虎瞋恚，盡搏殺羣虎，大呴而死。王嘉之，曰："虎歷四郡，害千二百人。一朝患除，功莫大焉。"欲如約，王嫌其夷人，乃刻石爲盟要，復夷人，頃田不租，十妻不筭，傷人者論，殺人者得以倓錢贖死。盟曰："秦犯夷，輸黄龍一雙；夷犯秦，輸清酒一鍾。"夷人安之。世號"白虎復夷"，後所謂"弜頭虎子"者也。據《華陽國志》、《後漢書・南蠻傳》。

蜀卓氏者，佚其名，其先趙人也。用鐵冶富。秦破趙，遷卓氏之蜀。夫妻推輦行。諸遷虜少有餘財，争與吏，求近處，處葭萌。唯卓氏曰："此地狹薄。吾聞岷山之下，沃野，下有蹲鴟，至死不飢。民工於市易賈。"乃求遠遷。致之臨邛，大喜。即鐵山鼓鑄，運籌策，傾滇、蜀之民，富至僮千人。田池射獵之樂，擬於人君。據《史記》、《漢書・貨殖傳》。至漢，其孫王孫據周壽昌《漢書注補正》。尚有家僮八百人。據《史記・司馬相如列傳》。

程鄭者，亦山東遷虜也，亦冶鑄，賈椎髻之民，富埒卓氏，俱居臨邛。

宛孔氏，佚其名，其先梁人也。亦用鐵冶爲業。秦滅魏，遷孔氏南陽。大鼓鑄，規陂池，連車騎，游諸侯，因通商賈之利，有游閑公子之名。然其贏得過當，愈於纖嗇，家致數千金。故南陽行賈盡法孔氏之雍容。據《史記》、《漢書・貨殖傳》。

秦史卷四十五　方士傳

徐市　盧生

自齊威、宣之時，騶衍之徒，論著終始五德之運，及秦帝而齊人奏之，故始皇帝采用之，而宋無忌、正伯僑、元谷、羨門子高最後，皆燕人。案：元谷，《史記》作充尚，《漢書》作元尚，今從沈濤說改。爲方僊道，形解銷化，依於鬼神之事。騶衍以陰陽主運，顯於諸侯，而燕、齊海上之方士傳其術，不能通，然則怪迂阿諛苟合之徒自比興，不可勝數也。自威、宣、燕昭使人入海，求蓬萊、方丈、瀛洲，此三神山者，共傳在渤海中，去人不遠，蓋嘗有至者，諸僊人及不死之藥皆在焉。其物：禽獸盡白，而黄金、銀爲宫闕。未至，望之如雲；及到，三神山反在水下。臨之，患且至，則船風引而去，終莫能至云。世主莫不甘心焉。始皇帝二十八年，遊海上，則方士争言之。齊人徐市上書，願入海求仙人，始皇帝如恐不及，使之齎童男女入海求之。船交海中，皆以風爲解。曰：未能至，望見之焉。其明年，始皇帝復遊海上，至琅邪，過恒山，從上黨歸。後三年，游碣石，考入海方士，使韓衆、侯公、石生求仙人不死之藥，使盧生入海。從上郡歸。後四年，聞韓衆去，不報；徐市等費以巨萬計，終不得藥，大怒。後一年，登會稽，並海上，猶冀遇三神山之奇藥，不得。還至沙丘崩。據《史記·封禪書》《秦始皇本紀》、《漢書·郊祀志》。

方士衆多，而徐市、盧生、侯公爲著云。

徐市，案：《史記·秦始皇本紀》作市，即黻字。而《淮南王列傳》作福，《漢書·伍被傳》、《抱朴子》、《十洲記》、《神仙傳》皆同。齊人。始皇帝二十八年，上書言海中有三神山，願入海求仙人神藥。數歲不得，費多，恐譴，據《史記·秦始皇本紀》。還爲僞辭曰："臣見海中大神言曰：'汝秦皇之使歟？'臣答曰：'然。''汝何來？'曰：'願請延年益壽藥。'神曰：'汝秦皇之禮薄，得觀而不得取。'即從臣東南至蓬萊山，見芝成宫闕。有使者，銅色而龍形，光上照天。於是臣再拜言曰：'宜何資以獻？'神曰：'以令名男子若振女與百工之事，即得之矣。'"始皇帝大悦。市又言："藥可得，然常爲大鮫魚所苦，願請善射者與俱。"乃遣振男女三千人，資之五種百工而行。市得平原廣澤，止王不來。據《史記·淮南王列傳》《秦始皇本紀》、《漢書·伍被傳》。世世相承，有數萬家，傳日本有市冢，在熊指山下。據《後漢書·東夷傳》、程餘慶《史記集説》。或傳市嘗爲秦博士，其入海也，盡載古書，明時日本有徐市本《尚書》傳入中國云，見豐坊《古書世學序》。案：坊好作僞，所言未必可信。

盧生，燕人，或曰齊人，名敖，官博士。據《史記·秦始皇本紀》、《淮南子·人間訓》高誘注、《説苑·反質》篇。始皇帝初遣徐市入海求仙人，三十二年，又遣生往求羨門高。還，以鬼神事，因奏録圖書曰："亡秦者胡也。"乃使將軍蒙恬北擊胡。三十五年，生説始皇帝曰："臣等求芝奇藥，仙者常弗遇，類物有害之者。方中，人主時爲微行，以辟惡鬼。惡鬼辟，真人至。人主所居而人臣知之，則害於神。真人者，入水不濡，入火不爇，陵雲氣，與天地久長。今上治天下，未能恬淡。願上所居宫，毋令人知，然後不死之藥殆可得也。"於是始皇帝慕真人，自謂真人，不稱朕。行所幸，有言其處者罪死。自是莫知行之所在。韓客侯生與生相謀曰："上天性剛愎自用，專任獄吏，博士雖七十人,特備員而已。丞相諸大臣皆受成事,天下之事,無大小皆決於上,日夜不息。貪於權勢至如此,未可爲求仙藥。"於是乃亡去。據《史記·秦始皇本紀》。始皇帝聞亡,大怒曰:"吾異日厚盧生等,尊爵而事之。今乃誹謗我。吾聞諸生多爲妖言以亂黔首。"乃使御史悉上諸生,諸生傳相告引犯法者,皆坑之。侯生後得直諫,釋不誅。據《説苑·反質》篇。語在《諫輔傳》中。盧生終不可得。今東萊高密東南有盧山,山有洞,相傳生違難於此,號盧敖洞云。據程餘慶《史記集説》。

論曰:始皇帝惑於奇藥神仙,至死不悟,則方士之爲害大矣。而盧生謂"亡秦者胡",於是三十萬人北擊胡;與侯生同亡去,於是啓坑儒之獄,所繫不尤大矣哉!作《方士傳》。

秦史卷四十六　趙高傳

趙高者，諸趙流屬也。《史記·蒙恬列傳》。父腐刑，坐其家，没爲奴婢。母通於人，生子皆承趙姓，並宫之，故高與昆弟數人皆生隱宫。據《史記·蒙恬列傳·索隱》引劉氏説。《史記·秦始皇本紀》："隱宫徒刑者七十餘萬人"。《正義》："餘刑見於市朝，宫刑一百日，隱於蔭室，養之乃可，故曰隱宫，下蠶室也"。始皇帝聞其彊力，通於獄法，舉以爲中車府令。高即私事公子胡亥，喻之決獄。高嘗有大罪，始皇令蒙毅治之。毅當高法應死，除其宦籍。始皇以高之敦於事也，赦之，復其官。據《史記·蒙恬列傳》。

始皇三十七年冬，出游會稽，並海上，北走琅邪。公子胡亥、丞相李斯、上卿蒙毅及高皆從。高兼行符璽令事。其年七月，始皇道病，使毅還禱山川。至沙丘，始皇病甚，使高爲書賜公子扶蘇，令與喪。未授使者而始皇帝崩。羣臣莫知。高因留公子扶蘇璽書，而謂胡亥曰："上崩，無詔封王諸子，而獨賜長子書。長子至，即立爲皇帝，而子無尺寸之封，爲之奈何？"胡亥曰："固也。吾聞之：'明君知臣，明父知子。'父捐命，不封諸子，何可言者！"高曰："不然。方今天下之權，存亡在子與高及丞相耳。願子圖之！且夫臣人與見臣於人，制人與見制於人，豈可同日道哉！"胡亥曰："廢兄而立弟，是不義也。不奉父詔而畏死，是不孝也。能薄而材譾，彊因人之功，是不能也。三者逆德，天下不服，身殆傾危，社稷不血食。"高曰："臣聞湯、武弑其主，天下稱義焉，不爲不忠。衛君弑其父，而衛國載其德，孔子著之，不爲不孝。夫大行不小謹，盛德不辭讓，鄉曲各有宜，而百官不同功。故顧小而忘大，後必有害；狐疑猶豫，後必有悔；斷而敢行，鬼神避之，後必有功。願子遂之！”胡亥喟然嘆曰：“今大行未發，喪禮未終，豈宜以此事干丞相哉！”高曰：“時乎，時乎，間不及謀，贏糧躍馬，唯恐後時。”胡亥既然高之言，高曰：“不與丞相謀，恐事不能成。臣請爲子與丞相謀之。”高乃謂丞相斯曰：“上崩，賜長子書，與喪會咸陽，而立爲嗣。書未行，今上崩，未有知者也。所賜長子書及符璽皆在胡亥所，定太子在君侯與高之口耳，事將何如？”斯曰：“安得亡國之言，此非人臣所當議也。”高曰：“君侯自料能孰與蒙恬？功高孰與蒙恬？遠謀不失孰與蒙恬？無怨於天下孰與蒙恬？長子舊而信之，孰與蒙恬？”斯曰：“此五者皆不及蒙恬，而君責之何深也？”高曰：“高固内官之厮役也，幸得以刀筆之文，進入秦宫，管事二十餘年，未嘗見秦免罷丞相功臣有封及二世者也，卒皆以誅亡。皇帝二十餘子，皆君之所知。長子剛毅而武勇，信人而奮士，即位，必用蒙恬爲丞相。君侯終不懷通侯之印歸鄉里明矣。高受詔教習胡亥，使學以法事數年矣。未嘗見過失，慈仁篤厚，輕財重士，辯於心而詘於口，盡禮敬士，秦之諸子，未有及之者。可以爲嗣，君計而定之。”斯曰：“斯奉主之詔，聽天之命，何慮之可定也？”高曰：“安可危也，危可安也，安危不定，何以貴聖？”斯曰：“斯上蔡布衣也，上幸擢爲丞相，封爲通侯，子孫皆至尊位，故將以存亡安危屬臣，豈可負哉？夫忠臣不避死而庶幾，孝子不勤勞而見危，君其弗復言。”高曰：“蓋聞聖人遷徙無常，就變而從時，見末而知本，觀指而覩歸，物固有之，安得常法哉！方今天下之權命懸於胡亥，高能得志焉。且夫從外制中謂之惑，從下制上謂之賊。故霜降者草花落，水摇者萬物作，此必然之效也。君何見之晚。君聽臣之計，即長有封侯，世世稱孤，必有喬、松之壽，孔、墨之智。今釋此而不從，禍及子孫，足爲寒心，善者因禍爲福，君何處焉？”斯乃仰天而歎曰：“嗟乎，獨遭亂世，既以不能死，安托命哉？”於是斯乃聽高。高乃報胡亥曰:“臣請奉太子之明命以報丞相,丞相斯敢不奉令!”於是乃相與謀,詐爲受始皇詔丞相,立胡亥爲太子。更爲書賜長子扶蘇、將軍蒙恬死。至咸陽發喪,太子立爲二世皇帝,以趙高爲郎中令,常侍中用事。

二世燕居,召高謂之曰:“夫人生居世間也,譬猶騁六驥過決隙也。吾既已臨天下矣,欲悉耳目之所好,窮心志之所樂,以安宗廟而樂百姓,長有天下,終吾年壽,其道可乎?”高曰:“此賢主之所能行也,而昏主之所禁也,臣請言之,不敢避斧鉞之誅,願陛下少留意焉。夫沙丘之謀,諸公子大臣皆疑焉。而諸公子盡帝兄,大臣又先帝之所置也。今陛下初立,此其屬,意怏怏皆不服,恐爲變。且蒙恬雖死,而蒙毅又在,臣戰戰慄慄,唯恐不終。且陛下安得爲此樂乎?”二世曰:“爲之奈何?”趙高曰:“嚴法而刻刑,令有罪者相坐誅,至收族,滅大臣而遠骨肉,貧者富之,賤者貴之。盡除去先帝之故臣,更置陛下之所親信者近之。此則陰德歸陛下,害除而奸謀塞,羣臣莫不被潤澤,蒙厚德,陛下則高枕肆志寵樂矣。計莫出於此。”二世然之。乃更爲法律。於是羣臣諸公子有罪,輒下高令鞫治之。殺公子十二人,公主十人,及大臣蒙毅等,相連坐者不可勝數。法令誅罰日益刻深,賦斂愈重,戍徭無已。《鹽鐵論·周秦》篇:“趙高以峻法決罪於内,百官以峭法斷割於外,死者相枕藉,刑者相望,百姓側目重足,不寒而慄”。於是楚戍卒陳勝、吴廣等起於山東,傑俊同風畔秦,相立爲侯王矣。

初,趙高爲郎中令,所殺及報私怨衆多,據《史記·李斯列傳》。博士正先非刺之,亦被害。據《漢書·京房傳》及顔師古注引孟康説。恐大臣入朝奏事毁惡之,乃説二世曰:“天子所以貴者,但以聞聲,羣臣莫得見其面,故號曰朕。且陛下深拱禁中,與臣及侍中習法者待事,事來有以揆之,如此則大臣不敢奏疑事,天下稱聖主矣。”二世用其計,乃不坐朝廷見大臣,居禁中,事皆決於趙高。

高聞李斯以爲言,乃見丞相曰:“關東羣盜多,今上急發繇治阿房宫,聚狗馬無用之物,臣欲諫,爲位賤,此真君侯之事,君何不諫?”李斯曰:“固也,吾欲言之久矣。今時上不坐朝廷,居深宫,吾有所言者,不可傳也,欲見無間。”趙高曰:“君誠能諫,請爲君候上間,語君。”於是趙高待二世方燕樂,婦女居前,使人告丞相:“上方間,可奏事。”丞相至宫門上謁。如此者三,二世怒,曰:“吾常多閒日,丞相不來。吾方燕私,丞相輒來奏事。丞相豈少我哉,且固我哉?”趙高因曰:“如此殆矣!夫沙丘之謀,丞相與焉。今陛下已立爲帝,而丞相貴不益,此其意亦望裂地而王矣。且陛下不問臣,臣不敢言。丞相長男李由爲三川守,城守不肯擊。高聞其文書相往來,未得其審,故未敢以聞。且丞相居外,權重於陛下。”二世以爲然,欲案李斯。據《史記·李斯列傳》。

會叛秦者益多,關中發卒東擊無已。李斯與右丞相馮去疾、將軍馮劫進諫,請且止阿房宫作者,減省四邊戍轉。二世大怒,下斯、去疾、劫吏,案責他罪。去疾、劫自殺,斯卒囚。據《史記·秦始皇本紀》。高責斯與子由謀反狀,備諸楚毒,斯乃誣服,就五刑。二世喜曰:“微趙君,幾爲丞相所賣。”李斯既死,二世拜高爲中丞相,封安武侯。《秦記》。事無大小,輒取決焉。

高自知權重,於是欲爲亂。乃獻鹿,謂之馬。二世問左右:“此乃鹿也?”左右皆曰:“馬也。”據《史記·李斯列傳》《秦始皇本紀》。高又以青爲黑,黑爲黄,束蒲爲脯,以眩亂之。據鄭玄《禮記·禮器》篇注、李善《文選注》引應劭《風俗通義》。二世驚,自疑其惑,復惑噩夢,齋於望夷宫以禳之。時關以東大氐盡畔秦應諸侯矣。楚將劉邦已入武關,使人私於高。高懼事覺,謝病不朝見。二世責讓高,高益懼,與其弟郎中令成、壻咸陽令閻樂謀,曰:“上不聽諫,今事急,欲歸禍於吾宗。吾欲易置上,詐爲有大賊,令樂發卒追入望夷宫,使成爲内應。”因劫令二世自殺。

高欲自立,懼羣臣勿從,乃立始皇帝之弟子嬰,貶帝號爲王。

令齋廟見受皇帝璽。帝已知高與楚約，滅秦宗而自王關中。與其子等謀："高欲因廟中殺我，我稱病堅不行，高必自來，來則殺之。"高果自來，曰："廟見大事，王奈何不行？"帝遂殺高於齋宫，車裂之，三族其家以徇咸陽。據《史記·秦始皇本紀》《李斯列傳》。距李斯之死僅九月也。

論曰：趙高易人家國於冥默晻昧之中：初以長有富貴易李斯之忠素，以肆志寵榮易二世之肺腑，繼則唆二世以嚴法刻刑易秦之舊章新政，以奴隶故主易秦之骨肉世臣，終乃以鹿易馬，以蒲易脯，褫二世之魄而易置其位，然後公然欲自取矣。其陰賊險狠，於古今無倫焉。嗚呼毒已！後世之竊國大盜，皆師其緒餘者也。若高者，不獨爲秦之罪人，抑亦萬世之罪人也。顧有謂其自宫以報宗國之讎，有若越勾踐、韓張良者，自黨於大奸慝，爲之平反張目，是誠何心哉！是誠何心哉！《古逸史》："趙高爲趙之公子，抱忠義之性，自宫而隱於秦宫中，爲趙報仇。張良大索時即避高家，故得免難。"

秦史卷四十七　后妃傳

穆公夫人　宣太后　華陽太后　夏太后　帝太后

案《國語·晉語》：秦伯謂公子曰"寡人之適此爲才"，韋昭注："適，妃子，謂文嬴爲穆公夫人所生也。"則穆公夫人可稱妃也。

穆公夫人者，晉獻公女，太子申生姊伯姬也。歸穆公。據《左氏》莊公二十八年、僖公五年、十五年《傳》及杜預注、《史記·秦本紀》。案《史記·晉世家》作申生女弟，非。穆公好淫樂，夫人爲之不聽鄭衛之音。據《論衡·譴告》篇。案夫人原作華陽后，華陽后爲孝文王后，非穆公后也。《漢書·張敞傳》作葉陽后，孟康注以爲昭王后，亦非。此謂穆公后，自指穆姬也。今正。申生被讒死，晉獻公卒而晉亂。夫人異母弟夷吾重賄秦以求入，穆公納之，是爲惠公。其入也，夫人屬申生妃賈君焉。案：杜注以賈君爲獻公次妃。兹據唐固、惠棟、洪亮吉説，補"申生妃"三字。且云"盡納羣公子"。晉侯烝於賈君，又不納羣公子，是以夫人怨之。晉侯許賂秦以河外列城五，東盡虢略，南及華山，内及解梁城。且許賂中大夫，既而皆背之。晉飢，秦輸之粟；秦饑，晉閉之糴。於是穆公伐晉，戰於韓，獲晉侯以歸。夫人聞其至，以太子罃、子弘、女簡璧，登臺而履薪焉。使以免服衰絰逆，且告曰："上天降災，使我兩君匪以玉帛相見，而以興戎。

若晉君朝以入，則婢子夕以死；夕以入，則朝以死。唯君裁之。”案：自“上天降災”以下至此四十二字，陸德明《經典釋文》以爲後人所加。然上文云“且告”，告則必有辭矣，兹存之。大夫請以入，穆公曰：“獲晉侯，以厚歸也。既而喪歸，焉用之！”乃舍諸靈臺而許晉平。據《左氏》僖公九年與十五年《傳》、《史記・秦本紀》《晉世家》。

宣太后者，惠文王之妾、昭王之母也。其先楚人，姓羋氏。故號羋八子。《秦本紀・集解》引徐廣説，八子者，妾媵之子。

及昭王即位，號宣太后。宣太后非武王母，武王母號曰惠文后。據《史記・穰侯列傳》及《索隱》、《漢書・外戚傳》。惠文后欲立公子壯，公子壯敗誅，惠文后亦不得良死。據《史記・秦本紀》，及《穰侯列傳・索隱》。昭王少，宣太后自治，任其異父弟穰侯魏冉爲政。據《史記・穰侯列傳》。

王欲爲韓成陽君求相韓、魏，韓、魏勿聽。太后爲魏冉謂王曰：“成陽君以王之故，窮而居於齊，今王見其達而收之，亦能翕其心乎？”王曰：“未也。”太后曰：“窮而不收，達而報之，恐不爲王用。且收成陽君，失韓、魏之道也。”據《戰國策・秦策》。

楚圍韓雍氏五月，韓令使者求救於秦，冠蓋相望也。秦師不下殽。韓又令尚靳使秦，謂王曰：“韓之於秦也，居爲隱蔽，出爲雁行。今韓已病矣，秦師不下殽。臣聞之：‘唇揭者其齒寒’，願大王之熟計之！”太后曰：“使者來者衆矣，獨尚子之言是。”召尚靳入，謂之曰：“老婦之事先王也，先王加髀，困不支也。盡加其身，則弗重也。何也？以其少有利焉。案：牀笫之言不踰閾，今乃以太后之尊而爲異國使臣言之，此古今所未聞也。此本可删，兹略易其辭，姑存以志異，且可知其爲人焉。今佐韓，兵不衆，糧不多，則不足以救韓。夫救韓之危，日費千金，獨不可使我少有利乎？”據《戰國策・韓策》。

秦岐、梁、涇、漆之北，有義渠、大荔、烏氏、朐衍之戎，而義渠爲强，築城郭以自守。秦少蠶食之，嘗臣於秦而叛服不常。太后居甘泉宫與之界，遂時羈縻其王，竟有二子。據《史記・匈奴列傳》。其後昭王圖之急，且暮請太后，據《史記・范雎列傳》。太后乃詐而殺之宫中，遂起兵伐殘義渠。於是秦有隴西、北地、上郡焉。據《史記・匈奴列傳》。

太后用事久，魏客范雎説王曰："臣居山東時，聞秦之有太后、穰侯，不聞其有主也。臣竊爲王恐：萬世之後，有秦國者，非王子孫也。"王聞之懼，據《史記・范雎列傳》。稍奪其權，太后以憂卒。《戰國策・魏策》。

太后嬖魏醜夫，將卒，令曰："我葬，必以魏子爲殉。"魏醜夫患之。庸芮爲醜夫説太后曰："以死者爲有知乎？"曰："無知也。"曰："若太后之神靈，明知死者之無知矣，何爲空以生所愛，葬於無知之死人哉！若死者有知，先王積怒之日久矣。太后救過不贍，何暇乃私魏醜夫乎？"太后曰："善。"乃止。據《戰國策・秦策》。葬芷陽酈山。據《史記・秦本紀》。

華陽太后者，孝文王后也，楚人。據《戰國策・秦策》。孝文王爲安國君時，甚愛之，立以爲正夫人。號曰華陽夫人。孝文即位，以爲王后。無子，他姬夏有子異人，質於趙。陽翟大賈吕不韋謀爲異人立爲適嗣，既説后弟陽泉君，語在《不韋傳》中。又説其姊曰："吾聞之，以色事人者，色衰而愛弛。今后不以此時早自結於諸子中賢孝者，舉立以爲適而子之，王在則尊重，王萬歲後所子者爲王，終不失勢。此所謂一言而萬世之利也。不以繁華時樹本，即色衰愛弛後，雖欲開一言，尚可得乎？今異人賢，而自知中男也，次不得爲適，其母又不得幸，而自附於后。常曰'予小子以后爲天'，日夜泣思王與后。后誠以此時拔以爲適，后則竟世有寵於秦矣。"后以爲然。承王間，從容言質趙子異人者絶賢，來往者皆稱譽之。乃因涕泣曰："妾幸得充後宫，不幸無子，願得子異人，立以爲適嗣，以託妾身。"王許之。據《史記・吕不韋列傳》、《戰國策・秦策》。異人歸，不韋使楚服見。

后悦曰:“吾楚人也,而自子之。”乃變其名曰楚。孝文王薨,子楚代立,是爲莊襄王。王以所母華陽后爲華陽太后。諸侯皆致邑爲太后養地。

真母夏姬尊以爲夏太后。據《戰國策·秦策》及注、《史記·吕不韋列傳》。始皇正七年,夏太后薨。先是,華陽太后與孝文王會葬壽陵,莊襄王葬芷陽,夏太后獨别葬杜東,曰:“東望吾子,西望吾夫。後百年,旁當有萬家邑。”據《史記·吕不韋列傳》、《論衡·實知》篇。

帝太后者,莊襄王后,始皇帝之母也。趙豪家女。莊襄王爲質子於趙時,立以爲夫人。據《史記·吕不韋列傳》。莊襄既得母華陽太后,吕不韋請趙歸之。據《戰國策·秦策》。語在《吕不韋傳》中。或曰:昭王五十年,使王齮圍邯鄲,急,趙欲殺質子,吕不韋爲行金六百斤予守者吏,得脱歸。趙又欲殺其妻子,以夫人爲豪家女,得匿,以故母子竟得全。及孝文王立,華陽夫人爲王后,莊襄爲太子。趙亦奉夫人及子正歸秦。孝文王薨,莊襄代立,以夫人爲王后。王即位三年薨,子正立爲王。尊王后爲王太后。王年少,據《史記·吕不韋列傳》。太后不謹,幸詐宦者嫪毐,據《説苑·正諫》篇。案:《史記·吕不韋列傳》言嫪毐之進,其語至媟。司馬遷屢謂難言不雅馴,而此疑爲吕氏門客厚誣之辭,反取之何也?删之。有身,太后恐人知之,詐卜當避時,徙宫居雍。嫪毐常從,事皆決於嫪毐。據《史記·吕不韋列傳》。益驕,自謂王假父。王九年,有告嫪毐實非宦者,與太后私生子二人。陰謀王薨,以子爲嗣。王怒,誅之,並囊撲二子,遷太后於萯陽宫。後齊客茅焦以死諫,乃迎歸咸陽。據《説苑·正諫》篇、《史記·吕不韋列傳》。韓公子非曰“后妻淫亂,主母畜穢,外内混通,男女無别”,殆以嫪毐事爲秦惜者發歟?《韓非子·亡徵》篇。十九年,滅趙。王之邯鄲,諸嘗與王生趙時母家有仇怨者,皆罪之。是年太后薨。據《史記·秦始皇本紀》。王稱帝後號帝太后。與莊襄王會葬茝陽。據《史記·吕不韋列傳》及《索隱》王邵説。

論曰：古者於女節似不甚重，如辰嬴君女也，而朝事其弟，夕事其兄。文嬴亦近似是。雍姬之母，大夫之妻也。而教其女曰："人盡夫也，父一而已。"其他史籍所載，不可僂指計。鶉奔狐綏，視爲常事。故昭王於母遺行無違言，旦暮請之，且以語初至之客，又曷足怪。至始皇帝始慨然有力挽頹波之意，於嫪毐事可知也。及并天下，巡行刻石，於防民正俗，言之尤頻。在泰山曰："男女禮順，慎遵職事。昭隔内外，靡不清净。"在會稽曰："飾省宣義，有子而嫁，倍死不貞。防隔内外，禁止淫泆，男女絜誠。夫爲寄豭，殺之無罪，男秉義程。妻爲逃嫁，子不得母，咸化廉清。"語尤嚴恪，其深有感而言之歟！後人以爲不異於三王，見顧炎武《日知録》。然三王不聞有此剴切著明也。其尤足多者，男女同律，無少偏頗。後世儒者，乃獨以責女子，女子遂墮九幽而莫之拔。嗚呼！此始皇帝之罪人也。

秦史卷四十八　羣公子傳

公子縶　公子鍼　公子池　蜀侯煇、綰

公子縶者，字子顯。《國語·晉語二》韋昭注。羣公子。爲大夫，事穆公。晉獻公之卒也，所嗣先後死。羣公子既前逐，國亂，無公族，晉人以秦親晉，乃請君於秦。公許諾，謂百里視、公孫枝曰："夫晉國之亂，吾誰使先若夫二公子而立之，以爲朝夕之急？"百里視曰："君使縶也，縶敏且知禮，敬以知微，君其使之。"乃使縶弔晉公子重耳於狄曰："寡君使縶弔公子之憂，又重之以喪。寡人聞之，得國常於喪，失國常於喪。時不可失，喪不可久，公子其圖之！"公子重耳曰："重耳身亡父死，不得與於哭泣之位，又何敢有他志以辱君義。"再拜，不稽首，起而哭，退而不私。縶退弔公子夷吾於梁，如弔重耳之命。夷吾再拜稽首，起而不哭，退而私於縶，且入河外列城五。縶反，致命於公。公曰："吾與重耳，重耳仁，再拜不稽首，不没其後也。起而哭，愛其父也。退而不私，不没於利也。"縶曰："君過矣，君若求置晉君而載之，置仁不亦可乎？君若求置晉君以成名於天下，則不如置不仁以猾其中，且可以進退。臣聞之：'仁有置，武有置，仁置德，武置服。'"乃先置夷吾，是爲惠公。據《國語·晉語二》。既而惠公背德，公伐之，戰於韓，獲惠公焉。大夫請以入，縶曰："不如殺之！無聚慝焉。"公不許，許晉平。據《左氏》僖公十五年《傳》。惠公卒，

使縶納重耳於晉，是爲文公。縶及晉大夫盟於郇。據《左氏》僖公二十四年《傳》。

公子鍼，字伯車，據《左氏》襄公二十五年《傳》。又曰后子。據《左氏》昭公元年《傳》。桓公子，景公母弟也。據《左傳》杜注。景公二十九年，秦、晉爲成，晉韓起來莅盟。鍼如晉莅盟。明年，鍼再如晉修成。晉叔向曰："秦、晉不和久矣。今日之事幸而集，晉國賴之。"

初，鍼有寵於桓公，如二君於景公。據《左氏》襄公二十五年、二十六年及昭公元年《傳》。景公立，鍼富，或譖之。據《史記·秦本紀》。公有噬犬，鍼欲請之，不肯與，鍼以百兩易之，又不聽。據屈原《天問》及王逸注。案：《天問》謂"卒無禄"，王逸注云："逐鍼而奪其爵禄。"然鍼自言"瞿選於寡君"，又曰"鍼懼選"，其母亦曰"弗去懼選"，則未嘗遭譴而奪爵禄也，不從。其母曰："弗去懼選。"三十六年，鍼奔晉，其車千乘。鍼享晉平公，造舟於河，十里舍車，自雍及絳，歸取酬幣，終事八反。晉女叔齊問曰："子之車盡於此而已乎？"曰："此之謂多矣。若能少此，吾何以得見。"女叔齊以告平公，且曰："秦公子必歸。能知其過，必有令圖。"

鍼見趙武，武曰："吾子其曷歸？"曰："鍼懼選於寡君，是以在此，將待嗣君。"趙孟曰："秦君何如？"曰："無道。"趙孟曰："亡乎？"曰："何爲？一世無道，國未艾也。國於天地，有與立焉，不數世淫，弗能斃也。"趙孟曰："天乎？"曰："有焉！"趙孟曰："其幾乎？"曰："鍼聞之，國無道，而年穀和熟，天贊之也，鮮不五稔。"武視蔭曰："朝夕不相及，誰能待五。"鍼出，告人曰："趙孟將死矣。主民，翫歲而愒日，其與幾何？"據《左氏》昭公元年《傳》及《春秋經》。

是年冬，楚公子圍弒郟敖，右尹子干亦奔晉。晉使鍼與子干齒。鍼辭曰："鍼懼選，楚公子不獲，是以皆來，亦唯命，且臣與羈齒，無乃不可乎？史佚有言曰：'非羈何忌。'"蓋欲自同於晉臣也。據《左氏》昭公元年《傳》及杜注。

景公四十年卒，子哀公立，鍼果反國。據《史記·秦本紀》。

公子池者，案《國策·秦策》，池一作他。《韓非子》又作汜。亦羣公子，事昭襄王。案樓緩謂昭王曰："割河東，大費，免於國患，大利。此父兄之任，王何不召公子池而問焉。"則池蓋昭王之父兄行也。王九年，齊、韓、魏攻函谷，王謂樓緩曰："三國之兵深矣，寡人欲割河東而講。"對曰："割河東，大費也；免於國患，大利也。此父兄之任也，王何不召公子池而問焉。"王召池而問，對曰："講亦悔，不講亦悔。"王曰："何也？"對曰："王割河東而講，三國雖去，王必曰：'惜矣，三國且去，吾特以三城從之。'此講之悔也。王不講，三國入函谷，咸陽必危，王又曰：'惜矣，吾愛三城而不講。'此又不講之悔也。"王曰："鈞吾悔也，寧亡三城而悔，無危咸陽而悔也。寡人決講矣。卒使池以三城講於三國，三國之兵乃退。

陘山之役，趙且與秦伐齊，齊令田章以陽武合於趙，而以順子爲質。趙王喜，乃案兵，告於秦曰："齊以陽武賜敝邑，而納順子，欲以解伐，敢告下吏。"王使池之趙，謂趙王曰："齊與大國救魏，而背約，不可信恃，大國不義，以告敝邑，而賜之二社之地，以奉祭祀。今又案兵，且欲合齊而受其地，非使臣之所知也。請益甲四萬，大國裁之！"齊聞之懼，使人獻書穰侯以解之。據《戰國策·秦策》。王謂池曰："昔殽下之事，韓爲中軍，以與諸侯攻秦。韓與秦接壤，其地不能千里，展轉不可約，日者秦、楚戰於藍田，韓出鋭師以佐秦。秦戰不利，因轉與楚。不固信盟，惟便是從。韓之在我，心腹之疾，吾將伐之，何如？"池曰："王出兵韓，韓不懼，懼則可以不戰而深取割。"王曰："善。"乃起兵。韓恐，使陽成君入謝於秦，請效上黨之地以爲和。據《戰國策·趙策》。

蜀侯煇者，惠文王子也。秦既滅蜀，王封子通國爲蜀侯。既而相陳壯殺之。武王立，誅壯。三年，以煇繼侯。先是蜀定，蜀國守張若城成都、郫城、臨邛。成都尤閎偉，與咸陽同制。昭王立，宣太后用事，害之。昭王六年，煇祭山川，獻饋於王。太后加毒以進，王將嘗之，太后曰："饋從二千里來，當試之。"王與近臣，近臣即斃。王大怒，遣司馬錯賜煇劍，使自裁。夫婦皆自殺，並誅其臣郎中令嬰等二十七人。蜀人葬煇於郭外。九年，知煇冤，使使迎喪入葬於郭内。時霖雨，車溺不得行，至城北門，忽陷入地中。蜀人因名北門爲咸陽門，立祠祀之。

初，煇既死，以公子綰繼侯蜀。後二十二年，復以疑誅。自此僅置蜀守，不復侯矣。據《華陽國志》、《史記·秦本紀》《六國年表》。　案：《華陽國志》略謂"周赧王元年，秦惠王封子通國爲蜀侯，以陳壯爲相，以張若爲蜀國守。六年，陳壯反，殺蜀侯。遣張儀、司馬錯誅陳壯。七年，封子煇爲蜀侯。五年惠王二十七年，儀與張若城成都。赧王十四年，煇祭山川，獻饋於秦孝文王，煇後母害其寵，加毒以進。王試近臣，即斃。文王大怒，遣司馬錯賜煇劍，使自裁。十七年，聞煇無罪冤死，使入葬郭内。"以《史記·秦本紀》《六國年表》核之，則盡多舛錯。周赧王七年，實爲秦武王三年。武王未冠而立，安得有此子侯蜀？此其一。赧王十四年，實爲秦昭王六年，下距孝文王之立凡五十二年，安得曰煇獻饋於秦孝文王乎？此其二。惟以封子煇爲蜀侯隸於封子通國爲蜀侯之後，則是煇爲惠文子，極是。武王、昭王皆其昆弟也。昭王之立亦未冠，其母宣太后於宫秩本微，於母行亦必甚後，故曰後母，其爲人刻忮善妒，昭王初立，惠文后不得良死，且逐武王后，王之諸兄弟以爲不善者，誅滅殆盡，則於煇也，妒其居巖邑沃地而計殺之，無足異也。頗疑公子綰亦惠文子，故亦被疑誅死。驪姬之毒，覆盆之冤，一旦暴之天日之下，亦足快也。

秦史卷四十九　公子扶蘇傳

附公子將閭　公子高

公子扶蘇，始皇帝長子也。據《史記·秦始皇本紀》。剛毅而武勇，信人而奮士，據《史記·李斯列傳》。民所望也。據《漢書·陳勝傳》。始皇三十五年，以諸生爲訞言亂黔首，阬犯禁者四百七十餘人。公子諫曰："天下初定，遠方黔首未集，諸生皆誦法孔子，今上皆重法繩之，臣恐天下不安。唯上察之。"始皇怒，使公子北監蒙恬軍於上郡。

三十七年，始皇出游，至平原津而病甚，乃爲璽書賜公子曰："與喪，會咸陽而葬。"書已封，在中車府令趙高所，未授使者而始皇崩。趙高乃與公子胡亥、丞相李斯陰謀詐立胡亥，據《史記·秦始皇本紀》。更爲書賜公子曰："朕巡天下，禱祠名山諸神以延壽命。今扶蘇與蒙恬將師數十萬以屯邊，十有餘年矣。不能進而前，士卒多耗，無尺寸之功，乃反數上書直言誹謗我所爲。以不得罷歸爲太子，日夜怨望。扶蘇爲人子不孝，其賜劍以自裁。蒙恬與扶蘇居外，不匡正，宜知其謀，爲人臣不忠，其賜死。"案：蒙恬北戍不足六年，扶蘇監上郡才二年耳，而曰十餘年。蒙恬略取河南地，斥逐匈奴，自榆中並河以東，屬之陰山，以爲三十四縣城，河上爲空。又渡河取高闕、陽山、北假中。而曰不能進而前，無尺寸之功，皆誣詞也。使者至，發書，公子泣，入内舍，欲自殺。蒙恬止之曰："陛下居外，未立太子，使臣將三十萬衆守邊，公子爲監，此天下重任也。今一使者來，即自殺，安知其非詐？復請而後死，未暮也。”使者數趣之。公子爲人仁，謂蒙恬曰：“父而賜子死，尚安復請。”即自殺。據《史記·李斯列傳》。墓在臨潼東南三十四里，崇九尺。據《長安志》。公子，秦人戴之久矣。張楚之興，猶借其名以起兵焉。據《史記·陳涉世家》。

二世立，行誅大臣及諸公子公主，公子十二人僇死咸陽市，十公主矺死於杜。公子將閭昆弟三人囚於内宫，議其罪獨後。二世使使令將閭曰：“公子不臣，罪當死，吏致法焉。”將閭曰：“闕廷之禮，吾未嘗敢不從賓贊也；廊廟之位，吾未嘗敢失節也；受命應對，吾未嘗敢失辭也。何謂不臣？願聞罪而死。”使者曰：“臣不得與謀，奉書從事。”將閭乃仰天大呼天者三，曰：“吾無罪。”昆弟三人皆流涕拔劍自殺。宗室振恐。

公子高欲奔，恐收族，乃上書曰：“先帝無恙時，臣入則賜食，出則乘輿，御府之衣，臣得賜之；中廐之寶馬，臣得賜之。臣當從死而不能。爲人子不孝，爲人臣不忠，不孝不忠者，無名而立於世，臣請從死。願葬驪山之足，唯上幸哀憐之。”書上，二世大悦，賜錢十萬以葬。據《史記·秦始皇本紀》及《李斯列傳》。

秦史卷五十　宗女傳

文嬴　辰嬴　穆嬴　伯嬴　秦嬴

案《史記·秦本紀》:"穆公妻子圉以宗女。"《國語·晉語》:"秦伯曰:'寡人之嫡此爲才。'"則懷嬴爲穆公之嫡女。《晉世家》云:"以宗女五人妻重耳,故子圉妻與往。"蓋嫡庶皆可稱宗女也。

文嬴者,穆公嫡女,據《史記·秦本紀·集解》引服虔説。晉文公重耳之夫人也。據《左氏》僖公二十三年《傳》。初,晉惠公太子圉爲質於秦,穆公歸河東而妻以嫡女。據《左氏》僖公十七年《傳》。晉惠公病,内有數子。圉將逃歸,謂女曰:"我母家在梁,而梁爲秦滅。我外輕於秦,而内無援於國。君不起,大夫輕更立他公子。欲與子俱亡歸,可乎?"對曰:"子晉太子而辱於此,子之欲歸,不亦宜乎。寡君之使婢子侍執巾櫛,以固子也。從子而歸,棄君令也。不敢從,亦不敢言。"圉遂亡歸。據《史記·晉世家》、《左氏》僖公二十二年《傳》。晉惠公卒,子圉立,是爲懷公。

子圉之亡秦也,穆公怨之。聞重耳在楚,乃召而欲納之。據《國語·晉語》、《史記·晉世家》。歸女五人,懷嬴與焉。重耳使奉匜沃盥,既而揮之。嬴怒曰:"秦、晉匹也,何以卑我?"重耳懼,降服囚命。穆公曰："寡人之嫡此其才。子圉之辱，備嬪嬙焉。欲以成婚，而懼離其惡名。非此則無，故不敢以禮致之，懷之故也。公子有辱，寡人之罪也，唯命是聽。"據《國語・晉語》。重耳以其從子婦，又甥也，欲辭。胥臣曰："其國且伐，況其故妻乎？且受以結秦親而求入，子乃拘小禮忘大醜乎？"乃歸女而納幣。穆公大歡。穆公二十四年，以兵送重耳入晉即位，是爲文公。殺懷公於高粱，迎夫人於秦。據《史記・晉世家》《十二諸侯年表》、《國語・晉語》。二十八年，秦與齊、宋從晉師敗楚人於城濮。周天子命晉侯爲伯，於是晉文公稱伯。據《史記・晉世家》。

三十二年，晉文公卒。穆公發兵往襲鄭，鄭覺，師還過晉郊。晉襄公擊之，虜其三帥以歸。文嬴謂襄公曰："彼實構我二君，寡君若得而食之不厭，君何辱討焉？使歸就戮於秦，以逞寡君之志若何？"襄公許之。據《史記・晉世家》、《左氏》僖公三十三年《傳》。　案：《韓非子・外儲説左上》："昔秦伯嫁其女於晉公子，令晉爲之飾裝，以衣文之媵七十人。至晉，晉人愛其妾而賤公女。"尹桐陽《韓非子新釋》曰："秦穆公也，女謂懷嬴，晉公子即重耳。"然考之懷嬴之嫁重耳，情況全不相同，其説非也。姑附於此。

辰嬴者，文嬴之媵也。據程餘慶《史記集説》。初從子圉，既歸文公，班在九人。生公子樂。晉襄公卒，太子少，晉人以難故，欲立長君。趙盾曰："立公子雍。好善而長，先君愛之，且近於秦，秦舊好也。"賈季曰："不如立公子樂。辰嬴嬖於二君，立其子，民必安之。"趙盾曰："辰嬴賤，班在九人，其子何震之有？且爲二嬖，淫也。爲先君子，不能求大，而出在小國，辟也。母淫子辟，無成；陳小而遠，無援，將何安焉？"使先蔑、士會如秦逆公王雍。賈季亦使召公子樂，趙盾使殺諸郫。據《左氏》文公六年《傳》。　案：杜注謂辰嬴即懷嬴，大誤。懷嬴爲穆公嫡女，何得曰"賤"？文公納幣親迎，何得曰"班在九人"？其非懷嬴可知。《史記集説》謂辰嬴爲懷嬴之媵，是也。蓋宗女五人之一，初媵於懷，既媵於文，故曰"嬖於二君"也。或又以辰爲文嬴之謚，尤誤。

穆嬴，不知何公之女，晉襄公驩之夫人、靈公夷皋之母也。據

《左氏》文公七年《傳》杜注。晉襄公卒，靈公少，晉人欲立長君，趙盾使先蔑、士會如秦逆公子雍。據《左氏》文公六年《傳》。穆嬴日抱太子以啼於朝，曰："先君何罪？其嗣亦何罪？舍適嗣而外求君，將焉寘此？"出朝，則抱以適趙氏，頓首於盾曰："先君奉此子而屬諸子，曰：'此子才，吾受子之賜；不才，吾唯子之怨。'今君雖終，言猶在耳，而棄之，若何？"盾與諸大夫皆患穆嬴，且畏偪，乃背先蔑而立靈公。據《左氏》文公六年《傳》、《史記·晉世家》。

伯嬴者，哀公之女，楚平王之夫人，昭王之母也。據《列女傳》。案：原作穆公之女，穆公卒於魯文公六年，吴入郢之役，在魯定公四年。相去百十六年，安得爲穆公之女、昭王之母？考《左傳》，楚平王聘秦女，爲魯昭公十九年，即平王之六年，而秦哀公之十四年也，則伯嬴當爲哀公之女無疑。兹正。楚平王五年，案：原作二年，據《左傳》正。使費無極如秦爲太子建娶婦，無極説平王，秦女好，可自娶。平王聽之。明年正月，伯嬴歸于楚，生子珍，即昭王也。無極譖太子建怨望，平王殺建傅伍奢，奢子子胥奔吴。平王卒，昭王立十年，吴王闔閭、伍員伐楚，入郢。據《史記·楚世家》。昭王亡，吴王盡妻其後宫，以至伯嬴。伯嬴持刃對吴王曰："君王棄其儀表，無以臨國；妾有淫端，無以生世。一舉而兩辱。妾以死守之，不敢承命！"吴王慚，遂退舍。伯嬴與其阿保閉永巷之門，皆不釋兵。據《列女傳》。

秦嬴，不知何公之女，晉幽公柳之夫人也。晉幽公當躁公時，或躁公女也。幽公之時，晉衰，反朝韓、趙、魏之君，獨有絳、曲沃，餘皆入三晉。十八年，公淫婦人，夜竊出邑中，盗殺公。據《史記·晉世家》。或曰："夫人殺公於高寢之上。"據《古本竹書紀年》，《晉世家·索隱》引。或曰："魏殺之。"據《史記·六國年表》。

秦史卷五十一　列女傳

𣸣婦　巴蜀寡婦清　邢三姑

𣸣婦，百里奚之故妻也。奚爲秦相，堂上樂作，所賃𣸣婦自言知音，呼之，搏髀援琴而歌者三。其一曰："百里溪，五羊皮。憶別時，烹伏雌，炊扊扅。案：《顔氏家訓・書證》篇謂所見古樂府作"吹扊扅"，吹是炊之誤。今日富貴忘我爲！"其二曰："百里奚，初娶我時五羊皮。臨當別時烹乳雞。今適富貴忘我爲！"其三曰："百里奚，百里奚，母已死，葬南谿，墳以瓦，覆以柴。舂黄粱，搤伏雌。西入秦，五羖皮。今日富貴捐我爲！"問之，乃其故妻，還爲夫婦。據舊刻《風俗通義》。

巴蜀寡婦清，清，名。顔師古謂以其行絜，故號曰清，非也。其先得丹穴，而擅其利數世。家亦不訾。清，寡婦也，能守其業，用財自衛，人不敢犯。始皇帝以爲貞婦而客之，爲築女懷清臺。據《史記・貨殖列傳》、《漢書・貨殖傳》。今川東長壽縣西北，猶存其遺址，號貞女山云。據程餘慶《史記集説》、《括地志》。夫清窮鄉寡婦，而禮抗萬乘，名顯天下，據《史記・貨殖列傳》。可謂難能可貴者矣。

邢三姑者，相傳名降聖，雲間人。據清人汪巽東《雲間百詠》注。當始皇帝時，邑人濬瀫山傾。姑持畚臿率百婦爲先驅，後人念其功，立廟祀之。雕櫳銅舖，與山色相輝映，猶想見姑之櫛風沐雨焉。其地尚有百婆橋，則紀百婦之勞云。據元人王逢《梧溪集》。

論曰：傳列女僅得三人焉。然百里奚妻知言，女清以富守貞，邢三姑有勛勞於人民，亦煒然有光已。秦以水利興其國，蜀則李冰，關中則鄭國，西南則史禄通之，而獨於東南無聞焉，今得邢氏姑，亦足以少補其缺乎！

秦史卷五十二　張楚王陳勝傳

附　吴廣

張楚王陳勝者，陽城人，字涉。少時嘗與人傭耕，輟工之壟上，悵然久之，曰："苟富貴，無相忘。"傭者笑而應曰："若爲傭耕，何富貴也？"勝太息曰："嗟乎！燕雀安知鴻鵠之志哉！"據《史記·陳涉世家》、《漢書·陳勝傳》。

秦以適發戍，先發吏有過及贅婿、賈人，嘗有市籍者。據《漢書·鼂錯傳》。二世元年秋七月，以所發曹卒盡，乃取閭左適戍漁陽，九百人，勝與陽夏人吴廣皆次當行，爲屯長。行至蘄大澤鄉，會天大雨，道不通，度已失期。失期法斬。勝、廣乃謀曰："今亡亦死，舉大計亦死，等死，死國可乎？"勝曰："天下苦秦久矣！吾聞二世少子也，不當立，當立者乃公子扶蘇。扶蘇以數諫故，上使外將兵。今或聞無罪，二世殺之。百姓多聞其賢，未知其死也。項燕爲楚將，數有功，愛士卒，楚人憐之。或以爲死，或以爲亡。今誠以我衆詐自稱公子扶蘇、項燕，爲天下倡，宜多應者。"吴廣以爲然。乃行卜，卜者知其指意，曰："足下事皆成，有功。然足下卜之鬼乎？"勝、廣喜，念鬼，曰："此教我先威衆耳！"乃丹書帛曰："陳勝王。"置人所罾魚腹中，卒買魚烹食，得書，固已怪之矣。又間令吴廣之次所旁叢祠中，夜篝火，狐鳴，呼曰："大楚興，陳勝王。"卒皆夜驚恐。旦日，卒中往往語，皆指目勝。吴廣素愛人，士卒多爲用。將尉醉，廣故數言欲亡，忿尉，令辱之以激怒其衆。尉果笞廣。尉劍挺，廣起，奪而殺尉。勝佐之，并殺二尉。召令徒屬曰："公等遇雨，皆已失期，當斬。藉第令毋斬，而戍死者固什六七。且壯士不死則已，死則舉大名耳。王侯將相，寧有種乎！"徒屬皆曰："敬受命。"乃詐稱公子扶蘇、項燕，從民望也。袒右，稱大楚。爲壇而盟，祭以尉首。勝自立爲將軍，吴廣爲都尉。攻大澤鄉，收而攻蘄。蘄下，乃令符離人葛嬰將兵徇蘄以東，攻銍、酇、苦、柘、譙，皆下之。行收兵，比至陳，兵車六七百乘，騎千餘，卒數萬人。攻陳，陳守令皆不在，獨守丞與戰譙門中。不勝，守丞死。乃入據陳。數日，號召三老、豪傑會計事。皆曰："將軍身被堅執鋭，伐無道，誅暴秦，復立楚之社稷，功宜爲王。"勝乃立爲王，號爲張楚，以其姓復在陳，人又稱陳王，於是諸郡縣苦秦吏暴，皆殺其長吏，以應王。據《史記・陳涉世家》、《漢書・陳勝傳》。魯、齊諸生亦負禮器而歸之。據桓寬《鹽鐵論・褒賢》篇、《漢書・儒林傳》。

吴廣説王曰："王引兵西擊，則野無變兵。"據李善《文選・曹子建贈丁儀王粲詩》注引《楚漢春秋》。乃以吴廣爲假王，監諸將以西，擊滎陽。令陳人武臣、張耳、陳餘徇趙地，汝陰人鄧宗徇九江郡。當此時，楚兵數千人爲聚者，不可勝數。葛嬰至東城，立襄彊爲楚王。後聞王已立，因殺襄彊，還報。至陳，王殺之。令魏人周市北徇魏地。廣圍滎陽。李由爲三川守，守滎陽，廣不能下。王徵國之豪傑與計，以上蔡人房君、蔡賜爲上柱國。周章，陳之賢人也，嘗爲項燕視日，事春申君，自言習兵，王與之將軍印，西擊秦。行收兵至關，車千乘，卒數十萬，號百萬。據《史記・陳涉世家》、《漢書・陳勝傳》及《張耳陳餘傳》《劉向傳》。九月，至戲，軍焉。秦令少府章邯免酈山徒人、奴産子，悉發以擊楚軍，大敗之。周章走，次昔陽二月餘。章邯追敗之。復走澠池。十餘日，章邯擊，又大破之。二年十一月，周章自剄，軍遂不戰。據《史記・陳涉世家》《秦楚之際月表》、《漢書・陳勝傳》。　案：秦以十月爲歲首,故元年九月至次年十一月才三月耳。

武臣至邯鄲,自立爲趙王,陳餘爲大將軍,張耳、召騷爲左右丞相。王怒,捕繫武臣等家室,欲誅之。上柱國曰:“秦未亡而誅趙王將相家屬,此生一秦也。不如因而立之。”王乃遣使者賀趙,而徙繫武臣等家屬宮中,而封張耳子敖爲成都君,趣趙兵亟入關。趙王將相相與謀曰:“王王趙,非楚意也。楚已誅秦,必加兵於趙。計莫如毋西兵,使使北徇燕地以自廣。趙南據大河,北有燕、代,楚雖勝秦,不敢制趙。若不勝秦,必重趙。趙承秦、楚之敝,可以得志於天下。”趙王以爲然,因不西兵,而遣故上谷卒史韓廣將兵北徇燕地。燕故貴人豪傑謂韓廣曰:“楚、趙皆已立王,燕雖小,亦萬乘之國也,願將軍立爲王。”韓廣曰:“廣母在趙,不可。”燕人曰:“趙方西憂秦,南憂楚,其力不能禁我。且以楚之强,不敢害趙王將相之家。今趙又安敢害將軍之家乎?”韓廣以爲然,乃自立爲燕王。居數月,趙奉燕王母及家屬歸之。當此之時,諸侯之徇地者,不可勝數。周市北徇地至狄,狄人田儋殺狄令,自立爲齊王,反擊周市。市軍散,還至魏地,立魏後寧陵君咎爲魏王。咎在陳王所,不得之魏。魏地已定,欲相與立周市爲魏王,周市不肯。使者五反,王乃立寧陵君咎爲魏王,遣之國,周市卒爲相。

將軍田臧等相與謀曰:“周章軍已破矣,秦兵旦暮至。我圍滎陽城弗能下,秦軍至,必大敗。不如少遺兵,足以守滎陽,悉精兵迎秦軍。今假王驕,不知兵權,不可與計。非殺之,事恐敗。”因相與矯王令誅吴廣,獻其首於王。王使使賜田臧楚令尹印,使爲上將。田臧乃使諸將李歸等守滎陽城,自以精兵西迎秦軍於敖倉。軍破,田臧死。章邯進擊李歸等滎陽下,亦破之,李歸死。陽城人鄧説將兵居郯,案原作“郯”,據《索隱》改。章邯别將軍擊破之,鄧説走陳。銍人伍逢將兵居許,章邯擊破之。伍逢亦走陳。王誅鄧説。

王初立時，陵人秦嘉、銍人董緤、符離人朱雞石、取慮人鄭布、徐人丁疾等皆特起，將兵圍東海守於郯。王聞，乃使武平君畔爲將軍，監郯下軍。秦嘉不受命，自立爲大司馬。惡屬人，告軍吏曰："武平君年少，不知兵事，勿聽。"因矯王命殺武平君。

章邯已破伍逢軍，擊陳，柱國房君死。章邯又進擊陳西張賀軍，王出監戰，軍破，張賀死。臘月，王之汝陰，還之下城父，其御莊賈弒以降秦。葬碭據《史記·陳涉世家》。北山。據《水經·獲水注》。謚曰隱王。

王故涓人將軍吕臣爲蒼頭軍，起新陽，攻陳下之，殺莊賈，復以陳爲楚。初，王令銍人宋留將兵定南陽，入武關，留已徇南陽，聞王死，南陽復爲秦。宋留不能入武關，乃東至新蔡，遇秦軍，宋留以軍降秦。傳留至咸陽，車裂之以徇。秦嘉等聞王軍敗，迺立景駒爲楚王，引軍至方與，欲擊秦軍定陶下。使公孫慶使齊王，欲與并力俱進。齊王曰："陳王戰敗，未知其死生，楚安得不請而立王?"公孫慶曰："齊不請楚而立王，楚何故請齊而立王？且楚首事，當令於天下。"田儋殺公孫慶。秦左右校復攻陳下之。吕臣走，徼兵復聚，與鄱盜英布相遇，擊秦左右校，破之清波，復以陳爲楚。會項梁立懷王孫心爲楚王。

陳勝王凡六月。初爲王，其故人嘗與傭耕者聞之，乃至陳，叩宮門曰："吾欲見涉。"宮門令欲縛之，自辯數，乃置，不肯爲通。王出，遮道而呼涉。王聞之，乃召見，載與俱歸。入宮，見殿屋帷帳。客曰："夥頤！涉之爲王沈沈者!"楚人謂多爲夥，故天下傳之，夥涉爲王。由陳涉始。據《史記·陳涉世家》、《漢書·陳勝傳》、徐鍇《説文繫傳》錁字注。其妻父亦往焉，王以衆賓待之，遂怒而去。王跪謝，終不顧。據《孔叢子》。客出入愈益發舒，言王故情。或説陳王曰："客愚無知，專妄言，損威。"王斬之。諸故人皆自引去，由是無親王者。以朱防爲中正，胡武爲司過，主伺羣臣。諸將徇地至，令之不從者，係而罪之。以苛察爲忠。其所不善者,不下吏,輒自治。王信用之。諸將以故不親附。此其所以敗也。

王雖已死,其所置遣侯王將相竟亡秦。漢興,爲置守冢三十家,至王莽敗乃絶。據《史記·陳涉世家》、《漢書·陳勝傳》。

秦史卷五十三　四裔傳

西　戎

周厲王無道，諸侯或叛之，而戎反王室，滅犬丘、大駱之族。周宣王即位，乃以秦仲爲大夫，誅西戎。西戎殺秦仲。秦仲有子五人，宣王乃召其長者曰莊公及昆弟，與兵七千人，使伐西戎，破之，於是復予秦仲後，及其先大駱地犬丘并有之。

周幽王時，申侯與犬戎伐周，殺王驪山下，而襄公救周。周平王東徙雒邑，封爲諸侯，賜之岐山以西之地。據《史記·秦本紀》。平王之末，戎逼諸夏至隴山以東，及乎伊、洛，往往有之。《漢書·匈奴傳》。於是渭首有狄豲、邽、冀之戎，涇北有義渠之戎，洛川有大荔之戎，渭南有驪戎，伊洛有楊、拒、泉、皋之戎，潁、洛以西有蠻氏之戎，據杜佑《通典》卷一九一《邊防》。各分散居谿谷，自爲君長，往往而聚者，百有餘戎，莫能爲一。《史記·匈奴列傳》。後晉滅驪戎，是時伊、洛戎强，東侵曹、魯。襄王時，秦、晉自瓜州遷陸渾之戎於伊川，允姓之戎於渭汭。東至轘轅，在河南山北者號曰陰戎。穆公得戎人由餘，遂霸西戎，開地千里。後晉執陸渾，楚執蠻氏，至周貞王八年，厲公滅大荔，趙亦滅北戎，韓、魏後稍并伊、洛諸戎滅之。其遺脱者皆走，自是中國無戎寇。唯餘義渠種最强，屢爲秦患。據《通典》卷一九四。

義渠在秦西，築城郭以自守，多至數十。厲公二十三年，伐之，虜其君。後十四年，義渠侵秦至渭陰。後百餘年，復敗秦師於洛。後其國亂，惠王遣庶長操定之，遂臣於秦。後八年，秦復伐之，取郁郢。後二年，惠王以厚幣撫其心，其君反起兵襲之，大敗秦人於李帛之下。據《墨子·節葬下》、《後漢書·西羌傳》、《戰國策·秦策》。後元十年，伐取義渠二十五城。昭王時，宣太后詐殺其王於甘泉，遂滅義渠。據《史記·秦本紀》及《匈奴列傳》。

西　羌

羌無弋爰劍者，厲公時爲秦所拘執，以爲奴隸，不知爰劍何戎之別也。後得亡歸，而秦人追之急，藏於巖穴中。秦人焚之，得不死。既出，又與劓女遇於野，遂成夫婦。女恥其狀，披發覆面，羌因以爲俗。遂俱亡入河湟。諸羌見爰劍被焚不死，怪其神，共畏事之，推以爲豪。羌以射獵爲市，爰劍教之田畜，種人依之者益衆。羌謂奴爲無弋，爰劍嘗爲奴，因名之。其後世世爲豪，子孫各自爲種，任隨所之。或爲氂牛種，越巂羌是也；或爲白馬種，廣漢羌是也；或爲參狼種，武都羌是也。至爰劍曾孫忍時，獻公初立，欲復穆公之跡，兵臨渭首，滅狄獂戎。忍季父卬畏秦之威，將其種人附落而南出賜支河曲數千里。忍及弟舞獨留湟中。忍生九子，爲九種；舞生十七子，爲十七種。羌之興盛從此始矣。忍子研立，在孝公時，至豪健，羌中號其後爲研種。及秦始皇時，務併六國，以諸侯爲事，兵不西行，故種族得以繁息。秦既兼天下，使蒙恬略地，西逐諸羌，北却衆狄，築長城以界之，衆羌不敢南度。據《後漢書·西羌傳》。

匈　奴

匈奴，其先祖夏后氏之苗裔也，曰淳維。《史記·匈奴列傳》。或曰：桀子獯鬻，避居北野而成族者。據樂彦《括地譜》。其在西，自汧、隴緣中國而北，東及太行、常山間，或分或合。中國稱之，隨世異名，因地殊號。其見於商、周間者曰鬼方，曰昆夷，曰獯鬻；其在周之季則曰玁狁；入春秋則謂之戎狄，戰國以降，始謂之胡或匈奴。

據晉灼《漢書集注》、王國維《昆夷玁狁考》。其族隨畜牧而轉移,無城郭,無文書,以言語爲約束。其俗:寬則隨畜,因射獵爲生;急則人習戰攻以侵伐,其天性也。文王爲西伯時,嘗伐畎夷。武王伐紂,居酆、鄗,放逐戎夷涇、洛之北,命曰"荒服"。據《史記·匈奴列傳》。

至周穆王,又伐畎戎。畎戎、畎夷,即殷周之獯鬻,宗周之獫狁,亦作犬戎(據王國維説)。又有山戎,亦其族也(據《史記·匈奴列傳》)。周懿王時,周道衰,戎狄交侵,中國被其苦,詩人始作,疾而歌之,曰:"靡室靡家,玁狁之故。""豈不曰戒,玁狁孔棘!"至宣王,興師命將,以征伐之。詩人美大其功,曰:"薄伐玁狁,至於太原。""出車彭彭,……城彼朔方。"是時,四夷賓服,稱中興焉。

至于幽王,與申侯有隙。申侯怒而與畎戎共攻殺幽王。據《漢書·匈奴傳》。遂取焦、穫而居涇、渭之間,侵暴中國。據《史記·匈奴列傳》。而襄公救周,戰甚力。周東徙洛邑,襄公以兵送之。周平王封襄公爲諸侯,賜以岐以西之地,曰:"戎無道,侵奪我岐、豐之地。秦能攻逐戎,即有其地。"十二年,襄公代戎,至岐。秦文公又伐之,戎敗走,遂收周餘民有之,地至岐。據《史記·秦本紀》。後山戎越燕而伐齊,齊釐公與戰於齊郭。其後四十二年而山戎伐燕,燕告急於齊,齊桓公北伐山戎,山戎走。其後二十餘年而戎狄至洛邑,破逐周襄王而立子帶爲天子,其古所未有之變也。於是戎狄或居於陸渾,東至於衛,侵盜尤甚。中國疾之,故詩人歌之曰:"戎狄是膺。"時晉文公初立,欲修霸業,乃興師伐逐戎狄,誅子帶,迎襄王還於洛邑。當是時,秦、晉爲强國,攘戎狄居於河西圁、潞之間。其後散居各地,因地爲號:而晉北有林胡、樓煩,燕北有東胡、山戎,而胡之名漸著。各國之防亦漸嚴:如趙襄子踰句注而破并、代以臨胡貉;秦昭王伐殘義渠,有隴西、北地、上郡,遂築長城以拒胡;而趙武靈王亦變俗胡服,習騎射,北破林胡、樓煩,築長城,自代並陰山至高闕爲塞,而置雲中、雁門、代郡;燕將秦開嘗襲破東胡,却千餘里,亦築長城，自遼陽至襄平，置上谷、漁陽、右北平、遼西、遼東郡以拒胡。當是時，冠帶戰國七，而三國邊匈奴。

秦滅六國，始皇帝使蒙恬將三十萬之衆北擊胡，悉收河南地。因河爲塞，築四十四縣城臨河，徙適戍以充之。而通直道，自九原至雲陽，因邊山險，塹谿谷，可繕者治之。起臨洮，至遼東萬餘里。又渡河，據陽山、北假中，匈奴單于曰頭曼，遂北徙，不敢飲馬北河。六年而蒙恬死，諸侯畔秦，中國擾亂，諸秦所徙適戍邊者皆復去。於是匈奴得寬，復稍渡河南，與中國界於故塞。

自淳維以至頭曼，千有餘歲，時大時小，别散分離，尚矣！其世傳不可得而次云。據《史記・匈奴列傳》《蒙恬列傳》、《漢書・匈奴傳》。

西　南　夷

西南夷君長以什數，夜郎最大；其西靡莫之屬以什數，滇最大；自滇以北君長以什數，邛都最大。此皆魋結耕田，有邑聚。其外西自同師以東，北至楪榆，名爲巂、昆明，皆編髮，隨畜遷徙，無常處，無君長，地方數千里。自巂以東北君長以什數，徙、筰都最大；自筰以東北君長以什數，冉駹最大，其俗或土著，或移徙，在蜀之西。自冉駹以東北君長以什數，白馬最大，皆氐類也。此皆巴蜀西南外蠻夷也。《史記・西南夷列傳》。

夜郎之先，相傳一女子浣於遯水，有大節竹流一兒入足間，歸而養之。及長，有才武，遂雄夷狄。以竹爲姓。據《華陽國志》、《漢書・西南夷傳》。

滇始莊蹻。初，楚頃襄王時使將軍蹻將兵臨江上，略巴、蜀、黔中以西夜郎之屬，至且蘭，椓船於岸而步戰，以地有椓船牂柯處，乃改名曰牂柯。蹻，故楚莊王苗裔也。至滇池，有池周二百餘里，水源深廣，而下流淺狹，有似倒流，故謂之滇池。旁地平饒。既以兵威定屬楚，欲歸根，會秦擊奪楚黔中郡，道塞不通，因還。以其衆王滇,變服從其俗以長之。秦時常頞略通五尺道,諸此國頗置吏焉。據《史記・西南夷列傳》、《華陽國志》、《後漢書・西南夷傳》。

邛、筰、冉駹者,近蜀,道亦易通。秦時嘗通爲郡縣。《史記・司馬相如列傳》。

南　越

南越者,古以五嶺西南自交趾至會稽爲百越之地,據《文獻通考・輿地考》及注。亦稱南越。相傳勾踐六世孫無疆爲楚所敗,諸子散處海上,其著者有閩越、甌越、西越、駱越等。據四庫區大任《百越先賢志》提要、《史記・趙世家・正義》引《輿地志》。東西數千里,其人處谿谷之間,篁竹之中,習於水鬬,便於用舟。據《史記・南越列傳》、《漢書・嚴助傳》引《淮南王安上書》。始皇帝二十五年,定楚江南地,降越君,置會稽郡。三十三年,發諸嘗逋亡人、贅壻、賈人,使尉屠睢將五軍略取楊越。三年不解甲弛弩,使卒鑿通糧道,以與越人戰,殺西甌君譯呼宋,據《史記・秦始皇本紀》《南越列傳》、《淮南子・人間訓》。　案:"西甌",《人間訓》作"西嘔",據《史記・南越列傳》改。而越人皆入深山林叢,不可得攻,留軍長守空地,曠日引久,士卒勞倦,越乃出擊之,兵大破,伏屍流血數十萬,乃發適戍以備之。據《漢書・嚴助傳》、《淮南子・人間訓》。相傳趙佗行戍事,使人上書求女無夫家三萬人,以爲士卒衣補。始皇帝可其半。其後佗知中國勞極,止越不來。據《史記・淮南王列傳》、《漢書・伍被傳》。

朝　鮮

朝鮮,昔周武王封殷太師箕子於其地,教以禮義、田蠶,又制八條之教。其人終不相盜,無門户之閉,婦人貞信,飲食以籩豆。其後四十餘世,至戰國時,朝鮮侯準自稱王。始全燕時嘗略屬焉,爲置吏,築障塞。秦滅燕,屬遼東外徼。及秦亂,燕、齊、趙人往避地者數萬口,而燕人衛滿擊破準而自王。據《漢書・朝鮮傳》、《後漢書·東夷傳》、《文獻通考·四夷考》。東有辰韓，其耆老言：秦之亡，人避苦役適韓國，馬韓割東界地與之。其名國爲邦，弓爲弧，賊爲寇，行酒爲行觴，相呼爲徒，有似秦語，故或名之爲秦韓。據《後漢書·東夷傳》。

後　記

先父年輕時即喜讀史書，曾萌發纂夏、商、周三代史之初志。經過刻苦努力，撰成若干卷，先後發表于無錫國學專修學校年刊及大夏大學年刊上。然而，先祖父却對父親説："三代史體大，非汝才所能勝。"祖父勸父親還是纂秦史。他説："秦結三代之局，而其史自古專著，汝能爲之，明二千年建制所由，補十七史斷代之缺，亦盛業也。"父親決心遵照祖父教導去努力，這便是父親數十年矢志不移纂《秦史》之發端。

父親打算先撰長編，並發動弟妹及姪兒、姪女，收集了大量資料，這些資料經過父親細心剪榛摘秀，成爲豐富的史實素材。在此基礎上，父親寫成長編及紀傳體文若干卷。不料戰亂頻仍，長編初本竟毁于兵燹，而紀傳又丟失于遷徙途中。幸而長編尚存清本，父親又據此補寫紀傳，並不灰心。他將寫成之《秦史》送請孫德謙先生指教。孫教授雖在病中，仍欣然審閲，並爲之作序。此後，父親雖忙于授課，仍不忘《秦史》之成，時斷時續。

父親積多年心血寫出之《秦史》，想不到在"文革"中又難逃厄運。駐復旦大學工人宣傳隊帶了學生紅衛兵來我家"除四舊"（實爲抄家）時，竟當着父母的面把《秦史》的絶大部分撕成碎片，只有第一册因置于廁所壁櫥中而得幸免。父親收集殘片，如撫病子，他痛心疾首，而且幾乎完全灰心。直至一九七六年秋"四人幫"垮臺後，知識分子和各界百姓頭上的政治壓力逐漸減退，父親感到國家開始勃然有生氣。他又拿出劫後餘存的秦史殘稿，徐徐摩撫，想起祖父的囑咐和期望，有感于孫德謙先生在序中説及的胡三省注《通鑑》遭亂屢毁而終成之鼓勵，又舉炳燭之光，次第補苴。那時父親已年近八旬，仍以駑馬十駕自勵，相信"殺青終有日也"。

然而，父親畢竟已年届耄耋且多病，精力日衰，母親的病又使他心憂。這些因素使《秦史》的纂寫進展緩慢。到一九八七年母親病逝之前，他成稿五十餘卷，其中"紀"有六卷，"傳"有三十五卷，"表"與"考"共十餘卷。至此，"紀"和"傳"已經完全，"表"與"考"尚有幾卷未完成。母親去世以後，父親的心情一直很壞，對《秦史》未再有大的增補。

父親在一九八九年去世以後，他的朋友、學生和我們子女都想逐步整理、出版他的遺著，《秦史》便是首要之務。我們首先請父親當年教授過的復旦大學年輕教師和研究生李定生、賀聖迪、陳士强、戴洪才、施志偉、張士楚、顧偉康、高智羣等先生對秦史稿進行初步整理。他們把《秦史》整個謄寫一遍，不僅認真辨認那難認的章草字體，而且還核對了引文。在核對中，他們對父親所引用的引文竟如此之準確驚嘆不已。此後，我們又請已從蘇州大學退休的師兄鄭學弢教授校對整理全稿。他説："看到老師的創舉，心懷興奮，也樂此不倦。"又説："表、考雖不全，但現有的却篇篇有特色。如果不是老師不愿因循舊説，恐怕早就完成了。"至一九九二年七月，將全稿校理完畢。

二〇〇〇年六月，在復旦大學哲學系舉行的紀念先父誕辰一百周年的會議上，復旦大學哲學系系主任吴曉明教授宣布，經他和哲學系系副主任孫承叔教授同上海古籍出版社張曉敏先生商定，雙方將協作出版先父的遺著《秦史》。這一喜訊使我們心潮起伏，感慨萬千，不僅先父積數十年的辛勞終有成果，而且我們祖孫三代的願望終可實現。上海古籍出版社的領導對本書的編輯出版極爲重視，特地選派資深編輯江建忠先生擔任責任編輯。在此《秦史》問世之際，我們謹向上文提到的所有先生致以發自肺腑的熱誠感謝。

此外，先父的許多朋友、學生也一直爲《秦史》的整理出版而多方努力，如師弟王運天先生，在此不一一列舉，一並致以衷心的感謝。

王復孫　王康孫　王平孫　王興孫

（王平孫執筆）

二〇〇〇年九月